权威读本

中华人民共和国
农村土地承包法
解读

主编
杜　涛
（全国人大常委会法制工作委员会民法室副主任）

中国法制出版社
CHINA LEGAL PUBLISHING HOUSE

目　　录

第一章 总 则

第一条 为了巩固和完善以家庭承包经营为基础、统分结合的双层经营体制，保持农村土地承包关系稳定并长久不变，维护农村土地承包经营当事人的合法权益，促进农业、农村经济发展和农村社会和谐稳定，根据宪法，制定本法。

条文主旨

本条是关于立法目的的规定。

立法背景

实行以家庭承包经营为基础、统分结合的双层经营体制，是我国改革开放历史新时期的重要标志性举措，是我国农村改革的重大成果，是我国宪法确立的农村基本经营制度。2002 年制定的农村土地承包法自施行以来，对稳定农村基本经营制度，赋予农民长期而有保障的土地承包经营权，增加农民收入，促进农业、农村经济健康发展和农村社会和谐稳定，发挥了重大作用。党的十八大以来，以习近平同志为核心的党中央对稳定和完善农村基本经营制度、深化农村集体土地制度改革提出一系列方针政策。适时修改完善农村土地承包法，把经过实践检验证明是行之有效的农村土地承包政策和成功经验转化为法律规范，对于巩固和深化农村土地制度改革，具有重要意义。经过三次审议，2018 年 12 月 29 日，十三届全国人大常委会第七次会议通过了《关于修改〈中华人民共和国农村土地承包法〉的决定》。

这次农村土地承包法修改的总体思路是：全面贯彻党的十八大、十九大和历次中央全会精神，围绕处理好农民和土地的关系这条主线，坚持农村基本经营制度不动摇，保持土地承包关系稳定并长久不变，赋予农民更加充分而有保障的土地权利，依法维护农民承包土地的各项权利，为提高农业农村现代化水平，推动乡村全面振兴，保持农村社会和谐稳定提供法律制度保障。修改决定共四十六条，主要内容涉及“三权分置”、承包期届满后的延长、维护进城农户的土地承包经营权益、保护农村妇女土地承包权益等内容。

一、改革开放以来中国农村土地制度的创新实践

针对改革开放以前人民公社体制存在的弊端，部分地方的基层干部和农民进行了多种形式的实践探索。1978 年年底，党的十一届三中全会的召开为这种探索提供了政治前提，奠定了思想基础。安徽省凤阳县小岗村等地的农民搞家庭承包经营，拉开了以探索新的农村土地经营体制为发端的农村改革序幕，由此引发的农村改革在全国终成燎原之势。这场改革由点到面、由山区到广大农村，具体形式从定额计酬、小段包工到实行联产到组、到劳、到户等多种形式的生产责任制，最终发展到包产到户。对于各地农村掀起的家庭承包责任制高潮，中央在政策上给予了支持。1981 年党的十一届六中全会充分肯定了联产计酬责任制。1982 年到 1986 年，中央连续出台 5 个 1 号文件，都强调要稳定和完善家庭联产承包责任制。1984 年的中央 1 号文件还明确规定土地承包期一般应在 15 年以上。到 1986 年年初，全国超过 99.6% 的农户实行大包干。至此，家庭联产承包责任制度在我国农村全面确立。

为切实稳定和完善土地承包经营制度，中央于 1984 年 1 月提出并实施了延长土地承包期，土地承包期一般

在15年以上的政策。1991年党的十三届八中全会提出，把以家庭联产承包为主的责任制、统分结合的双层经营体制，作为我国乡村集体经济组织的一项基本制度长期稳定下来。针对农村土地第一轮承包陆续到期的情况，中央于1993年11月及时提出："为了稳定土地承包关系，鼓励农民增加投入，提高土地的生产率，在原定的耕地承包期到期之后，再延长30年不变。开垦荒地、营造林地、治沙改土等从事开发性生产的，承包期可以更长。为避免承包耕地的频繁变动，防止耕地经营规模不断被细分，提倡在承包期内实行'增人不增地，减人不减地'的办法。"1998年，党的十五届三中全会决定指出，长期稳定以家庭承包经营为基础、统分结合的双层经营体制。2008年，党的十七届三中全会决定强调，现有土地承包关系要保持稳定并长久不变。土地承包关系从长期稳定到长久不变，凸显了党中央坚持农村基本经营制度、稳定农村土地承包关系的决心。

党的十八大以来，以习近平同志为核心的党中央对稳定和完善农村基本经营制度、深化农村集体土地制度改革提出一系列重要方针政策。

2013年党的十八届三中全会通过的《中共中央关于

全面深化改革若干重大问题的决定》提出，加快构建新型农业经营体系。坚持家庭经营在农业中的基础性地位，推进家庭经营、集体经营、合作经营、企业经营等共同发展的农业经营方式创新。坚持农村土地集体所有权，依法维护农民土地承包经营权，发展壮大集体经济。稳定农村土地承包关系并保持长久不变，在坚持和完善最严格的耕地保护制度前提下，赋予农民对承包地占有、使用、收益、流转及承包经营权抵押、担保权能，允许农民以承包经营权入股发展农业产业化经营。鼓励承包经营权在公开市场上向专业大户、家庭农场、农民合作社、农业企业流转，发展多种形式规模经营。

2014 年中央 1 号文件《中共中央、国务院关于全面深化农村改革加快推进农业现代化的若干意见》提出，稳定农村土地承包关系并保持长久不变，在坚持和完善最严格的耕地保护制度前提下，赋予农民对承包地占有、使用、收益、流转及承包经营权抵押、担保权能。在落实农村土地集体所有权的基础上，稳定农户承包权、放活土地经营权，允许承包土地的经营权向金融机构抵押融资。

2014 年 7 月《国务院关于进一步推进户籍制度改革

的意见》提出，土地承包经营权和宅基地使用权是法律赋予农户的用益物权，集体收益分配权是农民作为集体经济组织成员应当享有的合法财产权利。坚持依法、自愿、有偿的原则，引导农业转移人口有序流转土地承包经营权。进城落户农民是否有偿退出“三权”，应根据党的十八届三中全会精神，在尊重农民意愿前提下开展试点。现阶段，不得以退出土地承包经营权、宅基地使用权、集体收益分配权作为农民进城落户的条件。

2014 年 11 月《中共中央办公厅、国务院办公厅关于引导农村土地经营权有序流转发展农业适度规模经营的意见》提出，伴随我国工业化、信息化、城镇化和农业现代化进程，农村劳动力大量转移，农业物质技术装备水平不断提高，农户承包土地的经营权流转明显加快，发展适度规模经营已成为必然趋势。实践证明，土地流转和适度规模经营是发展现代农业的必由之路，有利于优化土地资源配置和提高劳动生产率，有利于保障粮食安全和主要农产品供给，有利于促进农业技术推广应用和农业增效、农民增收，应从我国人多地少、农村情况千差万别的实际出发，积极稳妥地推进。坚持农村土地集体所有，实现所有权、承包权、经营权三权分置，引导土地经营权有序流转，坚持家庭经营的基础性地位，积极培育新型经营主体，发展多种形式的适度规模经营，巩固和完善农村基本经营制度。

2015年中央1号文件《中共中央、国务院关于加大改革创新力度加快农业现代化建设的若干意见》提出，抓紧修改农村土地承包方面的法律，明确现有土地承包关系保持稳定并长久不变的具体实现形式，界定农村土地集体所有权、农户承包权、土地经营权之间的权利关系，保障好农村妇女的土地承包权益。

2015年党的十八届五中全会通过的《中共中央关于制定国民经济和社会发展第十三个五年规划的建议》提出，稳定农村土地承包关系，完善土地所有权、承包权、经营权分置办法，依法推进土地经营权有序流转，构建培育新型农业经营主体的政策体系。

2015年11月中共中央办公厅、国务院办公厅印发《深化农村改革综合性实施方案》提出，把握好土地集体所有制和家庭承包经营的关系，现有农村土地承包关系保持稳定并长久不变，落实集体所有权，稳定农户承包权，放活土地经营权，实行“三权分置”。抓紧修改有关法律，落实中央关于稳定农村土地承包关系并保持长久不变的重大决策，适时就二轮承包期满后耕地延包办法、新的承包期限等内容提出具体方案。

2016 年中央 1 号文件《中共中央、国务院关于落实发展新理念加快农业现代化实现全面小康目标的若干意见》提出，稳定农村土地承包关系，落实集体所有权，稳定农户承包权，放活土地经营权，完善“三权分置”办法，明确农村土地承包关系长久不变的具体规定。

2016 年，《中共中央办公厅、国务院办公厅关于完善农村土地所有权承包权经营权分置办法的意见》提出，现阶段深化农村土地制度改革，顺应农民保留土地承包权、流转土地经营权的意愿，将土地承包经营权分为承包权和经营权，实行所有权、承包权、经营权（以下简称“三权”）分置并行，着力推进农业现代化，是继家庭联产承包责任制后农村改革又一重大制度创新。“三权分置”是农村基本经营制度的自我完善，符合生产关系适应生产力发展的客观规律，展现了农村基本经营制度的持久活力，有利于明晰土地产权关系，更好地维护农民集体、承包农户、经营主体的权益；有利于促进土地资源合理利用，构建新型农业经营体系，发展多种形式适度规模经营，提高土地产出率、劳动生产率和资源利用率，推动现代农业发展。完善“三权分置”办法，不断探索农村土地集体所有制的有效实现形式，落实集体所有权，稳定农户承包权，放活土地经营权，充分发挥“三权”的各自功能和整体效用，形成层次分明、结构合理、平等保护的格局。

2018 年中央 1 号文件《中共中央、国务院关于实施乡村振兴战略的意见》提出，巩固和完善农村基本经营制度。落实农村土地承包关系稳定并长久不变政策，衔接落实好第二轮土地承包到期后再延长 30 年的政策，让农民吃上长效“定心丸”。全面完成土地承包经营权确权登记颁证工作，实现承包土地信息联通共享。完善农村承包地“三权分置”制度，在依法保护集体土地所有权和农户承包权前提下，平等保护土地经营权。农村承包土地经营权可以依法向金融机构融资担保、入股从事农业产业化经营。实施新型农业经营主体培育工程，培育发展家庭农场、合作社、龙头企业、社会化服务组织和农业产业化联合体，发展多种形式适度规模经营。

二、我国土地承包法律制度的逐步完善

保持农村土地承包关系稳定并长久不变，赋予农民更加充分而有保障的土地权利，关系到我国广大农民生

存和发展的权利，关系到我国农业的持续发展、农村经济的繁荣和农村社会的和谐稳定。对于这样一个重大问题，无疑需要由法律制度来保障。

我国土地承包制度的立法有一个发展和完善的过程。1979 年党的十一届三中全会的召开，标志着立法工作摆上了全国人大及其常委会的重要议事日程。在民事立法方面，根据改革开放和社会经济发展的实际情况于 1986 年制定了民法通则。这部法律第一次在民事法律中作出了土地承包经营权受法律保护的规定。即：公民、集体依法对集体所有的或者国家所有由集体使用的土地、森林、山岭、草原、荒地、滩涂、水面的承包经营权，受法律保护。承包双方的权利和义务，依照法律由承包合同规定。这一内容规定在“财产所有权和与财产所有权有关的财产权”一节中，但承包双方的权利和义务，仍由承包合同约定。此后颁布的土地管理法、农业法等其他法律对土地承包经营权所作的规定，也多局限于承包合同的角度。这些法律规定，对完善土地承包经营制度，规范承包关系双方的权利义务发挥了积极作用，但也不可避免地有着历史局限性，仍不能从根本上解决合同约束效力较低所带来的承包经营权容易受到侵害的问题。

1993 年，党的十四届三中全会作出了建立社会主义市场经济体制的决定。此后，全国人大及其常委会的立法工作围绕着建立和完善社会主义市场经济体制这一主旋律展开。1998 年，党的十五届三中全会明确提出，“要抓紧制定确保农村土地承包关系长期稳定的法律法规，赋予农民长期而有保障的土地使用权”，为土地承包经营权保护方面的立法提供了指导方针。1999 年的宪法修正案在 1993 年修正案的基础上进一步明确规定：“农村集体经济组织实行家庭承包经营为基础、统分结合的双层经营体制。”2001 年6 月，农村土地承包法草案提请九届全国人大常委会第二十二次会议审议。2002 年 8 月，九届全国人大常委会第二十九次会议审议通过了农村土地承包法。这部法律遵循社会主义市场经济的规律，按照党的十五届三中全会“赋予农民长期而有保障的土地使用权”的要求，以宪法为依据，从物权的角度对土地承包经营权作了规定。其内容涉及家庭承包发包方和承包方的权利和义务、承包的原则和程序、承包期限和承包合同、土地承包经营权的保护、土地承包经营权的流转，以及其他方式的承包、争议的解决和法律责任等方面。农村土地承包法的一系列规定，体现了土地承包经营权物权化的指导思想，但没有明确使用“用益物权”这个概念。

2002 年 12 月，九届全国人大常委会第三十一次会议对民法草案的物权法编进行了初次审议。十届全国人大常委会把制定物权法列入重要议程，对草案进行了六次审议。2007 年 3 月 16 日，物权法草案经过十届全国人大五次会议的审议得以高票通过。物权法是规范财产关系的民事基本法律，调整因物的归属和利用而产生的民事关系。这部法律对维护国家基本经济制度，维护社会主义市场经济秩序，维护广大人民群众根本利益具有十分重要的作用。物权法在用益物权编中专章规定了土地承包经营权，将其作为物权中的重要权利。物权法明确了土地承包经营权的用益物权属性，规定用益物权人依法享有“占有、使用和收益的权利”，土地承包经营权成为农户的一份财产权利。

2002 年制定的农村土地承包法自施行以来，对稳定农村基本经营制度，赋予农民长期而有保障的土地承包经营权，增加农民收入，促进农业、农村经济健康发展和农村社会和谐稳定，发挥了重大作用。党的十八大以来，以习近平同志为核心的党中央对稳定和完善农村基本经营制度、深化农村集体土地制度改革提出一系列方针政策。适时修改完善农村土地承包法，把经过实践检验证明是行之有效的农村土地承包政策和成功经验转化为法律规范，对于巩固和深化农村土地制度改革，具有重要意义。

2015 年，修改农村土地承包法列入第十二届全国人大常委会立法规划，由全国人大农业与农村委员会牵头，中央农办、农业部等部门参与。在修改过程中，农业与农村委员会作了广泛深入的调查研究，认真听取基层干部和农民群众的意见，先后多次征求 31 个省、自治区、直辖市和中央、国务院有关部门及专家的意见。在反复研究论证的基础上，形成了农村土地承包法修正案草案。2017 年 10 月，全国人大农业农村委提请十二届全国人大常委会第三十次会议审议农村土地承包法修正案草案。2018 年 10 月，十三届全国人大常委会第六次会议进行了再次审议。这期间，全国人大宪法和法律委员会、常委会法制工作委员会将草案印发各省（区、市）人大常委会和中央有关部门等征求意见，先后两次公布草案征求社会公众意见，通过召开座谈会、到一些地方调研等方式，了解情况、深入研究；并同全国人大农业农村委、中央农村工作领导小组办公室、农业农村部、国家林业和草原局交换意见、共同研究、修改完善。2018 年 12 月，十三届全国人大常委会第七次会议最终高票通过了《关于修改〈中华人民共和国农村土地承包法〉的决定》。

条文解读

根据本条规定，农村土地承包法的立法目的主要有以下几个方面：

一是巩固和完善以家庭承包经营为基础、统分结合的双层经营体制。

实行家庭承包经营为基础、统分结合的双层经营体制，是宪法确立的我国农村集体经济组织的一项基本制度。长期稳定并不断完善以家庭承包经营为基础、统分结合的双层经营体制，是党在农村的一项基本政策。多年来的农村改革实践证明，实行家庭承包经营，符合生产关系要适应生产力发展要求的规律，使农户获得了充分的经营自主权，充分调动了亿万农民的生产积极性，极大地解放和发展了农村生产力，实现了我国农业的巨大发展和农村经济的全面繁荣。实行家庭承包经营，符合农业生产的特点，可以使农户根据自然条件、市场需求和效益原则等因素，确定农业生产的品种、结构和项目，广泛采用农业新品种、新技术，进行农业结构调整，使农民成为了农业生产经营的独立的市场主体。实行家庭承包经营，使农户的利益与生产发展密切相关，有效地激发了广大农民对土地长效投入的热情。改良土壤、兴建农田水利设施和购置农机具已成为农户的积极选择。有效利用土地，以科学技术发展生产已成为广大农民内在持久的动力，促进了我国农业的可持续发展。家庭承包经营是双层经营体制的基础。

同时，集体统一经营对促进家庭承包经营和农业生产是必不可少的，一些农田水利和其他公共设施的建设，一些产前、产中、产后等生产、流通环节的服务，这是一家一户难以办到的，需要依靠集体统一经营才能做得更好。集体统一经营主要是增强生产服务、协调管理、资产积累等功能，其中最重要的是增强对农户的服务功能。农村集体经济组织可以配合国家实施的科教兴农战略，抓好农业先进实用技术的推广和普及，为农户提供生产、技术、信息等服务；组织本集体经济组织的农业基础设施的建设和集体资源的开发；发展各种形式的专业性服务组织，将生产、加工、流通等环节紧密地联系起来，从某些生产环节的服务发展到生产全过程的服务。使农村集体组织的综合服务与国家和社会的专业性服务密切结合，构成农业服务化体系。通过服务体系联结千家万户，使农户分散的小规模经营与市场紧密地联系起来，促进我国农业向市场化、专业化、现代化发展。这种以家庭承包经营为基础，统分结合的双层经营体制符合我国农村和农业生产自身的特点，符合生产关系要适应生产力发展要求的客观规律，具有广泛的适应性和旺盛的生命力，必须长期坚持。

二是保持农村土地承包关系稳定并长久不变。

巩固农村土地承包经营，核心是巩固土地承包关系，这首先涉及是否有一个较长的、合理的承包期限。农村土地承包关系的当事人包括作为发包方的集体经济组织或村民委员会与作为承包方的本集体经济组织成员的农民。土地承包关系能否长期稳定，还涉及能否切实地保护土地承包当事人双方的合法权益，特别是对处于弱者地位的承包方合法权益的保护。本法的立法目的之一就是保持农村土地承包关系稳定并长久不变，赋予农户长期而稳定的承包经营权。首先，农村土地承包法对土地的承包规定了一个比较长的期限，即：“耕地的承包期为三十年。草地的承包期为三十年至五十年。林地的承包期限为三十年至七十年。”党的十九大报告提出，保持土地承包关系稳定并长久不变，第二轮土地承包到期后再延长30年。据此，本次修法增加规定，耕地承包期届满后再延长30年，草地、林地承包期届满后相应延长。坚持农村基本经营制度不动摇，保持农村土地承包关系稳定并长久不变，赋予农民更加充分而有保障的土地权利，给亿万农民吃下了“定心丸”。其次，赋予了农户对承包土地的使用权。农村土地属于集体所有，从土地所有权上分离出来的土地使用权具有物权的性质，是一种法定化的权利。它最大的特点是除依法收回、调整外，任何人不能侵犯。这点与合同关系不同，合同是由双方当事人约定的，根据双方当事人的约定可以随时变更或者解除合同。这就可能给一方当事人留下变更合同或者解除合同的借口，而使农户的承包经营权受到侵犯。本法规定，承包合同一经生效，即取得土地承包经营权，国家对耕地、林地和草地等实行统一登记，登记机构向承包方颁发土地承包经营权证或者林权证等证书，并登记造册，确认土地承包经营权。此外，明确规定承包合同生效后，发包方不得因承办人或者负责人的变动而变更或者解除，也不得因集体经济组织的分立或者合并而变更或者解除。还规定，国家机关及其工作人员不得利用职权干涉农村土地承包或者变更、解除承包合同。通过各种制度规定，赋予了农户稳定的土地使用权，保持农村土地承包关系稳定并长久不变。

三是维护农村土地承包经营当事人的合法权益。

本法明确规定了土地承包经营当事人的权利以及侵害土地承包经营当事人权利的法律责任，以维护农村土地承包经营当事人的合法权益。根据本法规定，发包方享有下列权利：发包本集体所有的或者国家所有依法由本集体使用的农村土地；监督承包方依照承包合同约定的用途合理利用和保护土地；制止承包方损害承包地和农业资源的行为；法律、行政法规规定的其他权利。承包方主要享有下列权利：依法享有承包地使用、收益的权利，有权自主组织生产经营和处置产品；依法互换、转让土地承包经营权；依法流转土地经营权；承包地被依法征收、征用、占用的，有权依法获得相应的补偿；法律、行政法规规定的其他权利。此外，本次修改根据中央“三权分置”改革的精神，增加规定了土地经营权人的权利。根据本法规定，土地经营权人有权在合同约定的期限内占有农村土地，自主开展农业生产经营并取得收益。维护农村土地承包经营当事人的合法权益是本法的立法目的之一，侵害农村土地承包经营当事人的合法权益的，应当依法承担相应的法律责任。

四是促进农业、农村经济发展和农村社会和谐稳定。

巩固和完善以家庭承包经营为基础、统分结合的双层经营体制，关系到农村经济的持续稳定发展。本法围绕处理好农民和土地的关系这条主线，坚持农村基本经营制度不动摇，保持土地承包关系稳定并长久不变，赋予农民更加充分而有保障的土地权利，依法维护农民承包土地的各项权利，为提高农业农村现代化水平，推动乡村全面振兴，保持农村社会和谐稳定提供法律制度保障。只有不断地完善以家庭承包经营为基础、统分结合的双层经营体制，才能为农村这一基本经济制度注入新的活力，才能保持其长期稳定。只有农村经济繁荣发展了，才能形成对城市的有效供应，只有农民富裕了，工业产品才有更加旺盛的销售市场，因此，它还关系着国民经济发展的全局。

第二条 本法所称农村土地，是指农民集体所有和国家所有依法由农民集体使用的耕地、林地、草地，以及其他依法用于农业的土地。

条文主旨

本条是关于农村土地范围的规定。

立法背景

本法所规定的农村土地与我们平时所说农民集体所有的土地不是一个概念，也可以说不是一个范围。一般所说的农民集体所有的土地是指所有权归集体的全部土地，其中主要有农业用地、农村建设用地等。而根据本条规定，凡是由农民集体所有或者使用，用于农业生产，又适合承包的土地和水面，都属于本法所称的农村土地，都要适用本法的规定。

条文解读

根据本条规定，农村土地承包法所称的农村土地，主要包括以下几种类型：

一是农民集体所有的耕地、林地、草地。农民集体所有的耕地、林地、草地是指所有权归集体的耕地、林地、草地。用于农业的土地中数量最多，涉及面最广，每一个农民利益最密切的是耕地、林地和草地，这些农村土地，多采用人人有份的家庭承包方式，集体经济组织成员都有承包的权利。

二是国家所有依法由农民集体使用的耕地、林地、草地。国家所有依法由农民集体使用的耕地、林地、草地与农民集体所有的耕地、林地、草地的区别在于所有权属于国家，但依法由农民集体使用。

三是其他依法用于农业的土地。用于农业的土地，主要有耕地、林地和草地，还有一些其他依法用于农业的土地，如养殖水面、四荒地等。养殖水面主要是指用于养殖水产品的水面，养殖水面属于农村土地不可分割的一部分，也是用于农业生产的，所以也包括在本条所称的农村土地的范围之中。此外，还有荒山、荒丘、荒沟、荒滩等“四荒地”，“四荒地”依法是要用于农业的，也属于本条所称的农村土地。

第三条 国家实行农村土地承包经营制度。

农村土地承包采取农村集体经济组织内部的家庭承包方式，不宜采取家庭承包方式的荒山、荒沟、荒丘、荒滩等农村土地，可以采取招标、拍卖、公开协商等方式承包。

条文主旨

本条是国家实行农村土地承包经营制度和有关承包方式的规定。

立法背景

农村土地承包经营制度，赋予了农民自主经营权，极大地调动了他们的生产积极性，解放了农村劳动生产力，促进了农业、农村经济和国民经济的发展，是一项建设有中国特色社会主义农业的经营制度，必须长期坚持。

保持农村土地承包关系稳定并长久不变，是我国国民经济发展的重要保障。我国的改革是从农村开始的。农村改革取得的重大成功，为城市改革和其他方面改革的顺利进行积累了重要经验，奠定了良好的基础，有力地促进了整个国民经济的发展。没有农村改革的成功和农村经济的繁荣，整个经济体制改革就不可能顺利进行，邓小平同志曾经指出："中国经济能不能发展，首先要看农村能不能发展，农民的生活是不是好起来。"还指出："农民没有积极性，国家就发展不起来。"为什么说要长期坚持农村土地承包经营不动摇，如果不稳定，一动摇，农民的积极性就没有了，生机和活力也没有了，其他什么措施都是空的。为此，国家在 1993 年就提出，原定的耕地承包到期后，再延长 30 年不变。2008 年，党的十七届三中全会决定强调，现有土地承包关系要保持稳定并长久不变。党的十九大报告明确提出第二轮土地承包到期后再延长 30 年。土地承包关系从长期稳定到长久不变，凸显了党中央坚持农村基本经营制度、稳定农村土地承包关系的决心。

条文解读

一、国家实行农村土地承包经营制度

实行农村土地承包经营制度，符合生产关系要适应生产力发展要求的规律，使农户获得充分的经营自主权，能够极大地调动农民的生产积极性，解放和发展农村生

产力。我国农村改革有其客观必然性。在20世纪70年代末期，农村改革从实行家庭联产承包责任制开始。当时，经过“文化大革命”的10年浩劫，国民经济到了崩溃的边缘，农村问题尤为突出，解决农民吃饭问题是当时最紧迫的问题，而土地承包经营又是解决这一问题最便捷、最有效的途径。一些地方的农民首先自发地搞起了包产到户、包干到户，并逐步扩展开来。党的十一届三中全会确立了“解放思想，实事求是”的思想路线，强调以经济建设为中心，为农村改革提供了理论根据，创造了政治环境。1980年，中央召开会议，就家庭联产承包问题印发会议纪要，明确提出贫困地区可以搞包产到户，并强调“生产过程的各项作业，生产队宜统则统，宜分则分”。从此，包产到户的生产经营方式在全国开展起来。

家庭承包经营是在农村土地集体所有保持不变的前提下，由村委会或者农村集体经济组织将土地使用权发包给农户，这种在原所有制不变基础上的变革，对社会震荡小，方便宜行。到1983年年底，全国99%以上的生产队实行家庭联产承包责任制。1993年，国家决定在农户原有的承包期到期后可再延长30年，在承包期内，农户对土地的经营使用权可以在不改变使用方向的前提下实行自愿、有偿转让。这种承包经营方式一直稳定至今，使农村经济和社会发展产生了历史性的巨变，粮食和其他农产品大幅增长，由长期短缺到总量大体平衡、丰年有余，基本上解决了全国人民吃饭问题，农民生活水平显著提高。

农村土地承包经营之所以产生如此伟大的成就，一是农村土地承包经营给了农民充分的生产经营自主权。实行家庭承包经营，突破了计划经济的束缚，种什么、怎么种、种多少，都由农民自己决定，农户可以因地制宜安排生产，根据市场的需求组织安排生产；二是打破了收益分配上的“大锅饭”，使农民的利益和劳动成果直接挂钩，使农民得到了可以看得见的物质利益；三是家庭承包经营适合我国农业生产的特点。我国农业最显著的特点是人多地少，我国农民人均可耕地才一亩左右，这就要求生产者精心照料农业生产的全过程。农民承包土地后，生产责任感大大增强，他们精耕细作、科学种田，努力提高劳动生产率。归根结底，家庭承包经营这种生产关系，使农户获得充分的经营自主权，得到了实惠；能够极大地调动农民的积极性，解放和发展农村生产力；农村土地承包经营方式这种生产关系适应我国农村生产力发展的要求。

农村土地承包经营方式既适应传统农业，也适应农业现代化发展的要求，在统分结合的经济体制下，农村土地承包经营可以容纳不同的生产发展水平，在现阶段乃至今后，仍具有旺盛的生命力。家庭承包经营赋予了农民生产经营自主权，确立了农户自主经营、自负盈亏的市场主体地位，他们自觉地顺应市场需求，调整产品结构，渴求农业科技，实行科学种田，努力提高劳动生产率，以获得最大的经济效益。农村土地承包经营中以家庭承包经营为主。家庭承包经营虽然是一种传统的农业经营方式，但是它没有过时，即使在发达国家，占主导地位的农业经营方式也是家庭农场。家庭经营并不排斥现代化。我国的家庭承包经营虽然规模小，但在统分结合的双层经营体制下，农村集体经济组织可以发挥它的优势，在管好集体资产的同时，协调好利益关系，组织好生产服务和集体资源开发，能够解决一家一户难以办到的事情，推动我国农业向专业化、商品化、现代化发展。

土地既是农业最基本的生产资料，也是农民最可靠的社会保障。保持农村土地承包关系稳定并长久不变，既是发展农业生产力的客观要求，也是稳定农村社会的一项根本性的措施。改革和发展要有一个稳定的局面，而农村的稳定是至关重要的，邓小平同志曾多次指出："中国有百分之八十的人口住在农村，中国稳定不稳定首先要看这百分之八十稳定不稳定。城市搞得再漂亮，没有农村这一稳定的基础是不行的。"因此，实行农村土地承包经营不仅对促进农业和农村经济的更大发展有着十分重要的作用，同时，对农村社会保障和社会稳定也起着十分重要的作用。

二、农村土地承包经营方式

本条规定的农村土地承包经营制度，包括两种承包方式，即家庭经营方式的承包和以招标、拍卖、公开协商等方式的承包。

农村土地承包采取农村集体经济组织内部的家庭承包方式。所谓家庭承包方式是指，以农村集体经济组织的每一个农户家庭全体成员为一个生产经营单位，作为承包人承包农民集体的耕地、林地、草地等农业用地，对于承包地按照本集体经济组织成员是人人平等地享有一份的方式进行承包。其主要特点为：一是集体经济组织的每个人，不论男女老少，都平均享有承包本农民集体的农村土地的权利，除非他自己放弃这个权利。也就是说，这些农村土地对本集体经济组织的成员来说，是人人有份的，任何组织和个人都无权剥夺他们的承包权。本法第十六条第二款明确规定，农户内家庭成员依法平等享有承包土地的各项权益。二是以户为生产经营单位承包，也就是以一个农户家庭的全体成员作为承包方，与本集体经济组织或者村委会订立一个承包合同，享有合同中约定的权利，承担合同中约定的义务。承包户家庭中的成员死亡，只要这个承包户还有其他人在，承包关系仍不变，由这个承包户中的其他成员继续承包。三是承包的农村土地对每一个集体经济组织的成员是人人有份的，这主要是指耕地、林地和草地，但不限于耕地、林地、草地，凡是本集体经济组织的成员应当人人有份的农村土地，都应当实行家庭承包的方式。

有些农业用地并不是本集体经济组织成员都有份的，如菜地、养殖水面等由于数量少，在本集体经济组织内做不到人人有份，只能由少数农户来承包；有的“四荒地”虽多，但本集体经济组织成员有的不愿承包，有的根据自己的能力承包的数量不同。这些不宜采取家庭承包方式的农村土地，可以采取招标、拍卖、公开协商等方式承包。这些承包方式都是以自愿、公开、公正的原则进行承包，透明度高，便于群众监督，防止了暗箱操作，能够合理地利用这些农村土地。

以家庭承包方式承包的，耕地的承包期限为30年；草地的承包期限为30～50年；林地的承包期限为30～70年。这次修法，还增加规定，耕地承包期届满后再延长30年，草地、林地承包期届满后相应延长。土地经营权通过招标、拍卖、公开协商等方式取得的，其期限本法没有明文规定，可以由当事人根据实际情况以合同约定，如小块的菜地或养殖水面，因生产周期短，可以约定较短的承包期限；荒山、荒沟、荒丘、荒滩等农村土地，因开发难度大，生产周期长，可以约定较长的承包期限。

第四条　**农村土地承包后，土地的所有权性质不变。承包地不得买卖。**

条文主旨

本条关于农村土地承包后土地的所有权性质不变的规定。

立法背景

我国农村实行的是以家庭承包为基础、统分结合的双层经营体制，农村土地承包后，土地的所有权性质不变，原来属于农民集体所有的仍归农民集体所有，土地等生产资料仍归农民集体所有，农户通过承包取得的是从集体土地所有权中分离出来的土地使用权。

条文解读

农户取得对集体土地的使用权，使农户对所承包的土地有了经营自主权，农民真正成为自主经营、自负盈亏的市场主体，自己决定如何生产，决定种什么以及如何种植等；有了依照法律规定互换、转让土地承包经营权的权利和自主决定依法采取出租（转包）、入股或者其他方式向他人流转土地经营权的权利；有了对承包土地的使用、收益权。承包经营权与土地所有权是不同的，它不具有所有权所具备的占有、使用、收益和处分 4 种权能中的处分权。比如，承包户转让其土地承包经营权，是在不得改变土地所有权的性质前提下进行的。土地承包经营权转让，一是需经发包方同意；二是只能转让给本集体经济组织的其他农户；三是原承包方与发包方的土地承包关系终止，受让方需得与发包方签订新的承包合同，重新进行登记和领取承包经营权证书。所以说，第一，农民对土地承包不是私有化，农民对所承包的土地不具有独立的土地所有权，土地所有权承包前属于农民集体所有的仍属于农民集体所有，承包前属于国家所有的仍属于国家所有，土地所有权的性质不会因为土地承包而发生改变。第二，农民对其所承包的土地不得买卖，只能依照本法的规定对其互换、转让土地承包经营权或者流转土地经营权。

第五条 农村集体经济组织成员有权依法承包由本集体经济组织发包的农村土地。

任何组织和个人不得剥夺和非法限制农村集体经济组织成员承包土地的权利。

条文主旨

本条是关于农村集体经济组织成员享有承包土地权利的规定。

立法背景

根据本法的规定，国家实行农村土地承包经营制度。农村土地承包主要是农村集体经济组织内部的家庭承包，此外，对不宜采取家庭承包方式的荒山、荒沟、荒丘、荒滩等，可以采取招标、拍卖、公开协商等方式承包。在家庭承包中，农村土地应当依法发包给本集体经济组织成员经营。对不宜采取家庭承包方式的荒山、荒沟、荒丘、荒滩等，采取招标、拍卖、公开协商等方式承包的，在同等条件下，本集体经济组织成员有权优先承包。

条文解读

本条第一款规定，农村集体经济组织成员有权依法承包由本集体经济组织发包的农村土地。本款规定主要有以下几个含义：

一是农村集体经济组织成员有权承包的土地是农村集体所有的土地以及国家所有依法由农民集体使用的农村土地。

按照宪法和土地管理法等法律规定，农村和城市郊区的土地，除由法律规定属于国家所有的以外，属于农民集体所有；宅基地和自留地、自留山，属于农民集体所有。农民集体所有有三种主要形式：一是村农民集体所有；二是村内两个以上农村集体经济组织的农民集体所有；三是乡（镇）农民集体所有。农村土地主要包括耕地、林地、草地、荒山、荒沟、荒丘、荒滩、养殖水面等。对本农村集体经济组织发包的土地，农民有权承包。

二是有权承包本集体经济组织发包土地的是本集体经济组织的成员。

如果土地是由村农民集体经济组织发包的，村集体经济组织成员有权承包。如果土地是由村内两个以上农村集体经济组织各自发包的，各该集体经济组织的成员有权承包。由于乡（镇）农民集体所有的农业用地大多面积较小，因此一般不向本集体经济组织所有成员发包。如江西某乡集体所有的耕地只有 48 亩，大部分是实验田，主要用于推广新品种，进行农业科研。

三是本农村集体经济组织成员是指本集体经济组织内的所有成员。

发包方将土地发包给农户经营时，应当按照每户所有成员的人数来确定承包土地的份额，也就是通常所说的“按户承包，按人分地”，也叫“人人有份”。由于每个集体经济组织成员在本集体经济组织中均享有成员权，也由于农村土地是农民的基本生产资料，也是他们的基本生活保障，因此，每个农村集体经济组织的成员都享有土地承包权。如村集体中的每个村民，只要一出生，不论年长年幼、是男是女，都有承包权。这一点与村民会议成员不同，按照村委会组织法的规定，村民会议由本村 18 周岁以上的村民组成；年满 18 周岁的村民都有选举权和被选举权。而家庭土地承包权，则没有年龄限制。

本条第二款规定，任何组织和个人不得剥夺和非法限制农村集体经济组织成员承包土地的权利。因此任何组织和个人不得以民族、种族、性别、职业、家庭出身、宗教信仰、教育程度、财产状况、居住期限等理由，剥夺和非法限制农村集体经济组织成员的承包权利。任何组织和个人剥夺和非法限制农村集体经济组织成员的承包权利的，应当依照本法和其他法律的规定，承担法律责任。

第六条 农村土地承包，妇女与男子享有平等的权利。承包中应当保护妇女的合法权益，任何组织和个人不得剥夺、侵害妇女应当享有的土地承包经营权。

条文主旨

本条是关于保护农村妇女承包土地权利的规定。

立法背景

农村土地承包中妇女与男子享有平等的权利，是男女平等原则的重要体现。在我国漫长的封建社会中，男女的地位不平等，男尊女卑，妇女在社会上没有地位，也不享有太多的财产权。新中国成立后，实行男女平等的社会制度。宪法中明确规定，中华人民共和国妇女在政治的、经济的、文化的、社会的和家庭的生活等各方面享有同男子平等的权利。妇女权益保障法也规定，妇女在政治的、经济的、文化的、社会的和家庭的生活等各方面享有同男子平等的权利。实行男女平等是国家的基本国策。国家采取必要措施，逐步完善保障妇女权益的各项制度，消除对妇女一切形式的歧视。国家保护妇女依法享有的特殊权益。妇女权益保障法还规定，妇女在农村土地承包经营、集体经济组织收益分配、土地征收或者征用补偿费使用以及宅基地使用等方面，享有与男子平等的权利。但是，也应当看到，由于封建残余思想的影响，在一些农村中仍然存在歧视妇女的现象，妇女在农村土地承包中的权利受到侵害。如在妇女出嫁后在新居住地没有取得承包地的情况下收回其原承包地；有的农村妇女离婚或者丧偶后，仍在原居住地生活或者不在原居住地生活但在新居住地也未取得承包地，原集体经济组织即收回该妇女已经取得的原承包地，等等。在这些情况下，农村妇女的承包权益受到了侵害。因此，本法再次强调保护妇女在土地承包中的平等权利，不仅是贯彻男女平等、保护妇女权益的重要体现，在广大农村地区，也仍具有重要的现实意义。

条文解读

农村妇女在农村土地承包中的权利，主要体现在以下几个方面：

一是作为农村集体经济组织的成员，妇女同男子一样有权承包本集体经济组织发包的土地。农村妇女，从一出生时起，就是农村集体经济组织的成员。本集体经济组织在发包土地时，应当按照家庭人口数额不论男女来确定承包土地的份额。不能因为是妇女而不允许其承包土地，也不能因为是妇女而不分配给其应有承包地份额。

二是妇女结婚的，其承包土地的权利受法律保护。在现实中，农村妇女结婚往往在男方家落户。有的情况下，男方家是属于另外一个农村集体经济组织的，该妇女在新居住地如果未获得承包土地，其从原集体经济组织获得的承包土地，发包方不得收回。

三是在妇女离婚或者丧偶的情况下，仍在原居住地生活，或者不在原居住地生活但在新居住地未取得承包地的，原集体经济组织不得收回该妇女已经取得的原承包地。

这次修改农村土地承包法，为了更好地保护农村妇女的土地承包权益，根据中央有关文件精神，在法律中进一步规定，农户内家庭成员依法平等享有承包土地的各项权益。同时，借鉴一些地方开展土地承包经营权确权登记的做法，法律中还规定，土地承包经营权证或者林权证等证书应当将具有土地承包经营权的全部家庭成员列入，进一步明确了妇女应该享有的土地承包权益。

对非法剥夺、侵害农村妇女依法享有的土地承包经营权的，受侵害的妇女可以向发包方，如村集体经济组织、村委会或者村民小组主张自己的权利。还可以向农村土地承包仲裁机构申请仲裁，也可以直接向人民法院起诉，要求侵权方承担停止侵害、恢复原状、排除妨害、赔偿损失等民事责任，以维护自己承包土地的合法权益。

第七条 农村土地承包应当坚持公开、公平、公正的原则，正确处理国家、集体、个人三者的利益关系。

条文主旨

本条是关于农村土地承包应当坚持公开、公平、公正原则的规定。

立法背景

根据本法规定，“公开、公平、公正”是农村土地承包中必须遵循的一项基本原则。违反了这一基本原则，农民承包土地的权益就会受到侵犯，农村土地承包经营制度的贯彻实施就会受到破坏。

条文解读

在进行农村土地家庭承包中，“公开”是指以下几个方面：

一是进行承包活动的信息要公开。在按照规定进行土地承包时，发包方应当及时公布土地承包的有关信息，让本集体经济组织成员或者其他承包方知晓土地承包的基本情况。公开的方式，根据具体情况可以采取不同的形式，如可以采取张贴公告、有线广播或者召开村民会议。公开有关承包活动的有关信息包括：向村民宣传、介绍有关土地承包的法律、法规和国家政策，让村民了解进行土地承包的基本精神等；公布拟发包土地的名称、坐落、面积、质量等级等。公开有关信息要做到透明、及时、准确。

二是进行承包的程序要公开。在进行农村土地家庭承包中，承包程序的公开主要有以下几个方面：由本集体经济组织成员的村民会议选举产生承包工作小组；由承包工作小组依照法律、法规的规定拟订承包方案并向本集体经济组织全体成员公布；依法召开村民会议，讨论通过承包方案。

三是承包方案和承包结果公开。承包方案经过村民会议讨论通过后，应当及时公布，同时公开组织实施承包方案，确定每户及每个集体经济组织成员承包的土地的具体名称、坐落、面积、质量等级等。发包方和承包方应当签订书面承包合同，确定各自的权利和义务。承包方自承包合同生效时取得土地承包经营权。登记机构应当向承包方颁发土地承包经营证或者林权证，并登记造册，确认土地承包经营权。

在进行农村土地家庭承包中，“公平”主要是指本集体经济组织成员依法平等地享有、行使承包本集体经济组织土地的权利。在确定承包方案时，应当民主协商，公平合理地确定发包方、承包方权利义务。尤其是发包方不得滥用权利，承包合同中不得对承包方的权利进行不合理的限制、干涉承包方的生产经营自主权，或者通过承包合同给承包方增加不合理的负担。

在进行农村土地家庭承包中，“公正”主要是指在承包过程中，要严格按照法定的条件和程序办事，同等地对待每一个承包方，不得暗箱操作，也不得厚此薄彼，亲亲疏疏。如在确定承包方案时，首先由本集体经济组织成员选举产生承包工作小组，承包工作小组依照法律、法规拟定并公布承包方案，然后召开村民会议，讨论通过承包方案。对承包方来说，应当以正当的手段参加承包活动，不得通过行贿或者亲属关系，来获得有利的承包条件。

对不宜采取家庭承包方式的荒山、荒沟、荒丘、荒滩等农村土地采取其他方式承包的，“公开”主要是指：发包方应当通过公告、召开村民会议宣布或者通过报纸、广播、电视等公共媒体公开有关荒山、荒沟、荒丘、荒滩的位置、面积，以及对承包方的基本要求等信息。采取招标、拍卖和协商的方式来确定承包方。招标、拍卖和协商的过程要公开透明。将农村土地发包给本集体经济组织以外的单位或者个人承包的，还要事先经本集体经济组织成员的村民会议 2/3 以上成员或者 2/3 以上的村民代表同意，并报乡（镇）人民政府批准。确定承包方的，发包方应当及时通知承包方。“公平”主要指：发包方和承包方法律地位平等，双方应当通过定标、竞价或者协商一致的方式，公平合理地确定承包期、承包费以及其他权利义务，一方不得将其意志强加于另一方。“公正”主要指：对发包方来说，就是要严格按照公开的条件和程序办事。如采取招标发包的，发包方应当同等地对待每一个投标竞争者，不得厚此薄彼，亲疏有别。应当以投标人在承包费、技术能力、资金条件等方面最优者为定标标准，确定最终承包人。对投标方来说，应当以正当的手段参加投标竞争，不得串通投标，不得有向发包方及其工作人员行贿、提供回扣或给予其他好处等来获得承包土地或者其他有利的承包条件。又如，采取拍卖方式发包的，在没有保留价的情况下，发包方应当将土地发包给最高出价的竞买人。竞买人之间、竞买人与拍卖人之间不得恶意串通损害发包方的利益。

在土地承包过程中，还要注意处理好国家、集体、个人三者的利益关系。如根据实际情况，确定既有利于国家、集体，又符合承包方利益的承包方案等。又如，在农村土地经营中，要合理开发利用土地资源，既要提高生产力，又要防止掠夺性开发，以保持土地的可持续利用。

第八条 **国家保护集体土地所有者的合法权益，保护承包方的土地承包经营权，任何组织和个人不得侵犯。**

条文主旨

本条是关于保护农村土地承包中双方当事人的合法权益的规定。

立法背景

保护农村土地承包双方当事人的合法权益主要表现在两方面：一方面，国家保护集体土地所有者的合法权益；另一方面，保护承包方的土地承包经营权。农村土地承包的双方当事人的合法权益，任何组织和个人都不得侵犯。

条文解读

本法明确规定了发包方和承包方的权利。发包方的权利有：发包本集体所有的土地和国家所有依法由本集体使用的农村土地；监督承包方依照承包合同约定的用途合理利用和保护土地；制止承包方损害承包地和农业资源的行为；法律、行政法规规定的其他权利。承包方的权利有：依法享有承包地使用、收益的权利，有权自主组织生产经营和处置产品；依法互换、转让土地承包经营权；依法流转土地经营权；承包地被依法征收、征用、占用的，有权依法获得相应的补偿；法律、行政法规规定的其他权利。

国家保护集体土地所有者的合法权益主要表现在以下几个方面：

1. 对集体所有的土地，依法确认所有权。根据土地管理法等法律规定，农村和城市郊区的土地，除由法律规定属于国家所有的以外，属于农民集体所有；宅基地和自留地、自留山，属于农民集体所有。农民集体所有有三种主要形式：一是村农民集体所有；二是村内两个以上农村集体经济组织所有；三是乡（镇）农民集体所有。对农民集体所有的土地，由登记机构登记造册，确定农民集体所有的土地的权属性质、面积、坐落，并将这些内容记载到土地登记簿，同时核发集体土地所有权证书，确认所有权。农民集体所有的林地、草原的所有权登记，应当按照森林法、草原法等法律、法规的有关规定办理所有权登记，登记机构应当向农民集体所有者核发林地、草原所有权证书，确认所有权。依法登记的农民集体所有的土地所有权受法律保护，任何单位和个人都不得侵犯。

2. 保护农村集体经济组织依法对土地的经营管理权。根据土地管理法和本法的规定，农村集体所有的土地依法属于村农民集体所有的，由村集体经济组织或者村民委员会经营、管理，在农村土地家庭承包中，由村集体经济组织或者村民委员会作为发包方，与本集体的农户签订承包合同，将土地交由承包方经营。农村集体土地由村内两个以上农村集体经济组织所有的，由村内各该农村集体经济组织或者村民小组经营、管理，并作为家庭承包的发包方，与本集体经济组织成员签订承包合同，将土地交由承包方经营。集体土地所有者依法对土地的经营管理权，受法律保护。在农村土地承包中，任何组织和个人都不得非法干涉发包方的权利，尤其是国家机关及其工作人员不得利用职权干涉农村土地承包。

3. 对侵犯集体土地的行为，给予法律制裁。如依法登记的集体土地受到非法侵害时，集体土地的所有人可以要求人民政府有关部门给予保护，如在土地承包中，承包方非法在耕地上建房、采石等，土地行政管理部门根据发包方的报告责令承包方改正、治理，并依法处罚。对非法侵占农民集体所有土地的，发包方可以要求人民政府有关部门确认所有权或者向人民法院提起确权之诉等。

如果农村集体经济组织的承包方违反承包合同约定，给农村集体经济组织的土地所有权等权益造成损害的，发包方有权要求承包方承担赔偿损失等民事责任。

国家保护承包方的土地承包经营权主要表现在以下几个方面：

1. 本法明确规定，农村集体经济组织成员有权依法承包由本集体经济组织发包的土地。任何组织和个人不得剥夺和非法限制农村集体经济组织成员承包土地的权利。

2. 承包期内，发包方不得收回承包地。国家保护进城农户的土地承包经营权。不得以退出土地承包经营权作为农户进城落户的条件。承包期内，承包农户进城落户的，引导支持其按照自愿有偿原则依法在本集体经济组织内转让土地承包经营权或者将承包地交回发包方，也可以鼓励其流转土地经营权。承包期内，承包方交回承包地或者发包方依法收回承包地时，承包方对其在承包地上投入而提高土地生产能力的，有权获得相应的补偿。

3. 承包期内，发包方不得调整承包地。承包期内，因自然灾害严重毁损承包地等特殊情形对个别农户承包的耕地和草地需要适当调整的，必须经本集体经济组织成员的村民会议2/3以上成员或者2/3以上村民代表的同意，并报乡（镇）人民政府和县级人民政府农业等行政主管部门批准。承包合同中约定不得调整的，按照其约定。承包合同中违背承包方意愿或者违反法律、行政法规有关不得收回、调整承包地等强制性规定的约定无效。

4. 承包期内，承包方可以自愿将承包地交回发包方。承包方自愿交回承包地的，可以获得合理补偿，但是应当提前半年以书面形式通知发包方。

5. 承包方应得的承包收益，依照继承法的规定继承。林地承包的承包方死亡，其继承人可以在承包期内继续承包。通过招标、拍卖、公开协商等方式取得土地经营权的，该承包人死亡，其应得的承包收益，依照继承法的规定继承；在承包期内，其继承人可以继续承包。需要说明的是，土地承包是以农户家庭为单位，承包人是指承包土地的农户家庭，而不是指家庭中的某个成员。承包人死亡是指承包户家庭的人均已死亡的情况。承包耕地、草地的家庭中某一个人死亡，其他成员还在，不发生继承问题，仍由其他成员承包；家庭成员均已死亡的，其承包经营权终止，承包经营权不再由该承包户以外的其他亲属继承。由于林地的承包具有收益慢、周期长、风险大等特点，因此，林地承包的承包人死亡，承包户以外的继承人可以在承包期内继续承包。

6. 家庭承包中的承包方承包土地后，享有土地承包经营权，可以自己经营，也可以保留土地承包权，流转其承包地的土地经营权，由他人经营。承包方可以依法互换、转让其取得的土地承包经营权，也可以依法流转土地经营权。承包方之间为发展农业经济，可以自主决定依法采取出租（转包）、入股或者其他方式向他人流转土地经营权。承包方有权依法自主决定土地经营权是否流转和流转的形式。任何组织和个人强迫承包方进行土地经营权流转的，该流转无效。流转的收益归承包方所有，任何组织和个人不得擅自截留、扣缴。任何组织和个人擅自截留、扣缴土地经营权流转收益的，应当退还。

7. 发包方违反承包合同，给承包方造成损失的，承包方有权要求发包方承担赔偿损失等违约责任。

8. 任何组织和个人侵害土地承包经营权的，都应当承担法律责任。发包方有下列行为之一的，应当承担停止侵害、排除妨碍、消除危险、返还原物、恢复原状、赔偿损失等民事责任：侵害承包方生产经营自主权；违反本法规定收回、调整承包地；强迫或者阻碍承包方进行土地承包经营权的互换、转让和土地经营权流转；假借少数服从多数强迫承包方放弃或者变更土地承包经营权；以划分“口粮田”和“责任田”等为由收回承包地搞招标承包；将承包地收回抵顶欠款；剥夺、侵害妇女依法享有的土地承包经营权以及其他侵害土地承包经营权的行为。任何组织和个人强迫进行土地承包经营权互换、转让或者土地经营权流转的，该互换、转让或者流转无效；擅自截留、扣缴土地承包经营权互换、转让和土地经营权流转收益的，应当退还。国家机关及其工作人员有利用职权干涉农村土地承包经营，变更、解除承包经营合同，干涉承包经营当事人依法享有的生产经营自主权，强迫、阻碍承包经营当事人进行土地承包经营权互换、转让或者土地经营权流转等侵害土地承包经营权、土地经营权的行为，给承包经营当事人造成损失的，应当承担损害赔偿等责任；情节严重的，由上级机关或者所在单位给予直接责任人员处分；构成犯罪的，依法追究刑事责任。此外，本法和其他法律还规定了一些其他侵害承包经营权的法律责任和土地承包经营权发生争议的解决办法。

第九条 承包方承包土地后，享有土地承包经营权，可以自己经营，也可以保留土地承包权，流转其承包地的土地经营权，由他人经营。

条文主旨

本条是关于三权分置的规定。

立法背景

一、承包方的生产经营方式及转变

农村实行家庭承包经营为基础、统分结合的双层经营体制，农户与集体经济组织签订土地承包合同后，根据法律的规定，在合同生效之时，承包方即取得了土地承包经营权。土地承包经营权是一种用益物权。用益物权属于他物权，即对他人所有的物享有的权利，因为农村土地的所有权属于集体所有或者国家所有，农民本身对农村土地是没有所有权的。农民通过签订承包合同取得土地承包经营权后，就对农村土地依法享有占有、使用和收益的权利。承包方取得土地承包经营权后，必须占有土地，并利用土地开展农业生产经营活动，进而获得收益。否则土地承包经营权仅仅是一种纸面上的权利，而没有转化为实际的权利（利益）。改革开放后，农业经营方式实现了从集体统一经营到家庭联产承包经营的转变，由原来的以公社、乡、村集体为单位统一生产经营，转变为以家庭为单位开展农业生产。经营单位实现了由大到小的转变。一般来说，农户承包土地后，采取的都是以户为单位直接经营，即承包户的家庭成员直接在承包地上从事粮食和经济作物种植、林木种植、畜牧养殖等农业生产经营活动。实行“自给自足”生产经营模式。

在改革开放初期，实行家庭承包经营的农户必须自己经营所承包的农村土地，禁止将承包地以出租等方式转给他人经营。随着改革开放的不断深入，随着工业化、城镇化的深入推进，农业在国民经济中的占比逐渐下降，越来越多的农民进城就业，从事工业、第三产业，不再直接从事农业生产经营。据统计，2017 年，进城务工的农村人口达 2.87 亿，我国常住人口城镇化率达到 58.52%，户籍人口城镇化率也达到了 42.35%。在此过程中，承包方的生产经营方式开始转变，由自己经营逐步出现将以转包、互换、入股等方式经营。中央政策也逐步松动，从开始的禁止出租、转包到逐步放开，直至通过立法予以确认。1984 年 1 月 1 日，中共中央印发的《关于一九八四年农村工作的通知》，提出鼓励土地逐步向种田能手集中，承包户在承包期内，因无力耕种或转营他业，可以将承包地转包。但明确禁止承包地出租。1993 年 11 月 14 日，党的十四届三中全会通过的《中共中央关于建立社会主义市场经济体制若干问题的决定》提出，允许土地使用权依法有偿转让，本着群众自愿原则，可以采取转包、入股等多种形式发展适度规模经营。1998 年 10 月 14 日，党的十五届三中全会通过的《中共中央关于农业和农村工作若干重大问题的决定》提出，坚持自愿、有偿的原则，依法进行土地使用权的合理流转。2002 年，第九届全国人大常委会第二十九次会议通过的农村土地承包法，明确规定土地承包经营权流转的方式包括转包、出租、互换、转让和其他方式。承包方的多种经营方式有了明确的法律保障。

二、“三权分置”改革

伴随我国工业化、信息化、城镇化和农业现代化进程，农村劳动力大量转移，农业物质技术装备水平不断提高，农户承包土地的经营权流转明显加快。一方面，不少农户不愿、不能直接经营承包地。另一方面，大量不同的投资主体想发展现代农业，参与农业生产经营，需要大规模利用农村土地。通过各种方式将承包地流转给他人经营，出现农村土地的承包主体与经营主体相分离的现象。据统计，截至 2017 年年底，全部或部分流转出土地的农户超过 7000 万户，面积达到 5.12 亿亩，占家庭承包地总面积的 37%。与此同时，涌现出众多家庭农场、农民专业合作社、农业经营企业等新型经营主体。土地流转和适度规模经营成为发展现代农业的必由之路。但在实践中，流转双方都有不少顾虑：承包方担心长期流转给他人经营，是否会丧失土地承包经营权，以致有的承包方宁愿让土地抛荒也不愿流转；而由于农业生产经营具有投入大、周期长、见效慢的特征，实际经营方则担心承包方会解除合同而不敢进行长期投资，这也制约了农业的规模化经营。

正是在这种背景下，中央提出探索“三权分置”改革。2013 年 7 月，习近平总书记在武汉农村综合产权交易所调研时指出，深化农村改革，完善农村基本经营制度，要好好研究农村土地所有权、承包权、经营权三者之间的关系；在2013年的中央农村工作会议上指出，顺应农民保留土地承包权、流转土地经营权的意愿，把农民土地承包经营权分为承包权和经营权，实现承包权和经营权分置并行，这是我国农村改革的又一次重大创新。2014年中央1号文件《中共中央、国务院关于全面深化农村改革加快推进农业现代化的若干意见》提出，要在落实农村土地集体所有权的基础上，稳定农户承包权、放活土地经营权。2014年11月《中共中央办公厅、国务院办公厅关于引导农村土地经营权有序流转发展农业适度规模经营的意见》提出，要坚持农村土地集体所有权，稳定农户承包权，放活土地经营权，以家庭承包经营为基础，推进家庭经营、集体经营、合作经营、企业经营等多种经营方式共同发展；鼓励承包农户依法采取转包、出租、互换、转让及入股等方式流转承包地；抓紧研究探索集体所有权、农户承包权、土地经营权在土地流转中的相互权利关系和具体实现形式。2015年11月中共中央办公厅、国务院办公厅印发的《深化农村改革综合性实施方案》提出，深化农村土地制度改革的基本方向是：落实集体所有权，稳定农户承包权，放活土地经营权。落实集体所有权，就是落实“农民集体所有的不动产和动产，属于本集体成员集体所有”的法律规定，明确界定农民的集体成员权，明晰集体土地产权归属，实现集体产权主体清晰。稳定农户承包权，就是要依法公正地将集体土地的承包经营权落实到本集体组织的每个农户。放活土地经营权，就是允许承包农户将土地经营权依法自愿配置给有经营意愿和经营能力的主体，发展多种形式的适度规模经营。2016 年 10 月《中共中央办公厅、国务院办公厅关于完善农村土地所有权承包权经营权分置办法的意见》指出，改革开放之初，在农村实行家庭联产承包责任制，将土地所有权和承包经营权分设，所有权归集体，承包经营权归农户，极大地调动了亿万农民的积极性，有效解决了温饱问题，农村改革取得重大成果。现阶段深化农村土地制度改革，顺应农民保留土地承包权、流转土地经营权的意愿，将土地承包经营权分为承包权和经营权，实行所有权、承包权、经营权“三权”分置并行，着力推进农业现代化，是继家庭联产承包责任制后农村改革又一重大制度创新。

根据党中央、国务院出台的一系列关于“三权分置”的文件精神，“三权”分别是指集体所有权、农户承包权和土地经营权，“三权分置”就是要落实集体所有权，稳定农户承包权，放活土地经营权，充分发挥“三权”的各自功能和整体效用，形成层次分明、结构合理、平等保护的格局。“三权”中，农村土地集体所有权是土地承包经营权的前提，是农村基本经营制度的根本，必须得到充分体现和保障。农户享有土地承包权是农村基本经营制度的基础，是集体所有的具体实现形式，要稳定现有土地承包关系并保持长久不变。在土地流转中，从承包方的土地承包经营权中派生出土地经营权。赋予流转受让方更有保障的土地经营权，是完善农村基本经营制度的关键。

“三权分置”是农村基本经营制度的自我完善，符合生产关系适应生产力发展的客观规律，展现了农村基本经营制度的持久活力，有利于明晰土地产权关系，更好地维护农民集体、承包农户、经营主体的权益；有利于促进土地资源合理利用，构建新型农业经营体系，发展多种形式适度规模经营，提高土地产出率、劳动生产率和资源利用率，推动现代农业发展。集体土地所有权、土地承包经营权已经有较为完备的法律制度保障。宪法明确规定，农村和城市郊区的土地除由法律规定属于国家所有的以外属于集体所有。土地管理法、物权法对集体土地所有权、土地承包经营权有更为明确详细的规定，建立了比较完整的权利保护体系。2018 年中央 1 号文件《中共中央、国务院关于实施乡村振兴战略的意见》提出，完善农村承包地“三权分置”制度，在依法保护集体土地所有权和农户承包权前提下，平等保护土地经营权。本次农村土地承包法修改的重要任务之一就是，要从法律制度上落实“三权分置”改革要求，将三权分置的改革成果法治化，从法律上确认土地经营权的法律地位，进一步巩固和完善农村的基本经营制度，为实施乡村振兴战略提供法治保障。

条文解读

关于如何在法律中体现和落实“三权分置”改革的要求，在农村土地承包法修改过程中，各方面有不同的意见。全国人大农业与农村委员会提请十二届全国人大常委会第三十次会议审议的《中华人民共和国农村土地承包法修正案（草案）》规定：以家庭承包方式取得的土地承包经营权在流转中分为土地承包权和土地经营权；土地承包权是指农村集体经济组织成员依法享有的承包土地的权利；土地经营权是指一定期限内占用承包地、自主组织生产耕作和处置产品，取得相应收益的权利。在常委会审议和征求意见过程中，不少意见提出，草案规定的法律概念比较模糊，权利之间的内涵和相互关系不明确，建议厘清各种权利的内涵、外延及相互关系，并要与现行物权法等相关法律做好制度衔接。

经研究认为，“三权分置”改革的核心问题是家庭承包的承包户在经营方式上发生转变，即由农户自己经营，转变为将承包地流转给他人经营，实现土地承包经营权和土地经营权的分离。“三权分置”是农村土地经营方式在改革过程中两次“两权”分离的结果：第一次“两权”分离，农户通过家庭承包的方式，从集体土地所有权中分离出土地承包经营权，实现了集体统一经营向承包方家庭经营的转变；第二次“两权”分离，承包方通过出租（转包）、入股等方式，将承包地流转给他人经营，从土地承包经营权中分离出土地经营权，实现了从承包方直接经营到交由他人经营的转变。据此，本条规定，承包方承包土地后，享有土地承包经营权，可以自己经营，也可以保留土地承包权，流转其承包地的土地经营权，由他人经营。本条规定从法律上确认两次“两权”分离造成的经营方式的转变，并赋予受让方以土地经营权，实现法律上的平等保护。

1. 承包方享有土地承包经营权。第一次“两权”分离后，承包方从集体土地所有权中分离获得土地承包经营权。土地承包经营权是一种用益物权。承包方享有的土地经营权的具体权利包括：依法享有直接支配和排他占有承包地的权利；依法享有承包地使用、收益的权利，有权自主组织生产经营和处置产品；依法互换、转让土地承包经营权；依法流转土地经营权；承包地被依法征收、征用、占用的，有权依法获得相应的补偿；承包期内，发包方不得调整承包地，因自然灾害严重毁损承包地等特殊情形需要个别调整的，应当依照法定程序进行；承包期内，发包方不得收回承包地，等等。

2. 承包方自己经营。承包方取得土地承包经营权这种用益物权后，最为直接的目的就是占有并使用承包地，开展农业生产经营，这是最为直接的经营方式，也是法律赋予其土地承包经营权这一用益物权的根本价值和目的所在。自己经营就是承包户以家庭成员为主要劳动力，在自己所承包的农村土地上直接从事农业生产经营。这是农村土地的最主要的经营方式。

3. 承包方保留土地承包权，流转土地经营权。承包方除自己经营外，还可以通过与他人签订合同，将土地经营权流转给他人，由他人经营。本次农村土地承包法修改将中央文件规定的土地经营权转化为法定权利。土地经营权是从土地承包经营权中派生出来的新的权利。从法律性质上而言，土地承包经营权人流转土地经营权后，其所享有的土地承包经营权并未发生改变，正如在集体土地所有权上设定土地承包经营权后，集体土地所有权的性质并未发生改变一样。因此，在经营方通过流转取得土地经营权后，承包方享有的土地承包经营权的法律性质并未改变，只是承包方行使土地承包经营权的方式发生了改变而已，从直接行使转变为间接行使。实践中，有的承包方担心流转土地经营权之后，由于承包地会转移给实际经营方占有、使用并获取土地产出收益，导致有的农户担心自己的土地承包经营权会失去保障，担心流转期限或者承包期届满后是否还享有土地承包经营权。为了消除承包农户的这种顾虑，本条专门规定，承包方流转承包地的土地经营权后仍保留土地承包权。这么规定，也是为了落实党中央提出的要保持农村土地承包关系长期稳定并长久不变的政策。需要特别说明的是，修改之前的农村土地承包法规定的流转的是土地承包经营权，流转的方式包括转包、出租、互换、转让和其他方式。这次农村土地承包法修改，对“流转”的法律性质进行了修改，流转的对象仅限于流转土地经营权，不再包括土地承包经营权；流转的方式限于转包（出租）、入股或者其他方式，而不再包括互换和转让。土地承包经营权仍可以在本集体经济组织内部互换或者转让。

4. 受让方享有土地经营权。承包方采取出租（转包）、入股或者其他方式流转土地经营权后，受让方即获得土地经营权。土地经营权人有权在合同约定的期限内占有农村土地，自主开展农业生产经营并取得收益。具体包括：有权使用流转土地自主从事农业生产经营并获得相应收益；经承包方同意，可依法依规改良土壤、提升地力，建设农业生产、附属、配套设施，并按照合同约定获得合理补偿；经承包方书面同意，并向本集体经济组织备案，土地经营权人可以再流转土地经营权，或者以土地经营权向金融机构融资担保，等等。

第十条　国家保护承包方依法、自愿、有偿流转土地经营权，保护土地经营权人的合法权益，任何组织和个人不得侵犯。

条文主旨

本条是关于保护土地经营权流转中双方当事人合法权益的规定。

立法背景

“三权分置”改革的目标是要通过土地经营权流转，优化土地资源配置，培育新型经营主体，促进适度规模经营发展，进一步巩固和完善农村基本经营制度。这次农村土地承包法修改就是要让土地经营权流转中双方当事人的权益得到法律保障，确保承包方能够放心流转土地经营权，不用担心自己的土地承包经营权失去保障。同时，也要让流转受让方取得土地经营权后，具有法律安全感，能够放心投入，安心从事农业生产经营，从而建立一个健康有序的土地经营权流转市场。

条文解读

本条从三个方面对土地经营权流转加以保护。

一、国家保护承包方流转土地经营权

本法第九条规定了承包方可以自己经营，也可以流转承包地的土地经营权，由他人经营。土地承包经营权作为一项用益物权，是受到法律保护的他物权。用益物权人对标的物依法享有占有、使用、收益的权利。所谓“使用”就是根据物的自然属性、法定用途或者约定的方式对物进行实际利用。所谓“收益”就是通过对物的利用而获得经济上的收入或者其他利益。至于用益物权人采取何种方式使用、取得收益，用益物权人只要不违背法律和合同的约定即可。从土地承包经营权的本质而言，土地承包经营权的权能就包括对承包地的直接利用和间接利用，既可以通过直接使用而获取收益，也可以通过间接使用而获得收益。不仅承包方直接利用承包地的权利受到法律保护，其流转土地经营权的权利也受到法律的保护。本条首先规定，国家保护承包方依法、自愿、有偿流转土地经营权。

本条明确承包方流转土地经营权的权利受到法律保护，但只是作了原则性规定，对流转土地经营权的保护，其他条文还有配套的具体规定。主要有：第十七条第三项就规定，承包方的权利包括依法流转土地经营权；第三十六条规定承包方可以自主决定流转方式；第六十条、第六十一条、第六十五条等条文还规定了侵害流转土地经营权的法律后果。

法律保护承包方流转土地经营权的权利，土地经营权的流转也有利于适度发展规模经营。但在实践中，有的地方存在强制农民流转承包地的现象，也存在以流转土地经营权为名行买卖农业用地搞非农建设之实的问题，这些做法既损害了农民的长远利益，也不利于农业可持续发展。因此，本法规定土地经营权流转要遵循依法、自愿、有偿的原则。依法就是土地经营权的流转应当按照农村土地承包法及相关法律的规定进行，既要遵守法律规定的程序，也要遵守法律规定的实体要求。自愿是指土地承包经营权的流转必须出于双方当事人完全自愿，流转方不得强迫受流转方必须接受土地承包经营权流转，受流转方也不得强迫流转方必须将土地承包经营权流转。有偿是指土地承包经营权的流转多是等价有偿，应当体现公平原则。

二、国家保护土地经营权人的合法权益

土地经营权流转后受让方即取得土地经营权，成为土地经营权人。保护土地经营权人的合法权益，可以从两个方面来理解：

一方面，土地经营权流转的受让方与承包方签订了流转合同，作为合同当事人，土地经营权人的权利受到合同法等相关法律的保护。相对于承包方而言，土地经营权人根据合同约定所享有的权利，就是承包方（也就是土地经营权的出让方）应当履行的义务。因此，承包方必须根据合同约定依法、按时、全面履行自己的义务，确保受让方的合同权利得到实现。本法第四十二条还专门作出规定，除受让方有特殊情形外，承包方是不得单方解除土地经营权流转合同的。

另一方面，受让方通过签订流转合同，合同生效后，即依法取得了土地经营权。此时，作为土地经营权人，受让方有权占有、使用该承包地自主从事农业生产经营并获得相应收益。这种权利，承包方以及其他任何组织、个人都无权非法干预。土地经营权人可以利用合同项下的农村土地从事农业生产经营，并且有权自主决定经营的方式、经营的内容。此外，根据农村土地承包法的规定，承包方还享有再流转土地经营权的权利，可以以土地经营权融资担保的权利等。这些权利同样是受到法律保护的，承包方、集体经济组织以及其他人都得尊重，不得侵害。当然，法律保护的是土地经营权人的合法权益。如果土地经营权人未按照合同约定的用途使用农村土地，或者有给农村土地造成永久性损害等其他违反合同约定或者法律规定的行为的，承包方、发包方有权依法进行监督和干预，甚至解除或者终止合同。

三、任何组织和个人不得侵犯

民事主体的民事权利受到法律保护，同时也就要求他人不得侵害。根据本条规定，任何组织和个人不得侵犯承包方流转土地经营权的权利，也不得侵犯土地经营权人的合法权益。

实践中，经常出现各种侵犯承包方流转土地经营权的行为。比如，有的发包方常常以少数服从多数的名义，迫使少数承包方将自己的承包地对外流转；有的集体经济组织在没有承包方委托的情况下，将全村土地对外流转土地经营权；有的地方基层政府以招商为旗号，要求将整村整组农户承包地集中对外流转，甚至通过定任务、下指标或将流转面积、流转比例纳入绩效考核等方式强行推动土地经营权流转；还有的经营方利用自己的优势地位，以各种手段强迫承包方向其流转土地经营权。这些行为都是侵犯承包方流转土地经营权的，是法律禁止的。发包方、第三人既不得强迫承包方流转土地经营，也不得干预、阻挠承包方流转其土地经营权。承包方在与他人协商好后，自愿将承包地的土地经营权流转给他人时，集体经济组织、村民委员会、乡镇政府等其他任何组织和个人都不得干预、阻碍。保护承包方流转土地经营权的权利，既要保护其流转的权利，也要保障承包方不流转的权利。承包方不想流转的，任何组织和个人不得强迫其流转。保护承包方流转土地经营权的重要方面就是，流转土地经营权的收益归承包方所有，任何人不得擅自截留、扣缴。

任何人也不得侵犯土地经营权人的合法权益。首先，承包方不得侵犯土地经营权人的合法权益。比如，土地经营权人利用流转的承包地开展农业生产经营，在流转期限内实现了很好的收益，承包方不得无理要求解除流转合同收回土地经营权。其次，集体经济组织也不能干预土地经营权人的经营自主权。集体经营组织不能以承包方流转土地经营权未经其同意即主张流转合同无效，也不得指令或者要求土地经营权人按照本集体经济组织的决定从事特定作物的种植等。最后，其他组织、个人，包括基层群众自治组织、乡镇政府等国家机关、国家工作人员等个人都不得干涉和影响土地经营权人的生产经营活动。

同时，本法还在其他条文规定了违反本条规定的法律后果。比如，农村土地承包法第五十六条规定，任何组织和个人侵害土地承包经营权、土地经营权的，应当承担民事责任；第五十七条规定，发包方不得强迫或者阻碍承包方进行土地经营权的流转；第六十条规定，任何组织和个人强迫进行土地经营权流转的，该流转无效；第六十五条规定，国家机关及其工作人员有强迫、阻碍土地经营权的流转行为，给承包方造成损失的，应当承担损害赔偿责任，等等。

第十一条　农村土地承包经营应当遵守法律、法规，保护土地资源的合理开发和可持续利用。未经依法批准不得将承包地用于非农建设。

国家鼓励增加对土地的投入，培肥地力，提高农业生产能力。

条文主旨

本条是关于在农村土地承包经营中应当注意保护土地资源的规定。

立法背景

土地是人类可利用的一切自然资源中最基本、最宝贵的资源，是人类赖以生存繁衍的基础。在人类生活中，土地是人类最基本的生产资料，也是为人类提供食物和其他生活资料的重要源泉。人口多、土地少，特别是耕地少是我国的基本国情。我国国土总面积约960万平方公里，约占世界陆地面积的1/15，居世界第三位。但由于人口多，人均占有国土面积不到世界人均占有量的1/3。在国土总面积中，不能或者难以利用的沙漠、冰川、戈壁、石山和高寒荒漠又占去相当大一部分。我国的耕地资源还存在着以下几个突出的问题：一是人均占有耕地的数量少。二是耕地总体质量较差，生产水平低。三是耕地退化比较严重。四是耕地后备资源匮乏。近年来，我国耕地总面积一直稳定在20.3亿亩左右（第二次全国土地调查数据）。但耕地负载逐年加大。从数量看，全国新增建设用地占用耕地年均约为480万亩，虽有占补平衡，但2010年至2017年耕地净减少780多万亩。从质量看，不少地方耕地退化、污染严重，一些地方占好地、补坏地；占水地、补旱地，2016年全国优高等耕地面积仅占29.5%。与此同时，我国的人口却还在不断增长。随着科学技术的发展，粮食生产技术水平有了新的突破，但仍然不能满足人民群众的需求，每年需要进口大量的粮食。总的来说，人增地减的趋势已经成为我国经济社会发展中的一个重大问题和严峻挑战。因此，十分珍惜、合理利用土地和切实保护耕地，是关系国计民生、关系国家发展全局和中华民族生存安危的大事，是我国的基本国策。还要看到，合理开发土地，保护土地资源也是促进社会经济的可持续发展的要求。当前，走可持续发展的道路已经成为世界各国的共同选择。土地作为一种自然资源，它的存在是非人力所能创造的，土地本身的不可移动性、地域性、整体性、有限性是固有的，人类对它的依赖和永续利用程度的增加也是不可逆转的。因此，强化土地管理，保证对土地的永续利用，以促进社会经济的可持续发展也是土地承包中应当特别重视的一个问题。习近平总书记就曾强调："保护耕地要像保护大熊猫那样来做。"因此，本条明确要求：农村土地承包经营应当遵守法律、法规，保护土地资源的合理开发和可持续利用。

保护土地资源方面的法律、法规很多，其中最重要的就是土地管理法。土地管理法第三条规定，十分珍惜、合理利用土地和切实保护耕地是我国的基本国策。各级人民政府应当采取措施，全面规划，严格管理，保护、开发土地资源，制止非法占用土地的行为。第十七条规定，各级人民政府应当依据国民经济和社会发展规划、国土整治和资源环境保护的要求、土地供给能力以及各项建设对土地的需求，组织编制土地利用总体规划。土地利用总体规划的规划期限由国务院规定。第十八条第三款规定，省、自治区、直辖市人民政府编制的土地利用总体规划，应当确保本行政区域内耕地总量不减少。第三十一条第一款规定，国家保护耕地，严格控制耕地转为非耕地。第三十四条第二款规定，各省、自治区、直辖市划定的基本农田应当占本行政区域内耕地的百分之八十以上。第三十五条规定，各级人民政府应当采取措施，维护排灌工程设施，改良土壤，提高地力，防止土地荒漠化、盐渍化、水土流失和污染土地。第三十八条规定，国家鼓励单位和个人按照土地利用总体规划，在保护和改善生态环境、防止水土流失和土地荒漠化的前提下，开发未利用的土地；适宜开发为农用地的，应当优先开发成农用地。国家依法保护开发者的合法权益。

同时，土地管理法第五章规定了土地转为非农建设用地的条件、程序等事项，第七章规定了非法转让、占用、征用、破坏土地的法律责任。

条文解读

2002 年制定的农村土地承包法第八条第一款规定："农村土地承包应当遵守法律、法规，保护土地资源的合理开发和可持续利用。未经依法批准不得将承包地用于非农建设。"第二款规定："国家鼓励农民和农村集体经济组织增加对土地的投入，培肥地力，提高农业生产能力。"这次修改农村土地承包法，对上述规定作了一定的修改，一是将第一款中的"农村土地承包"修改为"农村土地承包经营"；二是删除了第二款中的"农民和农村集体经济组织"。这主要是因为本次修改根据中央"三权分置"改革的精神增设了有关土地经营权的内容，不仅土地承包中各方当事人应当注意保护土地资源，土地经营权人也应当遵守这一规定；而且，原法规定的国家鼓励"农民和农村集体经济组织"增加对土地投入等规定，也应当相应的作出修改完善，不能再局限于农民和农村集体经济组织，还应当包括土地经营权人。

根据本法和其他相关法律、法规规定，保护土地资源的合理开发和可持续利用，各级人民政府应当依法采取措施，全面规划，严格管理、保护、开发土地资源，制止非法占用土地的行为：（1）依据国民经济和社会发展规划、国土整治和资源环境保护的要求、土地供给能力以及各项建设对土地的需求，组织编制土地利用总体规划。通过编制土地利用总体规划，将土地分为农用地、建设用地和未利用地。严格限制农用地转为建设用地，控制建设用地总量，对耕地实行特殊保护。确保本行政区域内耕地总量不减少。（2）实行基本农田保护制度。各省、自治区、直辖市划定的基本农田应当占本行政区域内耕地的80%以上。征用基本农田必须经国务院批准，地方各级人民政府无权批准征用基本农田。（3）按照土地利用总体规划，应当采取措施，改造中、低产田，整治闲散地和废弃地。（4）应当采取有效措施鼓励增加对土地的投入，培肥地力，提高农业生产能力。

作为集体土地的所有人和土地承包的当事人，发包方应当：（1）监督承包方依照承包合同约定的用途合理利用和保护土地，制止承包方损害承包地和农业资源的行为，如占用基本农田发展林果业和挖塘养鱼等。如果承包方给承包地造成永久损害的，发包方有权制止，并有权要求承包方赔偿由此造成的损失。同时，发包方还应当监督土地经营权人损害承包地和农业资源的行为，如果土地经营权人擅自改变土地的农业用途、弃耕抛荒连续两年以上、给土地造成严重损害或者严重破坏土地生态环境，承包方在合理期限内不解除土地经营权流转合同的，发包方有权要求终止土地经营权流转合同。(2)执行县、乡（镇）土地利用规划，组织本集体经济组织内的农业基础设施建设，对田、水、路、林、村综合整治，提高耕地质量，增加有效耕地面积，改善农业生产条件和生态环境。维护排灌工程设施，改良土壤，提高地力，防止土地荒漠化、盐渍化、水土流失和污染土地。(3）切实履行承包合同，保证承包方对土地的投入，培肥地力，提高农业生产能力的积极性。如耕地的承包期为 30 年，在承包期内，发包方不得违法收回、调整承包地；在承包期内，承包方交回承包地时，发包方对其在承包地上投入而提高土地生产能力的，发包方应当给予补偿。

承包方应当：(1）按照承包合同中确定的土地用途使用土地。承包土地的目的就是从事种植等农业生产，禁止改变农用土地的用途，不得将其用于非农业建设。

如不得在耕地上建窑、建坟或者擅自在耕地上建房、挖砂、采石、采矿、取土等。从保护耕地的角度，承包方不得占有基本农田发展林果业和挖塘养鱼。承包方违法将承包地用于非农建设的，由县级以上人民政府有关部门予以处罚。（2）增加土地的投入，禁止掠夺性开发。承包方应当合理地增肥地力，一方面，提高土地生产力，发挥土地最大效益，从而提高农作物的产量，增加自己的收入；另一方面，提高了土地质量，保证农业生产的可持续发展，造福子孙后代。（3）合理利用土地，不得给土地造成永久性损害。如为了片面追求短期内的生产效益，有的承包方在承包地上大量施用化肥和农药，结果导致土壤污染，生产能力下降。也有的擅自改变农用地的用途，如在耕地上建房、建窑等建建筑物，对耕地造成难以恢复的损害。承包方给土地造成永久性损害的，应当承担赔偿损失等法律责任。

土地经营权人应当：（1）按照土地经营权流转合同中确定的土地用途使用土地。土地经营权人有权占有农村土地，自主开展农业生产经营并取得收益，但不得改变土地的农业用途。土地经营权人违法将承包地用于非农建设的，由县级以上地方人民政府有关主管部门依法予以处罚。(2) 增加土地的投入，禁止掠夺性开发。土地经营权人可以依法投资改良土壤，增肥地力，建设农业生产附属、配套设施等，并按照合同约定对其投资部分获得合理补偿。(3) 合理利用土地，不得破坏农业综合生产能力和农业生态环境。如果土地经营权人擅自改变土地的农业用途、弃耕抛荒连续两年以上、给土地造成严重损害或者严重破坏土地生态环境的，承包方可以解除土地经营权流转合同，承包方在合理期限内不解除土地经营权流转合同的，发包方有权要求终止土地经营权流转合同。土地经营权人对土地和土地生态环境造成的损害应当予以赔偿。

第十二条　国务院农业农村、林业和草原主管部门分别依照国务院规定的职责负责全国农村土地承包经营及承包经营合同管理的指导。

县级以上地方人民政府农业农村、林业和草原等主管部门分别依照各自职责，负责本行政区域内农村土地承包经营及承包经营合同管理。

乡（镇）人民政府负责本行政区域内农村土地承包经营及承包经营合同管理。

条文主旨

本条是关于农村土地承包经营主管部门的规定。

立法背景

本条来源于原农村土地承包法第十一条，内容上未作实质性变动，只是对主管部门的名称，根据国务院机构改革方案进行了修改，并将原条文中的“承包”修改为“承包经营”；同时，为了使内容更加清晰，将原条文分为三款。

条文解读

由于农村土地承包经营涉及不同类型的农村土地，对农村土地承包经营及承包经营合同的管理也涉及政府各个相关的主管部门，分述如下：

一、国务院农业农村、林业和草原行政主管部门、其他有关部门的职责

根据农业法的规定，农业指种植业、林业、畜牧业和渔业。农业法规定的农业是大农业的概念。按照国务院主管部门的分工，农业农村部是种植业、畜牧业、渔业的行政主管部门，林业和草原的主管部门是国家林业和草原局。因此，本条明确规定国务院农业农村、林业和草原主管部门负责农村土地承包经营及承包经营合同管理的指导工作。

根据有关规定，农业农村部的主要职责有16项。与农村土地承包关系密切的有如下各项：(1) 统筹研究和组织实施“三农”工作的发展战略、中长期发展规划、重大政策等。(2) 统筹推动发展农村社会事业、农村公共事务、农村文化、农村基础设施和乡村治理等。(3) 拟定深化农村经济体制改革和巩固完善农村基本经营制度的政策。负责农民承包地、农村宅基地改革和管理有关工作。负责农村集体产权制度改革，指导农村集体经济组织发展和集体资产管理工作。指导农民合作经济组织、农业社会化服务体系、新型农业经营主体建设与发展。(4) 指导乡村特色产业、农产品加工业、休闲农业和乡镇企业发展工作。提出促进大宗农产品流通的建议，培育、保护农业品牌。发布农业农村经济信息，监测分析农业农村经济运行。承担农业统计和农业农村信息化有关工作。(5) 负责种植业、畜牧业、渔业、农垦、农业机械化等农业各产业的监督管理。指导粮食等农产品生产。组织构建现代农业产业体系、生产体系、经营体系，指导农业标准化生产。负责双多边渔业谈判和履约工作。负责远洋渔业管理和渔政渔港监督管理。（6）组织农业资源区划工作。指导农用地、渔业水城以及农业生物物种资源的保护与管理，负责水生野生动植物保护、耕地及永久基本农田质量保护工作。指导农产品产地环境管理和农业清洁生产，指导设施农业、生态循环农业、节本农业发展以及农村可再生能源综合开发利用、农业生物质产业发展。牵头管理外来物种。（7）负责农业投资管理。提出农业投融资体制机制改革建议。编制中央投资安排的农业投资项目建设规划，提出农业投资规模和方向、扶持农业农村发展财政项目的建议，按国务院规定权限审批农业投资项目，负责农业投资项目资金安排和监督管理。（8）指导农业农村人才工作。报订农业农村人才队伍建设规划并组织实施，指导农业教育和农业职业技能开发，指导新型职业农民培育、农业科技人才培养和农村实用人才培训工作。

根据有关规定，国家林业和草原局的主要职责有 15 项，与农村土地承包关系密切的主要职责有：（1）负责林业和草原及其生态保护修复的监督管理。拟订林业和草原及其生态保护修复的政策、规划、标准并组织实施，起草相关法律法规、部门规章草案。组织开展森林、草原、湿地、荒漠和陆生野生动植物资源动态监测与评价。（2）组织林业和草原生态保护修复和造林绿化工作。组织实施林业和草原重点生态保护修复工程，指导公益林和商品林的培育，指导、监督全民义务植树、城乡绿化工作。指导林业和草原有害生物防治、检疫工作。承担林业和草原应对气候变化的相关工作。（3）负责森林、草原、湿地资源的监督管理。组织编制并监督执行全国森林采伐限额。负责林地管理，拟订林地保护利用规划并组织实施，指导国家级公益林划定和管理工作，管理重点国有林区的国有森林资源。负责草原禁牧、草畜平衡和草原生态修复治理工作，监督管理草原的开发利用。负责湿地生态保护修复工作，拟订湿地保护规划和相关国家标准，监督管理湿地的开发利用。（4）负责推进林业和草原改革相关工作。拟订集体林权制度、重点国有林区、国有林场、草原等重大改革意见并监督实施。拟订农村林业发展、维护林业经营者合法权益的政策措施，指导农村林地承包经营工作。开展退耕（牧）还林还草，负责天然林保护工作。（5）指导全国森林公安工作，监督管理森林公安队伍，指导全国林业重大违法案件的查处，负责相关行政执法监管工作，指导林区社会治安治理工作。(6) 监督管理林业和草原中央级资金和国有资产，提出林业和草原预算内投资、国家财政性资金安排建议，按国务院规定权限，审核国家规划内和年度计划内投资项目。参与拟订林业和草原经济调节政策，组织实施林业和草原生态补偿工作。

农业农村部与国家林业和草原局的上述职责，很多涉及农村土地承包经营及承包经营合同。作为主管农业农村、林业和草原的部门，其工作主要是制定方针、政策及相关措施，监督、指导农村土地承包经营及承包经营合同的管理。同时，涉及农村土地承包经营的不仅限于农业农村部与国家林业和草原局，也涉及其他主管部门。例如，作为土地的主要管理部门自然资源部，对农村土地亦有管理职责，拟定耕地特殊保护和鼓励耕地开发政策、农地保护和土地整治政策、农地转用管理办法，拟定未利用土地开发、土地整理、土地复垦和开发耕地规定；指导农地用途管制，组织基本农田保护等。水利部管理水资源，一项重要职责就是指导农村水利工作；组织协调农田水利基本建设、农村水电电气化和乡镇供水工作。特别是在“四荒”地的治理开发方面，作为生态建设工作的一个重要内容，是由水利部归口管理的。因此，除农业与农村部与国家林业和草原局以外，各有关部门虽然不是农村土地承包经营及承包经营合同的主要管理部门，但也应当做好与农村土地承包有关的工作。

二、县级以上地方人民政府农业和农村、林业和草原等主管部门及其职责

县级以上地方人民政府农业和农村、林业和草原等主管部门的设置与国务院有所不同。如有的地方农业与农村主管部门与牧业主管部门是分开设置的，主管农村土地承包经营的部门有农业局、林业局、畜牧局、水产局等。所以本条表述为“县级以上地方人民政府农业农村、林业和草原等主管部门”。这样表述更符合实际情况。

县级以上地方人民政府有关部门负责本行政区域内农村土地承包经营及承包经营合同的管理工作。同级各部门以及上下各级部门工作各有分工。一般来说，下级部门的工作较上级部门更为具体。县级以上地方人民政府有关部门的工作有如下一些方面：（1）起草、制定有关地方法规、规章。地方法规由地方人大通过。全国大部分省、自治区、直辖市都颁布了土地承包的地方性法规，将国家政策、法律、行政法规具体落实到地方性法规中，以规范地方的土地承包工作。（2）制定统一的合同文本，对土地承包登记造册，确权发证。办理审批、备案等。（3）指导签订土地承包经营合同、合同的履行以及土地承包经营权的流转等。（4）进行农村集体经济组织建设。（5）进行农业基本建设、兴修水利、平整土地，制定耕地保养长期规划等。（6）建立农业科技、化肥、机械等服务体系，支援农业，为农户服务。（7）建立农村土地承包及承包合同档案。（8）培训土地承包合同管理人员。（9）调解农村土地承包经营纠纷。

三、乡（镇）人民政府的职责

乡（镇）人民政府负责本行政区域内农村土地承包经营及承包经营合同管理。乡（镇）人民政府一般不分设职能部门，但有工作分工，一般设土地承包经营合同管理的专门人员，从事具体指导土地承包经营合同的签订、履行以及其他合同管理工作，其工作由乡（镇）人民政府负责。同时，前面所讲的中央和县级以上地方人民政府职能部门有关土地承包经营及承包经营合同的管理工作大部分都要由乡（镇）人民政府具体落实。

第二章 家庭承包

第一节 发包方和承包方的权利和义务

第十三条 农民集体所有的土地依法属于村农民集体所有的，由村集体经济组织或者村民委员会发包；已经分别属于村内两个以上农村集体经济组织的农民集体所有的，由村内各该农村集体经济组织或者村民小组发包。村集体经济组织或者村民委员会发包的，不得改变村内各集体经济组织农民集体所有的土地的所有权。

国家所有依法由农民集体使用的农村土地，由使用该土地的农村集体经济组织、村民委员会或者村民小组发包。

条文主旨

本条是关于如何确定发包方的规定。

立法背景

本条分别规定了农村集体所有的土地和国家所有依法由农民集体使用的土地如何发包的问题。

条文解读

一、农民集体所有的土地

农民集体所有土地发包方的确定有三种情况：

1. 农民集体所有的土地，依法属于村农民集体所有的，由村集体经济组织或者村民委员会发包

这里的“村”指行政村，即设立村民委员会的村，而不是指自然村。农民集体所有的土地，依法属于村农民集体所有是指属于行政村农民集体所有。

农民集体所有的土地，由村集体经济组织或者村民委员会发包。这是因为我国实行农村土地承包经营制度以后，有些村没有集体经济组织，难以完成集体所有土地的发包工作，需要由作为村民自治组织的村民委员会来行使发包土地的职能。因此，如果该村有集体经济组织，就由集体经济组织发包；如果没有集体经济组织，则可以由村民委员会发包。

2. 已经分别属于村内两个以上农村集体经济组织的农民集体所有的，由村内各该农村集体经济组织或者村民小组发包

这里的村民小组是指行政村内由村民组成的组织，它是村民自治共同体内部的一种组织形式，相当于原生产队的层次。本条规定“已经分别属于村内两个以上农村集体经济组织的农民集体所有的”土地是指，该土地原先分别属于两个以上的生产队，现在其土地仍然分别属于相当于原生产队的各该农村集体经济组织或者村民小组的农民集体所有。

已经分别属于村内两个以上农村集体经济组织的农民集体所有的，由村内各该农村集体经济组织或者村民小组发包。这也是根据谁所有谁发包的原则确定的。目前，有许多村民小组并没有设立集体经济组织，则可以由村民小组发包。

3. 村集体经济组织或者村民委员会发包的，不得改变村内各集体经济组织农民集体所有的土地的所有权

这里的“村内各集体经济组织农民集体所有的土地”，指的是前面提到的“已经分别属于村内两个以上农村集体经济组织的农民集体所有的”土地。按照谁所有

谁发包的原则，应当由村内各该农村集体经济组织或者村民小组发包。但是，许多村民小组也不具备发包的条件，或者由其发包不方便，实践中由村集体经济组织或者村民委员会代为发包。虽然由村集体经济组织或者村民委员会代为发包，但并不能因此改变所有权关系。

二、国家所有依法由农民集体使用的农村土地

国家所有依法由农民集体使用的农村土地，虽然所有权不属于使用该土地的农民集体，由于是作为农村土地由农民集体使用从事农业生产的，法律规定也实行承包经营。此类土地由国家发包没有必要，也不现实。因此规定由农村集体经济组织、村民委员会或者村民小组发包。具体由谁发包，应当根据该土地的具体使用情况而定。由村农民集体使用的，由村集体经济组织发包，村集体经济组织未设立的，由村民委员会发包。由村内两个以上集体经济组织的农民集体使用的，由村内各集体经济组织发包，村内各集体经济组织未设立的，由村民小组发包。村内各集体经济组织或者村民小组发包有困难或者不方便的，也可以由村集体经济组织或者村民委员会代为发包。

第十四条 发包方享有下列权利：

（一）发包本集体所有的或者国家所有依法由本集体使用的农村土地；

（二）监督承包方依照承包合同约定的用途合理利用和保护土地；

（三）制止承包方损害承包地和农业资源的行为；

（四）法律、行政法规规定的其他权利。

条文主旨

本条是关于发包方权利的规定。

立法背景

本条规定的发包方的权利是法定权利，即使在承包合同中未约定，也仍然依法享有这些权利；同时，也不得在承包合同中限制这些权利。如果有限制这些权利的条款，则该条款无效。

条文解读

现将本条规定的这几项权利分别说明如下：

一、发包本集体所有的或者国家所有依法由本集体使用的农村土地的权利

这是发包方的发包权，是享有其他权利的前提。发包方可以发包的土地有两类：一类是本集体所有的农村土地；另一类是国家所有依法由本集体使用的农村土地。对于第二类土地发包人虽然不是所有人，也享有法律赋予的发包权。

二、监督承包方依照承包合同约定的用途合理利用和保护土地的权利

土地是一种宝贵的自然资源，是人类生存和生活的基本生活资料。随着我国人口的增长和经济的发展，有限的土地资源与无限的土地需求的矛盾日益突出。我国是一个人口众多的农业大国，耕地、林地和草地人均面积很少，必须合理利用和保护土地。因此，本条第二项规定发包人有权监督承包人依照承包合同约定的用途合理利用和保护土地。

三、制止承包方损害承包地和农业资源的行为的权利

土地问题涉及亿万农民切身利益，事关全局。土地必须合理利用和保护，而损害土地和农业资源的行为必须予以制止。损害土地和农业资源的行为有许多表现，如在耕地上建房、挖土、挖沙、挖石、采矿，将耕地挖成鱼塘，毁坏森林、草原开垦耕地，将土地沙化、盐渍化，使水土流失和污染土地，围湖造田等。对于承包方的这些行为，发包方都有权制止。

四、法律、行政法规规定的其他权利

这是一项兜底的规定。比如，本法第四十五条第二款规定："工商企业等社会资本通过流转取得土地经营权的，本集体经济组织可以收取适量管理费用。"据此，依法收取适量管理费用也是发包方的一项权利。有关农村集体经济组织、村民委员会以及村民小组对于土地以及其他相关方面的权利，除本法外，农业法、土地管理法、森林法、草原法等法律以及国务院的行政法规都有涉及，发包人的权利不限于本条明确规定的这几项。

第十五条 发包方承担下列义务：

（一）维护承包方的土地承包经营权，不得非法变更、解除承包合同；

（二）尊重承包方的生产经营自主权，不得干涉承包方依法进行正常的生产经营活动；

（三）依照承包合同约定为承包方提供生产、技

术、信息等服务；

（四）执行县、乡（镇）土地利用总体规划，组织本集体经济组织内的农业基础设施建设；

（五）法律、行政法规规定的其他义务。

条文主旨

本条是关于发包方义务的规定。

立法背景

发包方不但享有权利，也要承担义务。本条规定的发包方的这些义务是法定义务。发包方必须履行，不得减轻或者放弃，在承包合同中也不得约定减轻或者放弃。如果承包合同中有减轻或者放弃其义务的条款，则该条款无效。

条文解读

现将本条规定的这几项义务分别说明如下：

一、维护承包方的土地承包经营权，不得非法变更、解除承包合同

国家实行农村土地承包经营制度，这是一项基本国策。法律保护承包方的承包经营权，我国民法总则、农业法、土地管理法等法律对农民的土地承包经营权的保护都作了规定。本法第五条第二款也明确规定，任何组织和个人不得剥夺和非法限制农村集体经济组织成员承包土地的权利。农村集体组织成员依法享有的土地承包经营权是通过签订土地承包合同来体现的。因此，发包方有义务维护承包方的土地承包经营权，不得非法变更、解除承包合同。

二、尊重承包方的生产经营自主权，不得干涉承包方依法进行正常的生产经营活动

生产经营自主权是承包方自主安排生产、自主经营决策的权利，是承包经营权的最重要的内容。发包方有义务尊重承包方的生产经营自主权，不得干涉承包方依法进行的正常的生产经营活动。由于发包方享有发包权，也有监督和制止承包方损害承包的土地和农业资源的权利，因此，很容易干涉承包方的经营活动。现实中也经常出现强迫承包土地的农民种植某种作物等情况，规定发包方的这项义务是非常必要的。

三、依照承包合同约定为承包方提供生产、技术、信息等服务

我国实行的以家庭经营为基础、统分结合的双层经营体制，“统”的含义，就是要求集体经济组织要做好为农户提供生产、经营、技术等方面的统一服务。中央文件多次提出，要增强集体经济组织的实力，更好地为农户提供产前、产中、产后的服务。发包方有义务帮助承包方搞好生产经营，提供生产、技术、信息服务。在水利排灌、农机推广、机械作业（大型播种、收割机械作业等）、生产资料（化肥、种子等）、道路设施、农业技术等方面，单独的农户信息来源渠道少，也没有足够的资力去解决。集体统一运作更符合规模效应。在农村推广土地承包制度以来，由于土地承包到户了，有些村集体原来掌握的机械、排灌设施等集体资产或者分掉了，或者闲置起来了。由于人均土地较少，承包户一般不需要大型农业机械。随着农村经济的发展，一些农民购置了小型机械，也不依赖村集体。现实中自给自足、生产率低下的小农经济仍大量存在。这种状况不利于生产力水平的提高和农村经济的发展。农村基础设施建设、大型机械的采用和科学种田对提升农业经济发展水平是必需的。而且，村集体经济组织也有条件提供服务。因此，本条第三项规定了发包方的服务义务。

四、执行县、乡（镇）土地利用总体规划，组织本集体经济组织内的农业基础设施建设

土地利用总体规划是指在一定区域内，根据国家社会经济可持续发展的要求和当地自然、经济、社会条件，对土地的开发、利用、治理、保护在空间、时间上所作的总体安排。各级人民政府都有组织编制土地利用总体规划的职责。编制的主要依据之一是国民经济和社会发展规划。土地是国民经济与社会发展的基础，土地利用总体规划要为实现国民经济与社会发展提供土地保证。编制规划的另一个主要依据是国土整治规划。国土整治规划是为了协调经济发展与人口、资源、环境之间的关系而进行的规划。它的主要对象是土地、水、气候、矿产、生物、旅游和劳动力等自然、社会和经济资源。各级人民政府在组织编制土地利用总体规划时，要充分考虑资源环境保护的要求。要从国家和民族的长远利益出发，按照可持续发展的要求，在保持耕地总量稳定的前提下，制定土地利用总体规划，还要充分考虑生态环境建设的要求。要严格保护基本农田，控制非农业建设占用农用地，提高土地利用率，统筹安排各类、各区域用地，保护和改善生态环境，保障土地的可持续利用。下级的土地利用总体规划必须按照上级土地利用总体规划编制。下级安排的建设用地总量不得超过上一级土地利用总体规划确定的控制指标，省、自治区、直辖市人民政府编制的土地利用总体规划，应当确保本行政区域内耕地总量不减少。县、乡根据上级土地利用总体规划安排区域内的具体的土地利用总体规划。执行这一规划是发包方必须履行的法定义务。

农业基础设施建设与土地利用总体规划有关，但又是一个相对独立的问题。农业基础设施建设一般包括农田水利建设，如防洪、防涝、引水、灌溉等设施建设，也包括农产品流通重点设施建设，商品粮棉生产基地，用材林生产基地和防护林建设，也包括农业教育、科研、技术推广和气象基础设施等。农业基础设施建设对于农业的发展意义重大，也是“统一经营”的重要内容之一，并且与承包方有密切关系，农村集体经济组织有义务组织本集体经济组织内的农业基础设施建设。

五、法律、行政法规规定的其他义务

这是一项兜底的规定。有关农村集体经济组织对于土地以及其他相关方面的义务，除本法外，农业法、土地管理法、森林法、草原法等法律以及国务院的行政法规都有涉及，发包人的义务不限于本条明确规定的前四项。

第十六条 家庭承包的承包方是本集体经济组织的农户。

农户内家庭成员依法平等享有承包土地的各项权益。

条文主旨

本条是关于承包主体和家庭成员平等享有权益的规定。

立法背景

农户是农村中以血缘和婚姻关系为基础组成的农村最基层的社会单位。它既是独立的生产单位，又是独立的生活单位。作为生产单位的农户，一般是依靠家庭成员的劳动进行农业生产与经营活动的。对农村土地实行家庭承包的，农户成为农村集体经济中一个独立的经营层次，是农村从事生产经营活动的基本单位。

条文解读

本条第一款明确规定，农村土地家庭承包的承包方是本集体经济组织的农户。规定家庭承包的承包方是本集体经济组织的农户，符合我国农村的实际。首先，从农村土地承包的实际情况来看，承包是以“户”为单位进行。土地承包合同由“户”的代表与发包方签订，土地承包经营权证书是按户制作并颁发。其次，以户为单位可以解决农村无民事行为能力人或者限制民事行为能力人对自己从集体所得土地份额无法与农村集体签订承包合同并无法履行合同的问题，能较好地保护无民事行为能力人或者限制民事行为能力人的土地权益。最后，农村的传统信用系统建立在家庭信用的基础上，一般认为农户才是农民交易活动的主体，这一点在农民共同体里很重要。另外，发包方或交易相对应的另一方总是希望以家庭（户）为单位，以户的财产承担责任，以确保义务的履行。从这个角度讲，以户为承包单位符合我国农村的实际情况，有利于农村经济活动的进行。

需要说明的是：第一，农村集体经济组织的每一个成员都有承包土地的权利，家庭承包中，是按人人有份分配承包地，按户组成一个生产经营单位作为承包方。第二，强调承包方是本集体经济组织的农户主要是针对农村集体的耕地、草地和林地等适宜家庭承包的土地的承包。根据本法第三条规定，不宜采取家庭承包方式的荒山、荒沟、荒滩等农村土地可以通过招标、拍卖、公开协商等方式承包给农户，也可承包给单位或个人，这里的单位或个人可以来自本集体经济组织外。第三，农户内的成员分家析产的，一些地方的实际做法是单独成户的成员可以对原家庭（户）承包的土地进行分配。

第二款是这次修改新增加的内容。十三届全国人大常委会第六次会议对农村土地承包法修正案草案进行二次审议时，有的常委会组成人员提出，有关中央文件中强调，农户内家庭成员依法平等享有承包土地的各项权益，表明妇女享有同样的土地承包权益。为了明确保护农村妇女土地承包权益，建议在法律中反映这一内容。经研究，实践中侵犯家庭成员承包土地权益的情形，主要表现为侵犯出嫁妇女、入赘女婿的承包土地权益，一般有三种情形：一是因出嫁或者入赘丧失承包权。农村妇女嫁到外村，或者男方入赘到本村，其户口没有迁移，但原来的承包地被村里收回，这种情形占绝大多数；还有的出嫁妇女、入赘女婿同非农户口的人结婚，其本人和子女的户口都不是非农户口，但原来所在的村则认为他们已经“农转非”，而取消其土地承包经营权。二是出嫁后或者入赘后无承包权。妇女出嫁、女婿入赘后，所在村根据自己的“土政策”，对落户本村的外来妻、外来婿及其子女均不分责任田，却要承担有关费用的义务。三是出嫁妇女、入赘女婿离婚后被剥夺土地承包经营权。离婚后，其所在的村一般不允许他们独立成户，将他们排斥在“集体成员”之外，收回其土地承包经营权。有的即使没有被剥夺土地承包权，前夫前妻或者公婆岳丈岳母也不让其待在原来的家里种地，造成生活没有着落。考虑到现实中，受传统观念影响，农村妇女因为婚嫁，尤其是离婚、丧偶，其土地权益往往受到农户家庭和村集体的双重侵害。如果法律对此没有原则性规定，这种侵害就很容易发生。在法律中强调依法平等享有土地承包经营的各项权益，有利于保护离婚、丧偶妇女这样的家庭中弱势一方。基于此，这次修改专门增加第二款规定，明确农户内家庭成员依法平等享有承包土地的各项权益。

第十七条　**承包方享有下列权利：**

（一）依法享有承包地使用、收益的权利，有权自主组织生产经营和处置产品；

（二）依法互换、转让土地承包经营权；

（三）依法流转土地经营权；

（四）承包地被依法征收、征用、占用的，有权依法获得相应的补偿；

（五）法律、行政法规规定的其他权利。

条文主旨

本条是关于承包方权利的规定。

立法背景

维护农村土地承包方的合法权益是制定和修改农村土地承包法的一个重要目的。对承包方到底享有哪些权利，在制定农村土地承包法之前，全国没有统一的法律、行政法规规定，一些地方出现发包方利用自己的优势地位，在签订承包合同时，给承包方规定过多的义务，而忽视承包方权利或者任意侵犯承包方权利的现象，最终的结果是农民的土地承包经营权得不到完全实现，利益得不到保障。为了使农民的土地权益得以实现，切实保障农村的长治久安，针对这种现象，本条规定了承包方享有的基本权利。这些权利是法定权利，即使在承包合同中没有约定，承包方也依法享有这些权利。任何组织和个人侵害承包方权利的，都要依法承担相应的法律责任。

原农村土地承包法第十六条对承包方的权利作了明确规定："承包方享有下列权利：（一）依法享有承包地使用、收益和土地承包经营权流转的权利，有权自主组织生产经营和处置产品；（二）承包地被依法征用、占有的，有权依法获得相应的补偿；（三）法律、行政法规规定的其他权利。"这次修改农村土地承包法，结合"三权分置"改革，对第一项规定的表述进行了调整，分为本条的第一项至第三项。本条第四项至第五项系延续了原第二项至第三项的规定，未作修改。

条文解读

根据本条规定，承包方享有以下权利：

一、依法享有承包地使用、收益的权利，有权自主组织生产经营和处置产品

本项所列权利是承包方最基本也是最重要的权利。这项权利主要包括以下几个方面的内容：

1. 依法对承包地享有使用的权利。农村土地承包经营权设立的目的，就在于让承包人在集体的土地上进行耕作、养殖或者畜牧。因此，承包人在不改变土地用途的前提下，有权对其承包的土地进行合理且有效的使用。至于从事农业生产的方式、种类等均由承包人自行决定，其他任何第三人都无权进行干涉。对承包土地的使用不仅仅表现为进行传统意义上的耕作、种植等，对于因进行农业生产而修建的必要的附属设施，如建造沟渠、修建水井等构筑物，也应是对承包土地的一种使用。所修建的附属设施的所有权应当归承包人享有。

2. 依法获取承包地收益的权利。收益权就是承包方有获取承包地上产生的收益的权利，这种收益主要是从承包地上种植的农作物以及养殖畜牧中所获得的利益，例如，果树产生的果实，粮田里产出的粮食。无论是从土地利用效率的角度，还是从生存保障的角度，承包方对承包地享有的收益权都是农村集体土地家庭承包制度的重要内容。

3. 自主组织生产经营和处置产品的权利。自主组织生产经营是指农户可以在法律规定的范围内决定如何在土地上进行生产经营，如选择种植的时间、品种等；产品处置权是指农户可以自由决定农产品是否卖，如何卖，卖给谁等。发包方和相关的行政管理部门可以对农户的生产提供指导性的建议或者提供各种生产、技术、信息等方面的服务，但应当尊重承包方的生产经营自主权，不得干涉承包方依法进行正常的生产经营活动，不得违背农民意愿强制农户种植某种作物。在一些地方还存在发包方和行政部门用行政命令干涉农民的生产经营自主权的现象，这种行为与法律和国家政策是相违背的，必须纠正。

二、依法互换、转让土地承包经营权

承包方承包土地后，可以行使承包经营权自己经营；也可以将承包地依法互换、转让。农村集体经济组织根据本地的特点，将承包地划分发包。各地地形地势不同，历史使用原因不同，与农户居住的远近等生活便利条件不同。农户承包土地后，可以依法进行互换。中央文件明确指出，鼓励农民在自愿前提下采取互换并地方式解决承包地细碎化问题。本法第三十三条对此作了明确规定：“承包方之间为方便耕种或者各自需要，可以对属于同一集体经济组织的土地的土地承包经营权进行互换，并向发包方备案。”同时，承包方还可转让承包地，本法第三十四条规定：“经发包方同意，承包方可以将全部或者部分的土地承包经营权转让给本集体经济组织的其他农户，由该农户同发包方确立新的承包关系，原承包方与发包方在该土地上的承包关系即行终止。”农户依法互换、转让土地承包权的，任何组织和个人不得强迫或限制，依法互换、转让土地承包经营权的收益归农户所有。本法第五十七条规定，发包方强迫或者阻碍承包方进行土地承包经营权的互换、转让的，应当承担停止侵害、排除妨碍、消除危险、返还财产、恢复原状、赔偿损失等民事责任。第六十一条规定，任何组织和个人擅自截留、扣缴土地承包经营权互换、转让和土地经营权流转收益的，应当退还。这是法律对农户依法互换、转让土地承包经营权的明确保护。

三、依法流转土地经营权

承包方对土地经营权依法进行流转有利于农村经济结构的调整，也有利于维护农村土地承包关系的长期稳定。原土地承包经营法在本条第一项中对土地承包经营权流转的权利作了规定。本次农村土地承包法修改贯彻“三权分置”改革要求，明确了土地承包经营权和土地经营权的关系，坚持农村土地集体所有权，稳定农户承包权，放活土地经营权。“三权分置”改革的核心问题是家庭承包的承包户在经营方式上发生转变，即由农户自己经营，转变为保留土地承包权，将承包地流转给他人经营，实现土地承包经营权和土地经营权的分离。因此，流转的应当是土地经营权，而不是土地承包经营权。本次修法，在本条第一项中将有关土地承包经营权流转的内容删除，同时新增本项，专门规定了承包方依法享有流转土地经营权的权利。

本法第十条明确规定，国家保护承包方依法、自愿、有偿地进行土地经营权的流转。任何组织或个人不得强迫或者阻碍承包方进行土地经营权的流转。承包方土地承包经营权流转的权利，主要体现在承包方有权依法自主决定土地承包经营权是否流转和流转的方式，例如，承包方可以自主决定采取转包、出租、互换、转让或者其他方式进行流转。土地承包经营权流转的收益归承包方所有，任何单位和个人不得擅自截留、扣缴。同时，承包方进行土地承包经营权的流转必须“依法”进行，根据本法第三十八条的规定，土地经营权的流转依法、自愿、有偿，任何组织和个人不得强迫或者阻碍土地经营权流转；不得改变土地所有权的性质和土地的农业用途，不得破坏农业综合生产能力和农业生态环境；流转的期限不得超过承包期的剩余期限；土地经营权流转的受让方须有农业经营能力或者资质；在同等条件下，本集体经济组织成员享有优先权。

四、承包地被依法征收、征用、占用的，有权依法获得相应的补偿

承包方对承包的土地依法享有在承包期内占用、使用、收益等权利，但这些权利的行使也受到法律的某些限制。我国宪法第十条第三款规定，国家为了公共利益的需要，可以依照法律规定对土地实行征收或者征用并给予补偿。

征收土地是国家为了社会公共利益的需要，将集体所有的土地转变为国有土地的一项制度。物权法第四十二条第一款、第二款规定："为了公共利益的需要，依照法律规定的权限和程序可以征收集体所有的土地和单位、个人的房屋及其他不动产。征收集体所有的土地，应当依法足额支付土地补偿费、安置补助费、地上附着物和青苗的补偿费等费用，安排被征地农民的社会保障费用，保障被征地农民的生活，维护被征地农民的合法权益。"也就是说，在一定条件下，农户承包的集体所有的土地可以被依法征收。为了保护承包方的合法权益，不得滥用土地征收的权力，必须依照法定的条件和程序进行，一般需要满足几个条件：第一，征收土地是一种政府行为，只有国家为了公共利益的需要，才可以对农民集体所有的土地实行征收，其他任何单位和个人都没有征地权；第二，必须依法取得批准；第三，必须依法对被征地单位进行补偿；第四，征收土地的行为必须向社会公开，接受社会的监督。第五，也是最重要的一点，土地被征收的一方有权获得相应的补偿。

征用是国家强制使用单位、个人的财产。对于征用，物权法第四十四条规定："因抢险、救灾等紧急需要，依照法律规定的权限和程序可以征用单位、个人的不动产或者动产。被征用的不动产或者动产使用后，应当返还被征用人。单位、个人的不动产或者动产被征用或者征用后毁损、灭失的，应当给予补偿。"征用也有严格的条件限制：第一，征用的前提条件是发生紧急情况，平时不得采用；第二，征用应符合法律规定的权限和程序；第三，使用后应当将征用财产返还被征用人，并且给予补偿。

占用是指兴办乡镇企业和村民建设住宅经依法批准使用本集体经济组织农民集体所有的土地或者乡（镇）村公共设施和公益事业建设经依法批准使用农民集体所有土地的行为。根据土地管理法的有关规定，乡镇企业、乡（镇）村公共设施、公益事业、农村村民住宅等乡（镇）村建设，应当按照村庄和集镇规划，合理布局，综合开发，配套建设；建设用地，应当符合乡（镇）土地利用总体规划和土地利用年度计划，并依照规定办理审批手续。乡（镇）村公共设施、公益事业建设，需要使用土地的，经乡（镇）人民政府审核，向县级以上地方人民政府土地行政主管部门提出申请，按照省、自治区、直辖市规定的批准权限，由县级以上地方人民政府批准；其中涉及占用农用地的，依照规定办理审批手续。为乡（镇）村公共设施和公益事业建设，需要使用土地的而收回农民集体所有的土地的，对土地使用权人应当给予适当补偿。

土地被征收、征用、占用的，承包方有权获得征收、征用、占用土地的补偿费。具体补偿标准应当根据土地管理法等相关法律、法规确定。任何组织和个人不得非法截留、占用、滥用承包方应得的补偿费。必须使承包方合法利益得到切实保护，使失去承包地的农民的生活得到切实保障。根据本法第六十二条的规定，违反土地管理法规，非法征收、征用、占用土地或贪污、挪用土地征收、征用费用，构成犯罪的，依法追究刑事责任；

造成他人损害的，应当承担损害赔偿等责任。

五、法律、行政法规规定的其他权利

这是一个兜底条款。除了本条前四项规定的权利外，本法的其他条款和其他法律、行政法规也对承包方的权利作了规定。例如，本法第三十二条规定，承包人应得的承包收益，依照继承法的规定继承。林地承包的承包人死亡，其继承人可以在承包期内继续承包。此外，农业法、渔业法、草原法、森林法等法律也对承包方的权利作了规定。

第十八条　承包方承担下列义务：

（一）维持土地的农业用途，未经依法批准不得用于非农建设；

（二）依法保护和合理利用土地，不得给土地造成永久性损害；

（三）法律、行政法规规定的其他义务。

条文主旨

本条是关于承包方义务的规定。

立法背景

在家庭承包中，承包方的权利与义务是对等的，承包方在享有权利的同时，也必须承担一定的义务。本条规定的承包方的这些义务是法定义务。承包方必须履行，不得减轻或者放弃，在承包合同中也不得约定减轻或者放弃。如果承包合同中有减轻或者放弃其义务的条款，则该条款无效。

条文解读

本条规定承包方应当承担以下义务：

一、维持土地的农业用途，未经批准不得用于非农建设

农用地是农民最基本的生产资料。我国是一个人口众多的农业大国，但是人均农用地数量少，农用地的后备资源严重不足，如果将土地不加限制地用于非农建设，将妨碍我国农业的发展。特别是在我国广大农民还没有其他社会生活保障，土地是其赖以生存的基础的情况下，应当给予农用地特殊保护。为稳固农业基础，保障农民的基本生活，必须确保农用地的农业用途，这是由我国的基本国情决定的。基于此，本条明确规定，承包方应当维持土地的农业用途。这里的“农业用途”是指将土地直接用于农业生产，从事种植业、林业、畜牧业、渔业生产。“非农建设”是指将土地用于农业生产目的以外的建设活动，例如，在土地上建造房屋、建造工厂等。需要强调的是，要求承包方维护土地的农业用途，不得用于非农建设，并不是对承包方土地承包经营权的不合理限制。承包方在农业用途的范围内可以自由决定种什么，怎么种，如承包方可以在承包土地上种蔬菜，种粮食，还可以种其他经济作物。

原农村土地承包法本条规定土地“不得用于非农建设”，为与本法第十一条第一款的规定相对应，本次修改将这一表述修改为“未经依法批准不得用于非农建设”。国家严格限制土地农业用途的变化，是对农业生产赖以进行的基础实行特殊保护。只有经依法批准才可以用于非农建设，例如，土地管理法第三十一条规定，国家保护耕地，严格控制耕地转为非耕地。国家实行占用耕地补偿制度。非农业建设经批准占用耕地的，按照“占多少，垦多少”的原则，由占用耕地的单位负责开垦与所占用耕地的数量和质量相当的耕地；没有条件开垦或者开垦的耕地不符合要求的，应当按照省、自治区、直辖市的规定缴纳耕地开垦费，专款用于开垦新的耕地。省、自治区、直辖市人民政府应当制定开垦耕地计划，监督占用耕地的单位按照计划开垦耕地或者按照计划组织开垦耕地，并进行验收。此外，本法第六十三条第一款规定，承包方、土地经营权人违法将承包地用于非农建设的，由县级以上地方人民政府有关行政主管部门依法予以处罚。承包方给承包地造成永久性损害的，发包方有权制止，并有权要求赔偿由此造成的损失。这是对违法将承包地用于非农建设的法律责任的规定。

二、依法保护和合理利用土地，不得给土地造成永久性损害

土地是人类赖以生存和进行物质生产不可替代的自然资源，其数量是有限的，自然资源受到破坏就等于破坏人类生存的基础。从这个意义上讲，土地也是一种社会资源。对于土地资源的利用不仅仅是权利人——承包方对自己权利的行使，而且还关系到其他社会成员生存的权利，关系到我们的子孙后代生存的权利。目前，在我国强调承包方依法保护和合理利用土地的义务尤为重要。可以说，在现阶段，人增地减的趋势是我国社会经济发展中的一个重大问题，特别是对我们这样一个有着近九亿农村人口的农业大国更是一个严峻挑战。因此，土地资源在我国极其珍贵，作为土地的使用人应当珍惜被利用的土地，不得干杀鸡取卵、竭泽而渔的事情。保护和合理利用土地，是关系国计民生，关系国家发展全局的大事，是我国的基本国策。因此，本条第二项明确规定，承包方应当依法保护和合理利用土地，不得给土地造成永久性损害。土地管理法第十五条也规定，承包经营土地的单位和个人，有保护和按照承包合同约定的用途合理利用土地的义务。

这里所讲的依法保护土地，是指作为土地使用人的承包方对土地生产能力进行保护，保证土地生态环境的良好性能和质量。合理利用土地是指承包方在使用土地的过程中，通过科学使用土地，使得土地的利用与其自然的、社会的特性相适应，充分发挥土地要素在生产活动中的作用，以获得最佳的经济、生产、生态的综合效益。具体讲要做到保护耕地、保护土地生态环境、提高土地利用率、防止水土流失和盐碱化。为达到此目的，承包方应当采取有效的整治和管理土地的措施。同时，还要求承包方不得给土地造成永久性损害。“永久性损害”是指使土地不再具有生产能力、不能再被利用的损害，例如，在土地上过度使用化肥或向土地长期排污，使土地不能被利用。根据本法第六十三条第二款的规定，承包方给承包地造成永久性损害的，发包方有权制止，并有权要求赔偿由此造成的损失。

三、法律、行政法规规定的其他义务

除了本条规定的承包方应当承担的义务外，对法律、行政法规也规定的其他义务，承包方应当履行。例如，订立承包合同的义务等。

第二节　承包的原则和程序

第十九条　土地承包应当遵循以下原则：

（一）按照规定统一组织承包时，本集体经济组织成员依法平等地行使承包土地的权利，也可以自愿放弃承包土地的权利；

（二）民主协商，公平合理；

（三）承包方案应当按照本法第十三条的规定，依法经本集体经济组织成员的村民会议三分之二以上成员或者三分之二以上村民代表的同意；

（四）承包程序合法。

条文主旨

本条是关于土地承包原则的规定。

立法背景

土地承包的原则是指在农村土地家庭承包过程中发包方和承包方所应遵循的基本准则，对农村土地家庭承包起规范、指导作用。

条文解读

根据本条的规定，土地承包应当遵循以下四个原则：

一、按照规定统一组织承包时，本集体经济组织成员依法平等地行使承包土地的权利，也可以自愿放弃承包土地的权利

宪法第十条、土地管理法第八条都明确规定，农村和城市郊区的土地，除由法律规定属于国家所有的以外，属于农民集体所有。因此，只要是农村集体经济组织中的成员，其对集体土地都享有一定的权益，都有权依法承包由农村集体经济组织发包的土地。任何组织和个人不得剥夺或者非法限制农村集体经济组织成员承包土地的权利。这是土地承包中应当遵循的重要原则。因此本条规定，按照规定统一组织承包时，本集体经济组织成员依法平等地行使承包土地的权利。这里的“平等”主要体现在两个方面：一是本集体经济组织的成员都平等地享有承包本集体经济组织土地的权利，无论男女老少、体弱病残。出于对妇女权益的特殊保护，本法第六条还特别规定，农村土地承包，妇女与男子享有平等的权利。承包中应当保护妇女的合法权益，任何组织和个人不得剥夺、侵害妇女应当享有的土地承包经营权。二是本集体经济组织成员在承包过程中都平等地行使承包本集体经济组织土地的权利，发包方应当平等地对待每一个本集体经济组织成员承包土地的权利。这主要体现在承包过程中，发包方不能厚此薄彼、亲亲疏疏，不能对本集体经济组织成员实行差别对待，例如，不得亲疏有别地将肥力好的土地分给一部分集体经济组织成员，而将土质差、肥力低的土地分给另一部分集体经济组织成员。

本集体经济组织成员对土地承包的权利：一方面体现在依法平等地享有和行使承包土地的权利；另一方面体现在自愿放弃承包土地的权利。本集体经济组织的成员作为土地承包的权利人，有权依法自由处置自己的权利。但需强调的是，本集体经济组织成员放弃承包土地的权利必须是基于“自愿”，任何单位和个人不得强迫农村集体经济组织的成员放弃承包土地的权利。强调这一点，是因为在现实中，有的发包方或某些行政部门强迫集体经济组织成员放弃承包土地的权利或者承包后强行收回集体经济组织成员承包权，这严重侵害了农民的合法权益。

二、民主协商，公平合理

土地是广大农民安身立命的根本，对涉及农民土地权益的承包方案的拟订等重大事宜应当极其慎重和尊重农户权益。因此，本法强调应当本着民主协商、公平合理的态度进行土地承包。“民主协商”要求在集思广益的基础上完成承包，发包方在发包过程中应当与作为承包方的本集体经济组织成员民主协商，应当充分听取和征求本集体经济组织成员的意见，不得搞“暗箱操作”，不得搞“一言堂”强迫本集体经济组织成员接受承包方案。这里的“公平合理”要求本集体经济组织成员之间所承包的土地在土质的好坏、离居住地距离的远近、离水源的远近等方面不能有太大的差别。即使有差别，也应当在“合理”的范围内。

三、承包方案应当按照本法第十三条的规定，依法经本集体经济组织成员的村民会议 2/3 以上成员或者 2/3 以上村民代表的同意

村民自治是基层农村最直接的民主形式，其基本内容是，凡是关系到村民利益的事项，由群众自己当家，自己做主。村民的土地承包经营方案是涉及村民切身利益的重大事项，应当由村民会议决定。村民委员会组织法第二十四条规定，村民的承包经营方案必须经村民会议讨论决定。因此，本条确立了“承包方案应当按照本法第十三条的规定，依法经本集体经济组织成员的村民会议的三分之二以上成员或者三分之二以上村民代表的同意”的承包原则。

“村民会议”是村民集体讨论决定涉及全村村民利益问题的一种组织形式，是村民行使自治权的根本途径。根据村民委员会组织法的规定，村民会议由本村 18 周岁以上的村民组成。农村土地承包方案是涉及村民利益的重大事项，原则上应由本集体经济组织 18 周岁以上的村民参加的村民会议讨论通过，但在外出人员较多或者村民居住分散，全体村民不易召集的情况下，也可以采取选派代表参加会议的形式。为了在土地承包过程中体现村民自治的基本原则，体现大多数本集体经济组织成员的意志，承包方案必须经本集体经济组织村民会议的2/3以上成员或2/3以上村民代表同意，否则该承包方案不能生效。这里需要注意的是本项中的“本集体经济组织”的范围应当与本法第十三条的规定相一致。本法第十三条规定，农民集体所有的土地依法属于村农民集体所有的，由村集体经济组织或者村民委员会发包；已经分别属于村内两个以上农村集体经济组织的农民集体所有的，由村内各该农村集体经济组织或者村民小组发包。村集体经济组织或者村民委员会发包的，不得改变村内各集体经济组织农民集体所有的土地的所有权。国家所有依法由农民集体使用的农村土地，由使用该土地的农村集体经济组织、村民委员会或者村民小组发包。

四、承包程序合法

承包中，承包程序应当符合法律的规定，违反法律规定的承包程序进行的承包是无效的。本法第二十条规定了土地承包应当遵循的程序。需要强调的是，在土地承包中除了应当遵循本条规定的几项原则外，还应当遵循本法规定的土地承包的总的原则。本法第七条规定，农村土地承包应当坚持公开、公平、公正的原则，正确处理国家、集体、个人三者的利益关系。

第二十条 土地承包应当按照以下程序进行：

（一）本集体经济组织成员的村民会议选举产生承包工作小组；

（二）承包工作小组依照法律、法规的规定拟订并公布承包方案；

（三）依法召开本集体经济组织成员的村民会议，讨论通过承包方案；

（四）公开组织实施承包方案；

（五）签订承包合同。

条文主旨

本条是关于土地承包程序的规定。

立法背景

为防止农村土地承包过程中的随意性，从程序上确保土地承包的公平、公开、公正，保障农民的土地权益不受侵害，本条规定土地承包应当依照的具体程序。

条文解读

根据本条规定，土地承包应当依照以下程序进行：

一、本集体经济组织成员的村民会议选举产生承包工作小组

这是进行土地承包的第一步。之所以强调承包小组应当由本集体经济组织成员的村民会议选举产生，主要是基于两点考虑：一是选举产生承包工作小组反映了本集体经济组织成员的意志，可以保证承包过程的公平合理；二是承包工作是一项比较复杂繁重的工作，它涉及土地的丈量、统计、承包方案的拟订等一系列的事项，这些需要由工作小组来进行。

二、承包工作小组依照法律、法规的规定拟订并公布承包方案

这一阶段在承包工作中至关重要，因为承包方案的好坏直接关系到承包工作能否顺利进行，直接关系到农民的土地权益能否得到完全体现。承包工作小组应当在对本集体经济组织的土地状况进行认真调查研究，对本集体经济组织的成员构成情况进行充分了解等基础上拟订承包方案。拟订方案过程中应当遵循民主协商、集体讨论的原则，承包方案的内容应当公平合理并照顾到本集体经济组织的实际情况。需要强调的是，承包工作小组应当依照“法律、法规的规定”拟订承包方案。例如，根据本法第五条的规定，在拟订承包方案时不得剥夺或非法限制本集体经济组织成员的土地承包经营权；根据本法第六条的规定，在拟订承包方案时不得歧视妇女。再如，根据土地管理法的规定，拟订的承包方案不得违反土地管理法有关耕地保护和土地利用总体规划的规定。承包工作小组在完成承包方案后，应当向本集体经济组织的成员公布此方案，征求本集体经济组织成员的意见。

三、依法召开本集体经济组织成员的村民会议，讨论通过承包方案

承包工作小组确定承包方案后，集体经济组织应当依法召开本集体经济组织的村民会议，由村民会议讨论通过承包方案。这一程序实质上体现了村民自治的精神。根据本法第十九条第三项的规定，承包方案应当按照本法第十三条的规定，依法经本集体经济组织的村民会议2/3以上成员或者2/3以上村民代表同意。

四、公开组织实施承包方案

这一阶段直接关系到承包方案的内容能否落实到实处。承包方案依法经本集体经济组织的村民会议2/3以上成员或者2/3以上村民代表同意后，农村集体经济组织应当公开组织实施承包方案，将承包方案中的内容落实。

五、签订承包合同

这是土地承包的最后阶段。在这一阶段，发包方和承包方应当依照公开组织实施的承包方案和相关法律、行政法规的规定签订承包合同。在签订承包合同过程中，承包方与发包方的地位是平等的，发包方不得拒绝与承包方签订合同，也不得利用自己的优势地位强迫承包方接受一些不公平的条款，例如，不得通过合同限制承包方的权利或增加承包方的费用负担。在实践中，土地的家庭承包合同一般由地方人民政府有关农村土地承包合同的管理部门拟订。需要注意的是在拟订合同条款时应当充分听取承包各方当事人的意见，以充分反映农民和集体经济组织的意志。根据本法第二十二条的规定，承包合同一般包括以下条款：（1）发包方、承包方的名称，发包方负责人和承包方代表的姓名、住所；（2）承包土地的名称、坐落、面积、质量等级；（3）承包期限和起止日期；（4）承包土地的用途；（5）发包方和承包方的权利义务；（6）违约责任。承包合同自成立之日起生效，承包方自承包合同生效时取得土地承包经营权。

第三节　承包期限和承包合同

第二十一条　耕地的承包期为三十年。草地的承包期为三十年至五十年。林地的承包期为三十年至七十年。

前款规定的耕地承包期届满后再延长三十年，草地、林地承包期届满后依照前款规定相应延长。

条文主旨

本条是关于土地承包期限的规定。

立法背景

承包期限是指农村土地承包经营权存续的期间，在此期间，承包方享有土地承包经营权，依照法律的规定和合同的约定，行使权利，承担义务。承包期限是土地承包制度的一项重要内容，它关系到农民是否可以得到更加充分而有保障的土地权利，关系到以家庭承包经营为基础、统分结合的双层经营体制的稳定和完善，关系到农业、农村经济发展和农村社会稳定。

条文解读

一、耕地、草地、林地的承包期

我国对土地实行用途管理制度。土地管理法按照土地的用途，将土地划分为农用地、建设用地和未利用地，其中的农用地又包括耕地、林地、草地、农田水利用地和养殖水面等。本条第一款根据我国农村土地家庭承包的实际情况，对不同用途的土地的承包期作出规定。

（一）耕地的承包期

耕地是指种植农作物的土地，包括灌溉水田、望天田（又称天水田）、水浇地、旱地和菜地。1982 年年底全国农村 67% 的基本核算单位实行了包干到户，1984 年以后一直稳定在 99% 以上，实行家庭承包经营的耕地一直占耕地总面积的 97% 左右。因此，我国农村实行土地承包经营制度的土地主要是耕地。

我国法律和国家有关政策对土地承包期都作了明确的规定。在我国农村实行联产承包生产责任制之初，承包期一般都比较短。后来认识到，承包期限过短，难以调动承包人增加投入、合理开发土地的积极性，甚至可能导致短期行为和对土地的掠夺式经营。这样，国家实行土地承包经营制度就失去了积极意义。因此，1984 年，国家有关政策要求，土地承包期限应当适当延长。土地承包期一般应在 15 年以上。根据这一精神，全国各地陆续将土地承包期确定为 15 年。但也有一些地方为了解决人地矛盾，频繁调整土地，真正达到 15 年的很少。1993 年，一些较早实行家庭承包经营的地方，第一轮土地承包即将到期，为了及时指导，国家提出，在原定的耕地承包期到期之后，再延长 30 年不变。此后，随着延包工作的陆续开展，国家有关政策曾多次对土地承包的期限问题作出规定。例如，1993 年指出，为了稳定土地承包关系，鼓励农民增加投入，提高土地的生产率，在原定的耕地承包期到期后，再延长 30 年不变。1997 年指出，土地承包再延长 30 年不变，营造林地和“四荒”地等开发性生产的承包期可以更长。1986 年通过并于 1998 年修改的土地管理法也明确规定，农民集体所有的土地由本集体经济组织的成员承包经营，从事种植业、林业、畜牧业、渔业生产。土地承包经营期限为 30 年。

从实际情况看，截至 2000 年，全国已有 98% 左右的村组开展了延包工作。据统计，在开展延包工作的地方，承包期达到 30 年的耕地面积占 92%，如果扣除沿海发达地区、城镇郊区实行招标承包的责任田以及各地预留的机动地，实行家庭承包的耕地承包期达到30年的占95%以上。承包期不足30年的，大多数在已经或者列入城镇建设规划范围内的城镇郊区。

土地承包期限的长短，应考虑到我国农村的实际情况，根据农业生产经营的特点，农业经济的发展趋势以及当前的农业承包经营政策等因素确定。2002年制定农村土地承包法时，将耕地的承包期明确为30年的规定，符合当时有关法律的规定和农村的实际做法，同当时国家政策的规定也是一致的。这次修法，继续明确耕地的承包期为30年，这是同党的十九大精神和中央有关文件的规定相一致的。

（二）草地、林地的承包期

草地是指生长草本植物为主，用于畜牧业的土地，包括天然草地、改良草地和人工草地。草原是草地的主体。我国是草原资源大国，天然草原近60亿亩，占国土总面积的41.7%。草原总面积仅次于澳大利亚，居世界第二位。

林地是指生长乔木、竹类、灌木、沿海红树林的土地，包括有林地、灌木林地、疏林地、未成林造林地以及迹地和苗圃等。林地承包经营政策是我国农村林业的基本政策。到 2001 年 6 月，全国集体林地 70% 已承包到户，已核发林权证的林业用地面积为 33 亿亩，占全国林业用地面积 38.5 亿亩的 85.7%。

同耕地相比，草地和林地有其特殊性。以林地为例：

首先，林地上一般生长着多年生的乔木、竹类、灌木等，而耕地主要是用于种植农作物，一般是一年一季或者两季，有的是三季，很少种植多年生植物。

其次，从事林业开发投资大，林木生长期、收益期长，风险也比较大。如榉木、水青冈、红豆杉、柚木的采伐或经营期限至少在 50～60 年。再如，我国特有的银杏树，其木材、果实、叶子等均有较高的经济价值，但生长极为缓慢，所以又称“公孙树”，形容祖辈种树到孙子辈才结实。目前我国的很多寺庙中都生长着千年以上的银杏树。浙江东阳地区种植的香榧树，15 年开始结果，100 年才进入丰产期，并可延续 400～500 年，有的可达上千年。

再次，我国对森林实行限额采伐制度，林地上种植的林木不能任意采伐。采伐必须申请采伐许可证并按照要求完成更新造林任务。因此，承包方的生产经营和处置产品的权利受到较多限制。

对于草地、林地的承包期限，在 2002 年制定农村土地承包法之前，其他法律没有明确规定。土地管理法规定，农民集体所有的土地由本集体经济组织的成员承包经营，从事种植业、林业、畜牧业、渔业生产。土地承包经营期限为 30 年。草原法也只是规定，全民所有的草原、集体所有的草原和集体长期固定使用的全民所有的草原，可以由集体或者个人承包从事畜牧业生产。国家政策也曾原则规定，土地承包期再延长 30 年不变，营造林地和“四荒”地等开发性生产的承包期可以更长。

2002 年制定农村土地承包法时，根据国家关于“营造林地和‘四荒’地等开发性生产的承包期可以更长”的政策精神和我国农村土地承包的实际做法，在第二十条对草地和林地的承包期作出了规定，即草地的承包期为 30 ~ 50 年。林地的承包期为 30 ~ 70 年；特殊林木的林地承包期，经国务院林业行政主管部门批准可以延长。这次修改农村土地承包法，对这一条规定没有作出大的改动，只是删除了“特殊林木的林地承包期，经国务院林业行政主管部门批准可以延长”这一句话，主要是由于农村土地承包法施行 10 多年来，实践中基本没有出现国务院主管部门批准延长的情况，这一规定实际上从未真正落地过。

二、土地承包期届满后的再延长

党的十九大提出，保持土地承包关系稳定并长久不变，第二轮土地承包到期后再延长30年。保持土地承包关系稳定并长久不变，有利于坚持和完善农村基本经营制度，坚持农村土地集体所有，坚持家庭经营基础性地位。耕地承包期届满后再延长30年，是保持土地承包关系稳定并长久不变的重大举措，彰显了党中央坚定保护农民土地权益的决心，给农民又一个“定心丸”，稳定了农民预期，符合广大农民群众的意愿。从实行第一轮土地承包算起，我国农村土地承包关系将稳定75年，这意味着今后土地集体所有、家庭承包经营的农村基本经营制度不会改变，集体经济组织成员依法承包集体土地的基本权利不会改变。这样既体现了土地承包关系稳定的主基调，又有利于处理坚持土地集体所有与保护农民财产权的关系，有利于处理土地流转、适度规模经营与化解人地矛盾突出的关系。新一轮承包期再延长30年，时间上大体是在2050年前后，与第二个百年战略构想在时间节点上高度契合，既稳定了农村土地承包关系，也为届时完善政策预留了空间，是一个充满政治智慧的制度安排。习近平总书记2017年10月19日在参加党的十九大贵州代表团审议时说："确定30年时间，是同我们实现强国目标的时间点相契合的。到建成社会主义强国时，我们再研究新的土地政策。"

为了贯彻落实党的十九大精神，保持土地承包关系稳定并长久不变，这次修改农村土地承包法在本条第二款增加规定"前款规定的耕地承包期届满后再延长三十年"，即第二轮土地承包到期后再延长30年。土地承包期再延长30年，就使我国农村土地承包关系从第一轮承包开始保持稳定长达75年。根据该规定，第二轮土地承包到期后，不得将承包地打乱重分，应当由农户继续承包，将耕地承包期再延长30年。再延长的30年期限，以各地第二轮土地承包到期为起点计算。

在本次农村土地承包法修改过程中，有些意见提出，现行农村土地承包法对耕地、林地、草地的承包期都作了规定，保持农村土地承包关系长期稳定应当包括草地和林地的承包关系，这次修改不能只对耕地承包期届满后延长30年作出规定，建议对草地、林地承包期届满后延期的问题也作出规定。为了保持草地、林地承包关系的稳定，修改后的农村土地承包法吸收了该意见，在本条第二款增加规定：“草地、林地承包期届满后依照前款规定相应延长。”根据该规定，草地、林地的承包期届满后，比照耕地承包期届满后再延长30年的规定，作相应延长。例如，如果草地、林地的现承包期为40年，该承包期届满后再延长40年；如果草地、林地的现承包期为50年，该承包期届满后再延长50年。

第二十二条 发包方应当与承包方签订书面承包合同。

承包合同一般包括以下条款：

（一）发包方、承包方的名称，发包方负责人和承包方代表的姓名、住所；

（二）承包土地的名称、坐落、面积、质量等级；

（三）承包期限和起止日期；

（四）承包土地的用途；

（五）发包方和承包方的权利和义务；

（六）违约责任。

条文主旨

本条是关于承包合同形式和合同主要条款的规定。

立法背景

土地承包合同是发包方与承包方之间达成的关于农村土地承包权利义务关系的协议。根据本法的规定，土地承包合同具有以下特征：（1）合同的主体是法定的。发包方是与农民集体所有土地范围相一致的农村集体经济组织、村委会或者村民小组。即：土地依法属于村农民集体所有的，由村集体经济组织或者村民委员会发包；已经分别属于村内两个以上农村集体经济组织的农民集体所有的，由村内各该农村集体经济组织或者村民小组发包。国家所有依法由农民集体使用的农村土地，由使用该土地的农村集体经济组织、村民委员会或者村民小组发包。承包方是本集体经济组织的农户。（2）合同内容受到法律规定的约束，有些内容不允许当事人自由约定。例如，对于耕地的承包期，本法明确规定为30年，并且第二轮耕地承包期届满后再延长30年。再如，对于承包地的收回等，法律都有明确规定。这些内容都不允许由当事人自由约定。（3）土地承包合同是双务合同。发包方应当尊重承包方的生产经营自主权，为承包方提供生产、技术、信息等服务，有权对承包方进行监督等；承包方对承包地享有占有、使用、收益和流转的权利，应当维持土地的农业用途，保护和合理利用土地等。(4) 合同属于要式合同。双方当事人签订承包合同应当采用书面形式。

条文解读

一、土地承包合同的形式

我国法律和国家政策对于签订土地承包合同有明确规定。土地管理法规定，发包方和承包方应当订立承包合同，约定双方的权利和义务。农业法规定，发包方和承包方应当订立承包合同，约定双方的权利和义务。水土保持法等法律对此也作了相同的规定。国家有关政策多次强调农村土地承包要订立承包合同，完善合同管理。1983 年指出，要建立和健全承包合同制，这是完善农业生产责任制的重要环节。1991 年指出，稳定和完善家庭承包经营，要认真完善土地和其他各业的承包合同管理，明确双方的权利、责任和义务。2000 年指出，目前全国延长土地承包期工作基本结束，加强土地承包管理，重点是建立健全承包合同的各项管理制度，建立合同档案，及时调处纠纷，组织合同兑现。

合同的形式，是指当事人订立合同所采取的形式，是双方当事人就权利义务核心要素达成的一致意思表示的外在形式，包括书面形式、口头形式和其他形式。书面形式一般指以文字等可以有形地再现协议内容的形式，包括合同书、书信、电报、电传、传真等形式。这种形式明确肯定，有据可查，对于防止争议和解决纠纷，有积极意义。口头形式是指当事人面对面地谈话或者通过电话交谈等达成的协议。以口头形式订立合同的特点是直接、简便、快捷，数额较小或者现款交易通常采用口头形式。如在自由市场买菜，在商店买衣服等。口头形式是老百姓日常生活中广泛采用的合同形式。但是口头形式的缺点也比较明显，即因为没有书面凭证，发生争议后，难以取证，不易分清双方当事人各自的权利义务，不易确定责任。考虑到既要适应当事人要求交易便捷和提高交易效率的现实需要，又要提倡当事人尽量采取书面形式订立合同，避免口说无凭，使合同的订立规范化，合同法第十条规定，当事人订立合同，有书面形式、口头形式和其他形式；法律、行政法规规定采用书面形式的，应当采用书面形式；当事人约定采用书面形式的，应当采用书面形式。民法总则延续了合同法的规定，民法总则第一百三十五条规定，民事法律行为可以采用书面形式、口头形式或者其他形式；法律、行政法规规定或者当事人约定采用特定形式的，应当采用特定形式。

土地承包经营权是我国农民的最重要的权利之一，涉及亿万农民的切身利益，关系到农业、农村经济发展和农村社会稳定。采用书面形式，内容清楚，有据可查，有利于明确双方的权利义务，有利于防止争议和解决纠纷，也有利于对农村土地承包的规范和承包合同的管理。在现实中，农村土地承包合同普遍采用书面形式订立。因此，本法要求土地承包合同应当采用书面形式。

二、土地承包合同的主要条款

合同的条款就是合同的内容。双方的权利和义务，除法律规定的以外，主要由合同条款加以确定。合同条款是否齐备、准确，决定了合同能否成立、生效以及能否顺利履行，是非常重要的。因此，本法对合同的主要条款作出了规定，以便对土地承包合同的订立起指导和规范的作用。主要条款的规定也只具有提示性与示范性，提倡当事人尽量对合同的这些条款作出明确的约定，以免日后产生纠纷。但并不是说当事人签订的合同中缺少了其中任何一项都会导致合同的不成立或者无效。因此，在行文上用的是“一般包括”的提法。当事人可以根据合同的性质和其他情况，自愿确定合同的内容，可以不限于这些条款。合同法规定的合同的主要条款包括：当事人的名称或者姓名和住所，标的，数量，质量，价款或者报酬，履行期限、地点和方式，违约责任，解决争议的方法。这些只是一般合同应当具备的条款，但不同的合同，由其类型与性质决定，其主要条款或者必备条款可以是不同的。本法根据农村土地承包合同的性质和特点对承包合同的主要条款作出了规定。根据本条第二款，承包合同的主要条款包括以下 6 个方面的内容：

1. 发包方、承包方的名称，发包方负责人和承包方代表的姓名、住所。这是承包合同必须具备的条款。当事人是合同的主体，如果不写明当事人，就无法确定权利的享有者和义务的承担者，发生纠纷也难以解决。因此，要将发包方和承包方的名称或者姓名和住所都规定清楚。对于发包方和承包方，本法第十三条和第十六条已分别作出了规定。

2. 承包土地的名称、坐落、面积、质量等级。标的是合同当事人的权利义务指向的对象，标的是合同成立的必要条件，是所有合同的必备条款。没有标的，合同不能成立，合同关系无法建立。在大多数的合同中，数量也是必备条款，因为没有规定标的物的数量，标的多少无法确定，合同难以成立。许多合同，只要有了标的和数量，即使对其他内容没有规定，也不妨碍合同的成立与生效。数量是合同的重要条款。同样，有了标的、数量，还有很重要的条款就是质量，标的物的质量是对标的物品质好坏的判断标准，质量也是合同的重要条款。在承包合同中，同样需要把合同的标的、数量和质量尽量写清楚、明确、具体。承包合同的标的自然是承包方所承包地的农村土地。在承包合同中，首先应准确填写所流转地块的名称、四至，明确合同标的物所指。实践中由于各地的地块名称大多采用的地方方言所指，很容易模糊不清，因此，在条件具备的情况下，可以用现代定位技术明确流转地块的准确位置，并附上测绘图纸，这样就能更为准确地表明地块所处方位。在标明地块的名称、四至的同时，还应记载地块的面积大小，土地面积可以用亩、分、平方米、公顷等为单位，双方可以根据当地习惯选择计量单位。土地的质量等级是指土地管理部门依法评定的土地等级，是反映土地生产能力的重要指标之一。判断土地质量等级的指标包括有效土壤厚度、有机质含量、耕层质量、土壤养分状况、土壤健康状况、障碍因素、灌溉能力、排水能力、酸碱度、耕层厚度等。为了确定耕地质量等级，有关部门制定的《耕地质量等级》国家标准，将耕地质量划分为10个等级。在承包时，当事人可以根据国家标准对承包地的质量等级进行测定，将测定出的土地质量等级写入合同。

3. 承包期限和起止日期。承包期限是承包方依法享有权利，承担义务的期间。期限直接关系到合同权利义务的延续时间，涉及当事人的利益，也是确定合同是否按时履行或者迟延履行的客观依据。由于土地承包期限是法定的，当事人只能依照本法第二十一条的规定确定承包期限。另外，为了确定合同权利义务的具体期间，合同中还要规定合同的起止日期。

4. 承包土地的用途。按照本法的规定，承包土地只能用于农业。对“农业”的范围，农业法规定，本法所称农业，是指种植业、林业、畜牧业和渔业。土地管理法规定，农民集体所有的土地由本集体经济组织的成员承包经营，从事种植业、林业、畜牧业、渔业生产。因此，承包土地只能用于从事种植业、林业、畜牧业和渔业生产。

5. 发包方和承包方的权利和义务。本法对发包方和承包方的权利义务分别作出了具体规定。除了这些权利义务之外，还包括其他法律如土地管理法、农业法、渔业法、森林法、草原法、渔业法等法律中规定的权利义务。当然，当事人还可以在不违反国家法律、行政法规规定的情况下，约定其他的权利义务。

6. 违约责任，是指承包合同当事人一方或者双方不履行合同或者不适当履行合同，依照法律的规定或者按照当事人的约定，应当承担的法律责任，如支付违约金、赔偿损失等。违约责任是促使当事人履行合同义务，使对方免受或者减少损失的重要法律措施，也是保证合同履行的主要条款。因此一般有关合同的法律对于违约责任都作出了较为详尽的规定，如合同法第七章规定的“违约责任”。本法第五十九条规定，当事人一方不履行合同义务或者履行义务不符合约定的，应当依法承担违约责任。

第二十三条 承包合同自成立之日起生效。承包方自承包合同生效时取得土地承包经营权。

条文主旨

本条是关于承包合同生效以及土地承包经营权取得的规定。

立法背景

合同的成立是指订约当事人就合同的主要内容形成合意。合同生效是指合同产生法律约束力。本条主要明确了承包合同的生效时间。同时，考虑到我国农村土地承包的实际情况，明确了承包经营权的取得以合同生效为前提，不以登记为生效的要件。

条文解读

一、承包合同的成立

对于合同的成立时间，合同法规定，承诺生效时合同成立。这是合同成立的一般规定。同时，合同法又对书面形式合同的成立作出了特别规定：当事人采用合同书形式订立合同的，自双方当事人签字或者盖章时合同成立。本法已明确规定土地承包合同应当采用书面形式。因此，承包合同成立的时间应当是当事人签字或者盖章之时。但是，实践中对当事人虽没有签字或者盖章，然而却履行了合同主要义务的，合同也可成立。对于这种情形，合同法规定，采用合同书形式订立合同，在签字或者盖章之前，当事人一方已经履行主要义务，对方接受的，该合同成立。

二、承包合同的生效

合同生效后，当事人依法受到合同的约束，必须遵循合同的规定，依照诚信原则，正确行使权利，履行义务，而不得滥用权利，违反义务。这是合同的对内效力。在客观情况发生变化时，当事人必须依照法律的规定或者取得对方的同意，才能变更或者解除合同。合同生效后的法律效果还表现在，当事人违反合同的，将依法承担民事责任，必要时人民法院可以采取强制措施使当事人依照合同的规定承担责任，对对方当事人进行补救。本法第五十九条规定，当事人一方不履行合同义务或者履行义务不符合约定的，应当依法承担违约责任。同时，本法第六十三条等也对承包合同当事人的法律责任作出了规定。依照本法第六十三条的规定，承包方违法将承包地用于非农建设的，由县级以上地方人民政府有关主管部门依法予以处罚；承包方给承包地造成永久性损害的，发包方有权制止，并有权要求赔偿由此造成的损失。

对于合同的生效时间，民法总则规定，民事法律行为自成立时生效，但是法律另有规定或者当事人另有约定的除外。合同法规定，依法成立的合同，自成立时生效。合同的生效时间，除了附条件、附期限的合同以外，在通常情况下，与合同的成立时间是一致的。本法对承包合同的生效时间作出了同民法总则和合同法一致的规定，即承包合同自成立之日起生效。

合同法在规定合同自成立时生效的同时，还规定，法律、行政法规规定应当办理批准、登记等手续生效的，依照其规定，这是合同生效的特别要件。有些合同的成立和生效时间是不一致的，合同成立并不一定生效，只有在依法经过批准、登记等手续后，合同才生效。依照本法的规定，承包合同自成立之日起生效，承包合同的生效无须经过特别的批准、登记程序。

此外，本条主要是从承包合同生效时间的角度予以规定，但承包合同要实际产生法律约束力，还不能存在法律规定的合同无效等事由。对此，民法总则作出了明确规定。民法总则第一百五十五条规定，无效的或者被撤销的民事法律行自始没有法律约束力。对合同在哪些情形下可以认定无效或者可以被撤销，民法总则作出了详细规定，这些规定也适用于土地承包合同。民法总则第一百四十三条规定：“具备下列条件的民事法律行为有效：（一）行为人具有相应的民事行为能力；（二）意思表示真实；（三）不违反法律、行政法规的强制性规定，不违背公序良俗。”首先，承包合同不得违反土地管理法等法律、行政法规的强制性规定，不得违背公序良俗，否则合同无效。民法总则第一百五十三条规定，违反法律、行政法规的强制性规定的民事法律行为无效，但是该强制性规定不导致该民事法律行为无效的除外；违背公序良俗的民事法律行为无效。民法总则第一百五十四条还规定，行为人与相对人恶意串通，损害他人合法权益的民事法律行为无效。其次，签订人应具有完全的民事行为能力，承包方代表不能是限制民事行为能力人或者无民事行为能力人。民法总则第一百四十四条规定，无民事行为能力人实施的民事法律行为无效。最后，承包合同当事人双方的意思表示应当真实。如果签订承包合同时，具有欺诈、胁迫事由的，欺诈、胁迫的一方当事人可以请求撤销土地承包合同。依照民法总则第一百四十八条的规定，一方以欺诈手段，使对方在违背真实意思的情况下实施的民事法律行为，受欺诈方有权请求人民法院予以撤销。依照民法总则第一百五十条的规定，一方或者第三人以胁迫手段，使对方在违背真实意思的情况下实施的民事法律行为，受胁迫方有权请求人民法院予以撤销。

三、土地承包经营权的取得

物权法上的登记制度，是土地等不动产物权公示的方法。其功能是对物权的设立、变更、转让或者消灭产生公示作用。登记不仅可以表彰物权的设立，明确归属而且有助于解决物权的冲突。关于物权登记的效力，一般有两种做法：一是，登记是不动产物权变动的必要条件，未经登记，不生效力。二是，登记是当事人在物权变动后应当履行的手续，未经登记，物权变动在当事人之间也可有效成立，但是不能对抗善意第三人。对土地承包经营权的设立，考虑到我国农村土地承包的实际情况，本条规定，土地承包经营权自土地承包经营权合同生效时设立。可见，土地承包经营权的设立，不以登记为生效的要件。

土地承包经营权作为用益物权的一种，它的设立以土地承包合同生效为前提。承包合同生效时承包经营权即设立虽为特例，但符合我国农村的实际情况。一是承包方案经村民会议或村民代表会议讨论同意，集体经济组织成员相互熟悉，承包的地块人所共知，能够起到相应的公示作用。二是承包证书的发放和登记造册，往往滞后于承包合同的签订，不能因此而否定农户的承包经营权。因此，土地承包经营权自承包合同生效时设立，登记造册是作为对承包经营权予以确认的程序。

为了进一步确认和保护承包经营权人的合法权利，对已经设立的土地承包经营权，本法第二十四条规定，登记机构应当向承包人颁发土地承包经营权证或者林权证等证书，并登记造册，确认土地承包经营权。

第二十四条　国家对耕地、林地和草地等实行统一登记，登记机构应当向承包方颁发土地承包经营权证或者林权证等证书，并登记造册，确认土地承包经营权。

土地承包经营权证或者林权证等证书应当将具有土地承包经营权的全部家庭成员列入。

登记机构除按规定收取证书工本费外，不得收取其他费用。

条文主旨

本条是关于土地承包经营权登记的规定。

立法背景

土地承包经营权登记制度通过国家登记机构对土地承包经营权予以确认，有利于明确权利归属，稳定土地承包关系，也有利于维护农村土地承包经营权互换、转让和土地经营权流转的安全。

条文解读

本条第一款从法律上明确了对耕地、林地、草地的承包经营权实行统一登记，登记机构应当向承包方颁发土地承包经营权证或者林权证等证书，并登记造册，对土地承包经营权予以确认。本款需要从以下几个方面予以把握：

一是关于土地承包经营权登记制度与土地承包经营权设立的关系。登记制度是物权制度的重要组成部分。登记的最主要功能是对物权的设立、变更或者消灭产生公示作用。登记不仅可以表彰物权的产生或者设立，而且有助于解决物权的冲突。关于物权登记的效力，存在两种做法：一种是登记是不动产物权合法移转的必要条件，未经登记，不生效力。另一种是登记是当事人在物权变动后应当履行的手续，未经登记，物权变动在法律上也可有效成立，但不能对抗善意第三人。在2002年农村土地承包法制定过程中，对设立土地承包经营权，对土地承包经营权是否必须进行登记，存在着两种不同意见：一种意见认为，土地承包经营权作为用益物权，应当采用登记生效主义，当事人必须登记，承包经营权自登记之日起成立，在程序上也应当是先登记后发证。另一种意见认为，我国目前的土地承包经营权一般都是在订立合同后就取得的，土地承包经营权证和林权证等证书也是由人民政府有关机构事后向承包方颁发的，是为了对承包人的土地承包经营权予以确认，要求对所有承包人的承包经营权都进行登记发证不符合现实，同时还可能进一步加重农民的负担。考虑到我国农村土地承包的实际情况，为了更好保护农民的土地权益，2002年农村土地承包法规定，承包合同自成立之日起生效，承包方自承包合同生效时取得土地承包经营权。可见，土地承包经营权的设立，没有采用登记生效主义，即不以登记为生效的要件。

二是国家实行土地承包经营权统一登记制度，由统一的登记机构对耕地、林地、草地等进行登记。土地承包经营权统一登记制度是这次农村土地承包法修改专门增加的。原农村土地承包法第二十三条规定县级以上地方人民政府应当向承包方颁发土地承包经营权证或者林权证等证书，并登记造册，即对土地承包经营权由县级以上人民政府负责登记。实践中对耕地、林地、草地等承包权的登记机构并不统一，实行分散登记。这次农村土地承包法修改中对此专门进行了研究。对耕地、林地、草地等进行统一登记，相对于分散登记，一是有利于明确土地承包经营权的权利归属，避免登记重复、登记矛盾等现象的存在，对保护土地承包经营权依法互换、转让和土地经营权流转、促进交易安全具有重要作用，为提高农村土地的利用效率打下了良好基础；二是有利于提高社会管理效率，避免了多个登记部门之间的扯皮、推卸等现象；三是有利于提高群众办事效率，群众需要查明土地承包经营权的权利归属、办理土地承包经营权互换、转让登记等，只需要到统一的登记机构即可，不需要跑多个登记部门，节省了金钱和时间上的成本。基于此，这次农村土地承包法修改确立了土地承包经营权统一登记制度。

三是关于颁发证书、登记造册。土地承包经营权证书、林权证等证书，是承包方享有土地承包经营权的法律凭证。承包方签订承包合同，取得土地承包经营权后，登记机构应当颁发土地承包经营权证或者林权证等证书，并登记造册，将土地的使用权属、用途、面积等情况登记在专门的簿册上，以确认土地承包经营权。颁发土地承包经营权证书、林权证等证书，并登记造册，是登记机构的职责，不得推卸。长期以来，一些地方存在承包地块面积不准、四至不清、空间位置不明、登记簿不健全等问题，导致农民土地权益依法保障程度低。为把农户承包地搞准、搞清、搞实，党的十八大以后，中央对确权登记颁证工作作出了一系列决策部署。2013 年习近平总书记指出，建立土地承包经营权登记制度，是实现土地承包关系稳定的保证，要把这项工作抓紧抓实，真正让农民吃上“定心丸”。2014 年中央明确提出用 5 年左右时间基本完成土地承包经营权确权登记颁证工作。截至 2018 年 6 月底，31 个省（区、市）均开展了承包地确权工作，确权面积 13.9 亿亩，超过二轮家庭承包地（账面）面积；17 个省份已向党中央、国务院提交基本完成报告，其余省份也已进入确权收尾阶段。这次农村土地承包经营权确权登记颁证工作使土地承包经营权的权属等情况更加清晰，使土地承包经营权的登记更加完整、真实、准确，把本条规定落到了实处。

本条第二款规定，土地承包经营权证或者林权证等证书应当将具有土地承包经营权的全部家庭成员列入。本法第二十二条规定，土地承包合同的其中一项条款就是发包方、承包方的名称，发包方负责人和承包方代表的姓名、住所。依照该规定，土地承包合同由承包方代表签署。实践中土地承包合同一般都是由农户的男性长辈签署土地承包合同，土地承包合同也仅体现该承包方代表的姓名、住所等情况，不列明农户内其他家庭成员情况。依照本法第十六条第一款规定，家庭承包的承包方是本集体经济组织的农户。虽然土地承包合同由农户代表实际签订，但土地承包经营权的权利主体是农户，而不是该农户代表。本法第十六条第二款进一步规定，农户内家庭成员依法平等享有承包土地的各项权益。本法第六条还规定，农村土地承包，妇女与男子享有平等的权利；承包中应当保护妇女的合法权益，任何组织和个人不得剥夺、侵害妇女应当享有的土地承包经营权。

为了平等保护农户内每位家庭成员，尤其是农户内妇女的土地承包权益，这次修改农村土地承包法在本条增加第二款规定，土地承包经营权证或者林权证等证书应当将具有土地承包经营权的全部家庭成员列入。依照该规定，登记机构在制作、颁发土地承包经营权证或者林权证等证书，并登记造册时，应当将农户内具有土地承包经营权的全部家庭成员查清并列入，对农户内每位家庭成员的土地承包经营权益予以确认。

本条第三款规定，登记机构除按规定收取证书工本费外，不得收取其他费用。在 2002 年农村土地承包法制定过程中，据调研，有的地方和部门随意向农民伸手，面向农民的各种收费、集资、罚款和摊派项目众多、数额大，严重侵害了农民的合法权益，挫伤了农民的生产积极性，影响了农村社会稳定。针对这种情况，为了避免利用颁发土地承包经营权证等证书的便利条件，随意提高收费标准或者乱收费，侵害农民利益，2002 年农村土地承包法明确规定，颁发土地承包经营权证或者林权证等证书，除按规定收取证书工本费外，不得收取其他费用。这样，有利于防止借登记之机乱收费，有利于维护农民的合法权益和农村社会的稳定。这次修改农村土地承包法基本维持了该规定，明确登记机构除按规定收取证书工本费外，不得收取其他费用。

第二十五条 **承包合同生效后，发包方不得因承办人或者负责人的变动而变更或者解除，也不得因集体经济组织的分立或者合并而变更或者解除。**

条文主旨

本条是关于发包方不得随意变更或者解除承包合同的规定。

立法背景

合同的变更是指合同成立后，当事人在原合同的基础上对合同的内容进行修改或者补充。合同的解除是指合同成立后，当具备法律规定的合同解除条件时，因当事人一方或者双方的意思表示而使合同关系归于消灭的行为。

关于合同变更和解除的条件，合同法规定，当事人协商一致，可以变更或者解除合同。当事人在订立合同时，有时不可能对涉及合同的所有的问题都作出明确规定；合同签订后，当事人在合同履行前或者履行过程中也会出现一些新情况，需要当事人对合同的内容进行修改、补充或者解除合同。如果双方当事人就合同变更事项达成了一致意见，变更后的内容就取代了原合同的内容，当事人就应当按照变更后的内容履行合同。如果当事人协议解除合同，就应当按照合同法的有关规定承担合同解除的法律后果。

除当事人协议或者法律规定可以变更或者解除合同的以外，一方当事人不得擅自变更和解除合同，否则就是一种违约行为，应当依法承担违约责任。因此，合同法明确规定，依法成立的合同，对当事人具有法律约束力，当事人应当按照合同的约定履行自己的义务，不得擅自变更或者解除合同。

条文解读

一、发包方不得因承办人或者负责人的变动而变更或者解除承包合同

按照本法的规定，发包方是集体经济组织、村委会或者村民小组。发包方在承包合同生效后到履行完毕之前，有可能发生承办人或者负责人变动的情况。如在某承包合同中，作为发包方负责人的村委会主任换人。在

实际生活中，曾出现发包方以此为借口而变更或者解除合同，不履行合同的情况。

承包合同是发包方与承包方签订的。首先，承办人或者负责人只是发包方的法定代表人或者代理人，并不等同于发包方。发包方对其负责人或者承办人的民事活动也应当承担民事责任，对他们签订的承包合同应当负责履行。其次，承办人或者负责人的变动并不构成对合同的实质性变更，如果因此而变更或者解除合同，则损害了承包方的合法权益。因此，发包方的承办人或者负责人的变动，对已经生效的承包合同不构成影响，发包方不得因此而变更或者解除承包合同，否则就应当依照本法和合同法的有关规定承担违约责任。

二、发包方不得因集体经济组织的分立或者合并而变更或者解除承包合同

分立是指一个集体经济组织被分为两个以上新的组织，原组织的权利义务由新的集体经济组织承担。合并一般是指两种情况，一是指两个以上组织合并成为一个新的组织，由新的组织承担被合并的组织的权利义务。另一种情况是指一个组织被撤销后，将其权利义务一并转让给另一个组织。

当事人分立和合并是现实中经常出现的情况，也是容易出现纠纷的问题。针对一些法人或者组织借分立或者合并逃避应当承担的民事责任的问题，合同法规定，当事人订立合同后合并的，由合并后的法人或者其他组织行使合同权利，履行合同义务。当事人订立合同后分立的，除债权人和债务人另有约定的以外，由分立的法人或者其他组织对合同的权利义务享有连带债权，承担连带债务。根据合同法的精神，本法规定，发包方不得因集体经济组织的分立或者合并而变更或者解除合同。在土地承包中，无论发包方分立或者合并是由于何种原因，其权利义务都应当按照法律的规定和合同的约定享有和承担。这样才能有效地防止以合并或者分立为借口变更或者解除承包合同，更好地保护承包方的合法权益。

第二十六条　国家机关及其工作人员不得利用职权干涉农村土地承包或者变更、解除承包合同。

条文主旨

本条是关于国家机关及其工作人员不得干涉农村土地承包或者变更、解除承包合同的规定。

立法背景

承包本集体农民集体所有的土地，是集体经济组织成员重要的财产权利。剥夺或者限制这种权利，是对农民合法权益的严重侵犯。民法总则第三条规定，民事主体的人身权利、财产权利以及其他合法权益受法律保护，任何组织或者个人不得侵犯。土地管理法第十四条规定，农民的土地承包经营权受法律保护。其他的法律，如农业法、森林法等也有规定。本法第五条规定，任何组织和个人不得剥夺和非法限制农村集体经济组织成员承包土地的权利。

承包合同是发包方和承包方之间设立、变更、终止土地承包权利义务关系的协议，是承包方取得承包经营权的基础，任何组织和个人都不得加以干涉。针对实践中有些主体包括地方政府或者政府机关，随意干涉合同订立履行，损害合同当事人合法权益的情况，合同法第八条明确规定，依法成立的合同，受法律保护。这就意味着对依法成立的合同，任何组织或者个人均不得非法干涉。农村土地承包法本条规定是对合同法第八条规定在农村土地承包合同领域的具体化。

条文解读

本条规定的违法行为的主体是国家机关及其工作人员。国家机关是指国家的权力机关、监察机关、行政机关、司法机关以及军事机关。包括各级人大及其常委会，各级监察委员会、各级人民政府，各级法院、检察院等。国家机关工作人员是指在国家机关中从事公务的人员，即在国家机关中行使一定职权、履行一定职务的人员。在农村土地承包中，可能利用职权对土地承包进行干涉的，主要是县、乡政府有关部门及其工作人员。因为他们处在基层，直接负责土地承包及承包合同管理或者相关工作，应当严格贯彻农村土地承包法，不得利用职权干涉土地承包。

在现实生活中，干涉土地承包主要是指剥夺或者非法限制农村集体经济组织成员承包土地的权利，剥夺妇女应当享有的土地承包经营权，违背承包方的意愿，干涉承包方的经营自主权以及强令变更和解除承包合同等行为。依照本法规定，国家机关及其工作人员不得利用职权干涉农村土地承包，不得违背承包合同当事人意愿，利用职权强行变更或者解除承包合同。对于国家机关及其工作人员干涉土地承包，变更、解除承包合同应当承担的法律责任，依照本法“争议的解决和法律责任”一章第六十五条的规定，国家机关及其工作人员有利用职权干涉农村土地承包，变更、解除承包合同，给承包方造成损失的，应当承担损害赔偿等责任；情节严重的，由上级机关或者所在单位给予直接责任人员处分；构成犯罪的，依法追究刑事责任。

第四节　土地承包经营权的保护和互换、转让

第二十七条　承包期内，发包方不得收回承包地。

国家保护进城农户的土地承包经营权。不得以退出土地承包经营权作为农户进城落户的条件。

承包期内，承包农户进城落户的，引导支持其按照自愿有偿原则依法在本集体经济组织内转让土地承包经营权或者将承包地交回发包方，也可以鼓励其流转土地经营权。

承包期内，承包方交回承包地或者发包方依法收回承包地时，承包方对其在承包地上投入而提高土地生产能力的，有权获得相应的补偿。

条文主旨

本条是关于承包地能否收回的规定。

立法背景

本条第二款、第三款规定主要涉及农户进城落户后，其承包地如何处理的问题，这是本次农村土地承包法修改的重点问题，也是修改时各方面争议比较多的问题。

在2002年制定农村土地承包法时，考虑到随着城乡经济结构的调整和城镇化的发展，农村剩余劳动力向城镇的转移会不断增加，对于承包方全家离开农村，迁入小城镇或者设区的市，转为非农业户口的，其承包地能否收回的问题，在原农村土地承包法第二十六条第二款和第三款区别不同的情况分别作了规定，以避免发包方随意收回承包地，即："承包期内，承包方全家迁入小城镇落户的，应当按照承包方的意愿，保留其土地承包经营权或者允许其依法进行土地承包经营权流转。""承包期内，承包方全家迁入设区的市，转为非农业户口的，应当将承包的耕地和草地交回发包方。承包方不交回的，发包方可以收回承包的耕地和草地。"根据这两款规定，承包方全家迁入小城镇落户，转为非农业户口的，应当按照承包方的意愿，保留其土地承包经营权，并按照农业生产季节回来耕作；也允许承包方依法将土地承包经营权采取转包、出租、互换、转让或者其他方式进行流转。当然，如果承包方自愿将承包地交回发包方，也是允许的。但是，如果承包方全家迁入设区的市，转为非农业户口的，应当主动将承包的耕地和草地交回发包方，承包方不交回的，发包方可以收回承包的耕地和草地。交回的耕地和草地，应当用于调整承包土地或者承包给新增人口。

随着我国社会经济的发展，中央提出推进以人为核心的新型城镇化，深化户籍制度改革，促进有能力在城镇稳定就业和生活的农业转移人口举家进城落户。党的十八届五中全会决定提出，维护进城落户农民土地承包权、宅基地使用权、集体收益分配权，支持引导其依法自愿有偿转让上述权益。据此，农村土地承包法修正案草案一审稿删除了现行法律中关于承包方全家迁入设区的市，转为非农业户口的，应将承包地交回发包方的规定。同时，鉴于城乡人口结构的变革是一个较长的历史过程，现阶段农民进城务工、落户的情况也十分复杂，按照中央关于推进农业转移人口市民化的要求，草案一审稿规定："维护进城务工农民的土地承包经营权，不得以退出土地承包权作为农民进城落户的条件，是否保留土地承包经营权，由农民选择而不代替农民选择。""承包方全家迁入城镇落户，纳入城镇住房和社会保障体系，丧失农村集体经济组织成员身份的，支持引导其按照国家有关规定转让土地承包权益。"草案二审稿对一审稿的规定作了些文字上的修改，但主要内容没变："国家保护进城务工农民的土地承包经营权。不得以退出土地承包经营权作为农民进城落户的条件。是否保留土地承包经营权，由农民自主决定。""承包期内，承包方全家迁入城镇落户，纳入城镇住房和社会保障体系，丧失农村集体经济组织成员身份的，支持引导其按照国家有关规定转让土地承包经营权益。"

在修正案草案一审和二审的过程中，对草案的这一规定各方面意见不太统一。有的意见提出，在设区的市，社会保障制度比较健全，承包方即使失去了稳定的职业或者收入来源，一般也可以享受到城市居民最低生活保障等社会保障。如果允许承包方保留其承包地，就会使其既享有土地承包经营权，又享有城市社会保障，有悖社会公平。而在我国农村，由于人多地少，大部分地区存在人地矛盾。为缓解农村人地矛盾，发展农村经济，在这种情况下，承包方应当将其承包的土地交回发包方，使留在农村的农民有较多的土地耕种。有的意见提出，这一规定的目的是解决农民转为市民的后顾之忧，有利于加快户籍人口城镇化的进展。同时，对于进城落户农民，法律依然保留其土地承包经营权，这在当前特别是下一轮承包期内，在新中国成立一百年之前，继续让农民享受比城市居民更多的权利，是很有必要的，体现了党中央对广大农村和农民的高度重视和格外关怀。有的意见提出，过去的养老保险、医疗保险、社会救助是城乡分割的，现在三个制度是整合的。城乡居民养老保险是一个制度，城乡居民医疗保险制度也已经整合。如果再以所谓的城镇住房和社会保障体系为由，作为丧失农村集体经济组织成员身份的依据，这个理由完全不成立。

经研究，党的十八大以来，中央提出到2020年实现约一亿农民转移人口落户城镇的目标，出台了推进户籍制度改革、实施居住证等举措，确保到2020年我国户籍人口城镇化率提高到45%左右。近年来，农村劳动力大量转移进城。据统计，2017年，进城务工的农村人口达

2.87亿，我国常住人口城镇化率达到58.52%，户籍人口城镇化率也达到了42.35%。预计2035年我国常住人口城镇化率将达到70%。大量农民离土离乡、进城就业，农村土地流转、人地分离的现象将十分普遍，这对保护农民的土地权益提出了更高要求。在加快户籍制度改革，促进农业转移人口市民化的过程中，要充分尊重农民意愿，让他们自己选择，切实维护好广大农民群众的合法权益。特别是要注意保障进城落户农户的土地承包经营权，不得以退出土地承包经营权作为农民进城落户的条件，支持引导其自愿有偿地转让相关权益，使他们能安心在城镇工作生活，提高城镇化发展质量，促进社会和谐稳定。不久前印发的中央文件对这个问题也作了明确规定。据此，最后通过的修改决定作了本条第二款、第三款的规定。

条文解读

本条第一款规定："承包期内，发包方不得收回承包地。"这一规定对保持土地承包关系稳定并长久不变具有重要意义。赋予农民长期而有保障的土地使用权，维护农村土地承包关系的长期稳定，是2002年制定农村土地承包法的一个重要指导思想。其原因在于我国农村人多地少，大部分地区经济还比较落后，第二、三产业不够发达，大多数农民难以实现非农就业，仍然从事农业生产，农民对土地的依赖性较强，在相当长的时期内，土地仍是农民的基本生产资料和最主要的生活来源，因此，必须保持土地承包关系的长期稳定，不得随意收回和调整承包地。在中国特色社会主义进入新时代的关键时期，全面贯彻党的十九大和十九大二中、三中全会精神，保持土地承包关系稳定并长久不变，赋予农民更加充分而有保障的土地权利，是这次修改农村土地承包法的一个重要指导思想。继续明确发包方不得随意收回承包地对推动实施乡村振兴战略、保持农村社会和谐稳定都具有重大意义。根据本款规定，除法律对承包地的收回有特别规定外，在承包期内，无论承包方发生什么样的变化，只要作为承包方的家庭还存在，发包方都不得收回承包地。如承包方家庭中的一人或者数人死亡的；子女升学、参军或者在城市就业的；妇女结婚，在新居住地未取得承包地的；承包方在农村从事各种非农产业的等，只要作为承包方的农户家庭没有消亡，发包方都不得收回其承包地。但因家庭成员全部死亡而导致承包方消亡的，发包方应当收回承包地，另行发包。

本条第二款、第三款规定：“国家保护进城农户的土地承包经营权。不得以退出土地承包经营权作为农户进城落户的条件。”“承包期内，承包农户进城落户的，引导支持其按照自愿有偿原则依法在本集体经济组织内转让土地承包经营权或者将承包地交回发包方，也可以鼓励其流转土地经营权。”根据这两款规定，承包农户即使全家都进城落户，不管是否纳入城镇住房和社会保障体系，也不管是否丧失农村集体经济组织成员身份，其进城落户前所取得的农村土地承包经营权仍然受国家保护。在农户进城落户的问题上，一定要强调自愿原则，充分尊重农民意愿，让他们自己选择，不能以命令“逼”农民进城，特别是不得以退出土地承包经营权作为农户进城落户的条件。农民不管是进城落户前还是落户后，是否保留土地承包经营权，由农民选择而不代替农民选择。

农户进城落户后，其所取得的土地承包经营权不受任何影响。农户既可以根据自己的意愿，并按照农业生产季节回来耕作；也可以根据本法第三十四条的规定按照自愿有偿原则依法在本集体经济组织内转让土地承包经营权；还可以根据本法第二章第五节的规定向他人流转土地经营权；当然，如果农户自愿将承包地交回发包方，也是允许的。以上种种进城农户对自身土地承包权益的处分，都是允许的，由农户自主选择。有关部门或者各地方可以根据实际情况在一定程度上支持、引导或者鼓励，但一定要建立在自愿原则的基础上。

为使承包方在交回承包地或者发包方依法收回承包地时，对承包方已向承包地的资产投入得到补偿，本条第四款规定："承包期内，承包方交回承包地或者发包方依法收回承包地时，承包方对其在承包地上投入而提高土地生产能力的，有权获得相应的补偿。"如承包方对盐碱度较高的土地或者荒漠化的土地进行治理，使其成为较为肥沃的土地，在交回承包地时，发包方应当对承包方因治理土地而付出的投入给予相应的经济补偿。

第二十八条 承包期内，发包方不得调整承包地。

承包期内，因自然灾害严重毁损承包地等特殊情形对个别农户之间承包的耕地和草地需要适当调整的，必须经本集体经济组织成员的村民会议三分之二以上成员或者三分之二以上村民代表的同意，

并报乡（镇）人民政府和县级人民政府农业农村、林业和草原等主管部门批准。承包合同中约定不得调整的，按照其约定。

条文主旨

本条是关于承包地能否调整的规定。

立法背景

保持土地承包关系稳定并长久不变，赋予农民更加充分而有保障的土地权利，是这次修改农村土地承包法的一个重要指导思想。保持土地承包关系稳定并长久不变，实践中最突出的问题就是承包地调整问题，这也是这次农村土地承包法修改中争议较大的一个问题。

中央有关文件曾指出，我国农村人多地少，大部分地区经济还比较落后，在相当长的时期内，土地不仅是农民的基本生产资料，而且是农民最主要的生活来源。以家庭联产承包为主的责任制和统分结合的双层经营体制，是我国农村经济的一项基本制度。保持土地承包关系稳定，是党和国家农村政策的核心内容，多年来，中央在这个问题上的政策没有变化。但是，在2002年制定农村土地承包法前，一些地方对承包土地的调整较为频繁，不少地方几年进行一次小调整，有的村甚至把已承包到户的土地全部打乱重新发包，不利于土地承包关系的稳定。此外，随意调整土地，也不利于农民对土地的长期投入，容易造成短期效应，是对土地生产力的破坏。还有的地方发包方利用调整土地提高承包费，增加农民负担。因此，2002 年制定的农村土地承包法第二十七条第一款对承包土地的调整问题作了明确的规定："承包期内，发包方不得调整承包地。"在法律中明确规定发包方在承包期内不得随意调整承包地，维护了土地承包关系的长期稳定，给农民吃了一颗定心丸。这次修改农村土地承包法，对这一款规定没有作任何修改。

同时，在 2002 年制定农村土地承包法时，也考虑到在几十年的承包期内，农村的情况会发生很大的变化，完全不允许调整承包地也难以做到。如果出现个别农户因自然灾害严重毁损承包地等特殊情形，仍然不允许对承包地进行小调整，将使一部分农民失去土地，在当时农村的社会保障制度尚不健全、实现非农就业尚有困难的情况下，将使这部分农民失去最基本的生活来源，既有悖社会公平，也不利于社会稳定。因此，在特殊情形下，应当允许按照法律规定的程序对个别农户之间的承包地进行必要的小调整。对此，中央有关文件曾指出，今后解决人地关系的矛盾，可按“大稳定、小调整”的原则在农户之间进行个别调整。“小调整”应当坚持以下原则：一是“小调整”只限于人地矛盾突出的个别农户，不能对所有农户进行普遍调整；二是不得利用“小调整”提高承包费，增加农民负担；三是“小调整”的方案要经村民大会或村民代表大会 2/3 以上成员同意，并报乡（镇）人民政府和县（市、区）人民政府主管部门审批；四是绝不能用行政命令的办法硬性规定在全村范围内几年重新调整一次承包地。最终，在 2002 年制定的农村土地承包法第二十七条第二款中，考虑到实践中对个别农户之间承包的土地需要适当调整的特殊情形，按照中央关于“大稳定、小调整”的前提是稳定的原则，对调整承包地的问题作出严格规定：“承包期内，因自然灾害严重毁损承包地等特殊情形对个别农户之间承包的耕地和草地需要适当调整的，必须经本集体经济组织成员的村民会议三分之二以上成员或者三分之二以上村民代表的同意，并报乡（镇）人民政府和县级人民政府农业等行政主管部门批准。承包合同中约定不得调整的，按照其约定。”

这次修改农村土地承包法时，对原农村土地承包法第二十七条第二款是否进行修改的问题，在草案起草时就引起各方广泛关注。在提请常委会一审的草案中对这个问题作了一定的修改，草案说明中提出：“实践中，对因各种特殊情形造成人地矛盾突出的问题，一些地方尊重大多数农民意愿，因地制宜，分类施策，在坚持稳定土地承包关系的基础上，妥善解决矛盾纠纷。为进一步规范对个别农户之间承包的耕地和草地的适当调整，草案划定了红线：必须坚持土地承包关系稳定、不得打乱重分的原则；必须经本集体经济组织成员的村民会议2/3以上成员或者2/3以上村民代表的同意，并报乡（镇）人民政府和县级人民政府农业等行政主管部门批准。鉴于各地情况差异较大，草案授权省、自治区、直辖市制定地方性法规具体规定。”

对于上述一审稿的规定，各方面争议较大。有的意见认为，这一规定比较好，实践中，人地矛盾在有些地方非常尖锐和突出，还是应当本着实事求是的原则，有问题解决问题，进行适当调整是必要的；而且，不同地区确实差别比较大，如果结合当地实情，因地制宜制定地方性法规，既能解决当地的问题，也有利于探索新的改革措施。有的意见提出，修改后的规定还是过于含糊、原则，不好落实和操作，建议再作进一步细化。有的意见则提出，修改后的规定将个别农民调地的标准模糊了，尺度放开了，自由裁量度就很大了；要考虑到人口变动是一个经常性的状态，不能以此为理由作为调整承包地的原因，否则上面开一个针尖大的窟窿，下面就会刮起斗大的风，建议对现行法律的规定不作修改。由于争议较大，在二审时，宪法和法律委员会经慎重研究认为，承包地调整问题比较重大，建议对这个问题作进一步深入研究，草案的规定暂不作修改。

二审后，法制工作委员会对这个问题进行了认真研究，并多次征求各方面意见。不少意见提出，保持农村土地承包关系稳定并长久不变是我国农村土地制度的基本原则。承包地个别调整问题较为复杂、敏感，建议按照保持土地承包关系稳定并长久不变的精神恢复现行法律的规定，不作修改。在农村土地承包法修正案草案三审前，中央也下发了最新文件，对现行承包地调整政策做了进一步强调。因此，三审时对一审稿的规定又作了修改，恢复了现行法律规定，在三审汇报中提出：“宪法和法律委员会经研究认为，承包地调整问题政策性很强，多年来，中央在承包地调整问题上的政策没有变化，不久前印发的中央文件对有关精神再次作了强调。因此，建议本次修法对现行法律有关调整承包地的规定不作修改，维持现有规定不变。”最后通过的本条规定第二款仅对原农村土地承包法第二十七条第二款涉及主管部门的个别文字作了修改。

条文解读

根据本条规定，可以调整承包地的情形是“因自然灾害严重毁损承包地等特殊情形”，即只有在特殊情形下，才可以适当调整承包地，而在一般情形下，不应当采取调整承包地的方法，而主要应当通过土地经营权流转，发展第二、三产业等途径，用市场的办法解决。因承包方家庭人口增加、缺地少地导致生活困难的，要帮助其提高就业技能，提供就业服务，做好社会保障工作。需要注意的是，在承包方发生了因自然灾害严重毁损承包地等特殊情形需要调整土地时，并不是必然发生对个别农户之间承包的耕地和草地进行调整，如果集体经济组织依法预留了机动地，或者有通过依法开垦等方式增加的土地，或者发包方依法收回和承包方依法、自愿交回的土地，应当先用这些土地解决无地农民的承包地问题，只有在没有上述土地的情况下，才可以对个别农户之间承包的耕地和草地进行适当调整。

根据第二款规定，允许进行调整的土地仅限于耕地和草地，对于林地，即使在上述特殊情形下，也不允许调整。因为林地的承包经营与耕地、草地的承包经营相比有其特殊性。林业生产经营周期长，收益慢，风险大，承包期也较长。稳定林地承包经营权，有利于调动承包方植树造林的积极性，防止乱砍滥伐，保护生态环境。林地一般作为农民增收的手段，不像耕地那样，具有农民基本生活保障的功能。因此，对林地承包经营权不适用耕地和草地有关调整的规定，应当确保林地承包经营权的长期稳定。否则会导致林权不稳，出现新的林地纠纷和争议，导致乱砍滥伐，破坏森林资源。例如，某地区的农户承包香榧林，承包期一般为 30 年或者 50 年，由于生长周期长，香榧树生长十几年才开始结果，100 年以后才进入丰产期，农户投入了十几年才开始有收益，如果这时进行调整，对承包方是不合理的，也不利于对林地的长期投入，因此，林地不能调整。

调整还应当经过一定的法定程序，未经法定程序不得进行调整。第二款规定的法定程序是：“必须经本集体经济组织成员的村民会议三分之二以上成员或者三分之二以上村民代表的同意，并报乡（镇）人民政府和县级人民政府农业农村、林业和草案等主管部门批准。”这样规定是为了体现多数农民的意愿，防止随意调整承包地。“本集体经济组织成员的村民会议”的含义是，考虑到土地所有者和发包主体的不同，并根据本法第十三条的规定，如果土地是由村集体经济组织或者村民委员会发包的，这里的“村民会议”应当指村集体范围内的村民会议，即由村集体经济组织成员组成的村民会议；如果土地是由村内各集体经济组织或者村民小组发包的，这里的“村民会议”应当指村民小组范围内的村民会议，即由村民小组成员组成的村民会议。本款规定的村民会议2/3 以上成员，应当指组成村民会议的全体成员的 2/3 以上成员；2/3 以上村民代表，应当指由村民代表组成的村民会议的全体代表的 2/3 以上代表。

因特殊情形需要对个别农户之间的承包地进行调整，而承包合同中又约定不得调整的怎么办？对此，第二款规定：“承包合同中约定不得调整的，按照其约定。”即如果承包合同中约定不得调整的，也不得调整。这样规定既符合承包方的意愿，也有利于维护承包关系的长期稳定。当然，如果发包方和承包方尤其是承包方自愿协商变更的，可以按照变更后的承包合同办理。

第二十九条　下列土地应当用于调整承包土地或者承包给新增人口：

（一）集体经济组织依法预留的机动地；

（二）通过依法开垦等方式增加的；

（三）发包方依法收回和承包方依法、自愿交回的。

条文主旨

本条是关于应当用于调整承包土地或者承包给新增人口的土地的规定。

立法背景

根据本条的规定，集体经济组织依法预留的机动地，通过依法开垦等方式增加的土地，发包方依法收回和承包方依法、自愿交回的土地，应当用于调整承包土地或者承包给新增人口。即在因自然灾害严重毁损承包地等特殊情形需要调整土地时，应当将这些土地用于调整承包地；在因出生、婚嫁、户口迁移等原因新增人口时，应当将这些土地承包给新增人口。之所以这样规定，是考虑到在目前我国农村人多地少，土地是农民基本生活保障的情况下，将集体预留的机动地、经开垦等增加的土地、发包方依法收回和承包方交回的土地用于调整承包土地或者承包给新增人口，既有利于保持已有承包关系的长期稳定，也有利于解决无地少地农民的土地问题，符合广大农民的根本利益。因此，发包方应当将这些土地严格用于调整承包地或者承包给新增人口的目的，不得随意将这些土地以招标、拍卖、公开协商等方式承包出去。需要说明的是，在发生特殊情形需要调整土地时，应当首先将本条规定的土地用于调整，只有在没有本条规定的土地时，才可以对个别农户之间承包的耕地和草地进行调整。而在集体有新增人口但未达到人地矛盾突出的程度时，虽然不能对个别农户之间承包的耕地和草地进行调整，但可以将本条规定的土地承包给新增人口。

条文解读

本条规定的应当用于调整承包土地或者承包给新增

人口的土地包括：

1. 集体经济组织依法预留的机动地。机动地是发包方在发包土地时，预先留出的不作为承包地的少量土地，用于解决承包期内的人地矛盾问题，如在承包期内，本村有嫁入妇女的，或者部分农户因自然灾害丧失承包地的，就可以将机动地承包给这些人。预留的机动地由集体经济组织掌握，或由集体暂时统一经营，或短期承包给某些农户。预留机动地曾是农村土地承包中的灵活做法，一旦发生人地矛盾，可以用机动地来解决，不必进行土地调整，既解决了无地农民的土地问题，也有利于保持土地承包关系的稳定。但预留的机动地不宜过多，预留过多，就会减少农民承包地的数量，损害农民的权益。在实践中，一些地方的乡、村为了增加集体收入，随意扩大机动地的比例，将预留的机动地以招标、拍卖、协商等方式承包出去，以获取利益，侵害了农民的土地承包经营权，损害了农民的利益。对此，中央有关文件曾指出：在延长土地承包期的过程中，一些地方为了增加乡、村集体收入，随意扩大机动地的比例，损害了农民群众的利益。因此，对预留机动地必须严格控制。目前尚未留有机动地的地方，原则上都不应留机动地。今后解决人地关系的矛盾，可按“大稳定、小调整”的原则在农户之间进行个别调整。目前已留有机动地的地方，必须将机动地严格控制在耕地总面积5%的限额之内，并严格用于解决人地矛盾，超过的部分应按公平合理的原则分包到户。本法第六十七条对机动地的问题也作了规定：“本法实施前已经预留机动地的，机动地面积不得超过本集体经济组织耕地总面积的百分之五。不足百分之五的，不得再增加机动地。本法实施前未留机动地的，本法实施后不得再留机动地。”根据以上规定，已经预留机动地的，应当按照以上规定预留，并严格用于调整承包土地或者承包给新增人口。

2. 通过依法开垦等方式增加的土地。主要指通过开垦未利用地，如开垦荒地而增加的土地。开垦未利用地，应当依法进行，特别是在整个社会生态环境意识日益增强的今天，特别应当加强对生态环境的保护，禁止乱开荒。关于如何开垦土地的问题，有关法律作了明确的规定。土地管理法第三十九条规定：“开垦未利用的土地，必须经过科学论证和评估，在土地利用总体规划划定的可开垦的区域内，经依法批准后进行。禁止毁坏森林、草原开垦耕地，禁止围湖造田和侵占江河滩地。根据土地利用总体规划，对破坏生态环境开垦、围垦的土地，有计划有步骤地退耕还林、还牧、还湖。”水土保持法第二十条规定：“禁止在二十五度以上陡坡地开垦种植农作物。在二十五度以上陡坡地种植经济林的，应当科学选择树种，合理确定规模，采取水土保持措施，防止造成水土流失。省、自治区、直辖市根据本行政区域的实际情况，可以规定小于二十五度的禁止开垦坡度。禁止开垦的陡坡地的范围由当地县级人民政府划定并公告。”第二十三条规定：“在五度以上坡地植树造林、抚育幼林、种植中药材等，应当采取水土保持措施。在禁止开垦坡度以下、五度以上的荒坡地开垦种植农作物，应当采取水土保持措施。具体办法由省、自治区、直辖市根据本行政区域的实际情况规定。”按照以上规定通过开垦等方式增加的土地，应当用于调整承包土地或者承包给新增人口，以解决人地矛盾的问题。

3. 发包方依法收回和承包方依法、自愿交回的土地。本法第二十七条、第三十条、第三十一条等条文对发包方依法收回承包地和承包方依法、自愿交回承包地等作了明确规定。对这些土地，也应当用于调整承包土地或者承包给新增人口。

第三十条　承包期内，承包方可以自愿将承包地交回发包方。承包方自愿交回承包地的，可以获得合理补偿，但是应当提前半年以书面形式通知发包方。承包方在承包期内交回承包地的，在承包期内不得再要求承包土地。

条文主旨

本条是关于承包方自愿交回承包地的规定。

立法背景

承包期内，承包方享有对土地的承包经营权。土地承包经营权是一种物权，承包方可以自己行使，可以依法流转，也可以放弃，即自愿将承包地交回发包方。

条文解读

我国农村人多地少，大部分地区经济比较落后，土地是农民基本的生产资料和生活保障，农民对土地的依赖性比较大，因此承包方在承包期内自愿交回承包地的情况比较少。承包方一般是在已有稳定的非农职业或者稳定的收入来源，不再依赖土地生活的情况下，才可能自愿将承包地交回发包方。如承包方在农村兴办乡镇企业、进入城镇从事非农职业、老年人进城投靠子女等。

是否交回承包地，何时交回承包地，是承包方的权利，以承包方自愿为原则。为了鼓励不愿或者已无条件继续耕种的承包方自愿交回承包地，这次修改农村土地承包法时，增加规定了承包方“可以获得合理补偿”。这里规定的是“可以”，而不是第二十七条第四款规定的“有权”。发包方可以根据自己的实际情况，包括经济情况等，确定是否给予承包方经济补偿，以鼓励承包方更加积极自愿地交回承包地。此时，承包方应当提前半年以书面形式通知发包方，以让发包方对交回的土地做出使用上的安排，避免因承包方自愿交回而造成土地闲置。如果不规定承包方的通知义务，允许承包方可以随时交回承包地，假如承包方选择在农耕季节时交回，发包方就很难及时、有效地组织起生产，也很难及时将交回的土地再发包出去，就可能错过农耕季节，造成土地荒芜，浪费土地资源。规定承包方提前半年的通知义务，就给了发包方一个合理的准备期限，在此期限内，发包方可以根据实际情况选择集体经营，或者将土地发包给其他农户。规定承包方以书面形式通知发包方，有利于贯彻承包方“自愿”交回的原则，也可以避免事后发生纠纷。

承包方在承包期内交回承包地，也就是放弃了自己已经享有的土地承包经营权，在承包期内，承包方不得再要求承包土地。因此，承包方在交回承包地前，应当慎重考虑，只有在有了稳定的非农职业或者稳定的收入来源，确实不再需要依赖土地的情况下，才可以交回承包地。交回承包地后，如果因特殊情况失去了非农职业或者其他收入来源需要耕种土地的，应当通过土地流转等方式解决，而不能再要求承包土地。

第三十一条 **承包期内，妇女结婚，在新居住地未取得承包地的，发包方不得收回其原承包地；妇女离婚或者丧偶，仍在原居住地生活或者不在原居住地生活但在新居住地未取得承包地的，发包方不得收回其原承包地。**

条文主旨

本条是关于保护妇女的土地承包经营权的规定。

立法背景

保护妇女在土地承包中的合法权益，是农村土地承包的一项重要原则。对此，妇女权益保障法第三十二条规定：“妇女在农村土地承包经营、集体经济组织收益分配、土地征收或者征用补偿费使用以及宅基地使用等方面，享有与男子平等的权利。”第三十三条第一款规定：“任何组织和个人不得以妇女未婚、结婚、离婚、丧偶等为由，侵害妇女在农村集体经济组织中的各项权益。”婚姻法第三十九条也规定在离婚时，夫或妻在家庭土地承包经营中享有的权益等，应当依法予以保护。作为规范农村土地承包的基本法律，本法第六条明确规定：“农村土地承包，妇女与男子享有平等的权利。承包中应当保护妇女的合法权益，任何组织和个人不得剥夺、侵害妇女应当享有的土地承包经营权。”这次修改农村土地承包法时，为了更好地保护农村妇女的土地承包权益，根据中央文件精神，又在第十六条第二款进一步规定：“农户内家庭成员依法平等享有承包土地的各项权益。”并借鉴一些地方开展土地承包经营权确权登记的做法，在第二十四条第二款规定“土地承包经营权证或者林权证等证书应当将具有土地承包经营权的全部家庭成员列入”，进一步明确了妇女应该享有的土地承包权益。同时，本条对妇女结婚、离婚或者丧偶后土地承包经营权的保护问题，作了具体规定。

本法为什么要对保护妇女土地承包经营权的问题作出特别规定呢？这是因为，土地是我国农民最基本的生产资料和生活保障，土地承包经营权是农民最为关切的一项基本权利，集体经济组织成员无论男女都应当享有平等的承包权利。但是，较长时间以来，一些地方在土地承包中不同程度地存在歧视妇女、侵害妇女权益的问题。有的以村民代表会议或村民大会决议、村委会决定或乡规民约的形式，剥夺妇女的土地承包权和集体经济组织收益分配权；有的以各种理由，对未婚女性不分土地或少分土地；有的地方出嫁妇女特别是离婚丧偶妇女户口被强行迁出，承包的土地被强行收回，其他与土地承包相关的经济利益也受到损害。特别是一些人多地少、土地经济价值高的农村或者以耕作为主的贫困地区，这类问题比较突出，主要是出嫁后婆家不分土地，娘家的土地又被收回。长期以来一些地方农村对侵害妇女土地承包权益的问题重视和解决不够，有的导致矛盾激化，引发群众上访甚至大规模的群体性事件，影响了农村社会发展和稳定。产生这些问题，原因是多方面的，主要是一些地方受封建思想的影响，歧视妇女、漠视妇女权利；法律、政策规定不尽完善，执法不力；对维护妇女合法权益重视不够、措施不力等。因此，必须加强对妇女承包权益的保护，以法律的形式明确妇女与男子享有平等的承包权利，任何组织和个人不得剥夺、侵害妇女应当享有的土地承包经营权。本法对保护妇女承包权益的问题作出特别规定，有利于保护弱者，体现公平，维护社会稳定。

条文解读

保护妇女的承包权益，特别应当保护妇女出嫁、离婚或者丧偶后应当享有的土地承包经营权，要确保农村出嫁、离婚或者丧偶妇女有一份承包地。本条对这一问题作了明确规定："承包期内，妇女结婚，在新居住地未取得承包地的，发包方不得收回其原承包地。妇女离婚或者丧偶，仍在原居住地生活或者不在原居住地生活但在新居住地未取得承包地的，发包方不得收回其原承包地。"

本条的规定主要包括以下内容：

1. 承包期内，妇女结婚的，妇女嫁入方所在村应当尽量解决其土地承包问题，如果集体经济组织有依法预留的机动地、通过依法开垦等方式增加的土地或者发包方依法收回和承包方依法、自愿交回的土地，可以分给嫁入妇女一份承包地。没有上述土地，在因人地矛盾突出等特殊情形依法对个别农户之间承包的土地进行小调整时，应当分给嫁入妇女一份承包地。如果当地既没有富余的土地，也不进行小调整，而是实行“增人不增地，减人不减地”的办法，则出嫁妇女原籍所在地的发包方不得收回其原承包地。这样做，就保证了出嫁妇女无论在何种情况下都能拥有一份承包地。

2. 妇女离婚或者丧偶，仍在原居住地生活的，其已取得的承包地应当由离婚或者丧偶妇女继续承包，发包方不得收回；不在原居住地生活的，新居住地的集体经济组织应当尽量为其解决承包土地问题，如可以在依法进行小调整时分给离婚或者丧偶妇女一份承包地，离婚或者丧偶妇女在新居住地未取得承包地的，原居住地的发包方不得收回其原承包地。这样规定的目的也在于保证离婚或者丧偶的妇女能够拥有一份承包地。

第三十二条　承包人应得的承包收益，依照继承法的规定继承。

林地承包的承包人死亡，其继承人可以在承包期内继续承包。

条文主旨

本条是关于土地承包经营权能否继承的规定。

立法背景

关于因家庭成员全部死亡而导致承包方消亡的，其土地承包经营权能否继承的问题，有一种意见认为，土地承包经营权作为承包方的一种财产权利，应当允许继承，这样做，既符合法理，也有利于稳定承包关系。这种意见有一定的道理，但对继承的问题应当考虑我国土地承包的性质和实际情况。农村集体经济组织内部人人有份的家庭承包是农村集体经济组织成员的一项权利，具有成员权的性质和保障农民基本生活的功能，如果承包时承包方的继承人不是该集体经济组织的成员，在其他农村集体经济组织或者城镇落户，例如，承包方的子女大学毕业后在城市就业，也就没有对土地承包经营权的继承权。如果承包方的继承人是本集体经济组织的成员，例如，承包方的子女结婚后在本村单独立户，如果其已经依法承包了一份土地，再允许继承，将因继承而获得两份承包地，在我国目前农村人多地少，人地矛盾比较突出的情况下，有失公平。因此，从我国的实际情况出发，为缓解人地矛盾，体现社会公平，对家庭成员全部死亡而导致承包方消亡的，其承包地不允许继承，应当由集体经济组织收回，并严格用于解决人地矛盾。

条文解读

关于土地承包经营权能否继承的问题，首先应当明确的是，本法第二章规定的集体经济组织内部人人有份的家庭承包是以户为生产经营单位进行承包的，对此本法第十六条第一款作了明确的规定："家庭承包的承包方是本集体经济组织的农户。"家庭中部分成员死亡的，由于作为承包方的户还存在，因此不发生继承的问题，由家庭中的其他成员继续承包。例如，在一个三口之家中，妻子因病去世，妻子生前分到的承包地应当由丈夫和孩子继续承包，妻子的父母不能要求继承，因为土地是以户为单位承包的，只是在分配土地时按照人口计算土地的数量。只有在因家庭成员全部死亡而导致承包方消亡的情况下，才存在是否允许继承的问题。

承包地虽然不允许继承，但承包人应得的承包收益，如已收获的粮食、未收割的农作物等，作为承包人的个人财产，则应当依照继承法的规定继承。继承开始后，按照法定继承办理；有遗嘱的，按照遗嘱继承或者遗赠办理；有遗赠扶养协议的，按照协议办理。法定继承的，继承开始后，由第一顺序继承人继承，包括配偶、子女、父母，第二顺序继承人不继承。没有第一顺序继承人继承的，由第二顺序继承人继承，包括兄弟姐妹、祖父母、外祖父母。继承人可以是本集体经济组织的成员，也可以不是本集体经济组织的成员。承包人应得的承包收益，自承包人死亡时开始继承，而不必等到承包经营的家庭消亡时才开始继承。

前面所讲继承的问题，主要指耕地和草地，关于林地能否继承的问题，本条第二款规定：“林地承包的承包人死亡，其继承人可以在承包期内继续承包。”允许林地继承，与规定林地不得收回和调整的原因一致，主要是考虑到林地的承包经营与耕地、草地的承包经营相比有其特殊性。由于林业生产经营周期和承包期长，投资大，收益慢，风险大，也由于林木所有权的继承与林地不能分离，如果不允许林地继承，不利于调动承包人的积极性，还可能出现滥砍滥伐，破坏生态环境的情况。而且，承包人可能对林地做了长年、大量的投入，在刚刚开始获得收益时去世，不允许其继承人继承，也是不合理的。因此，林地承包人死亡的，其继承人可以在承包期内继续承包。林地的继承也应当按照继承法的规定继承。无论继承人另有林地承包经营权，或是在另一农村集体经济组织落户，还是取得城市户口、在城市就业，在承包期内，都有权继承。应当注意的是，同耕地和草地一样，集体经济组织内部人人有份的林地承包也是以户为生产经营单位的，家庭中部分成员死亡的，也不发生继承的问题，应由家庭中的其他成员继续承包。当然，此时被继承人应得的承包收益，应当依照继承法的规定继承。

第三十三条 **承包方之间为方便耕种或者各自需要，可以对属于同一集体经济组织的土地的土地承包经营权进行互换，并向发包方备案。**

条文主旨

本条是关于土地承包经营权互换的规定。

立法背景

属于同一集体经济组织所有的土地有好有次，有远有近，有朝阳有背阴，有种粮有种菜。面对以户为单位、人人有份的承包，发包方应当本着公开、公平、公正的原则，以好坏搭配、兼顾远近、考虑用途的精神，合理分配承包地。这样一来，各承包户得到的承包地通常是东一块、西一块，成片的土地往往分别由不同的农户承包。分块承包农村土地，带来了一些耕作上的不便，比如，相邻两块地，一农户种植低矮的庄稼，但相邻的他人的承包地却种植高秆作物，为此，双方可能会因为农作物的采光、通风问题发生纠纷。又比如，农业现代化的发展，要求越来越多的农业机具用于耕种、收割，但土地分属不同的承包经营权人，太小的地块常常使农机具不能施展拳脚。再比如，有的农户擅长种小麦，有的农户精于种棉花，但农户承包的几块土地，可能分别适于种植不同的作物，由一个农户承包，其技术专长就得不到尽情发挥。为此，在一些地方，农民为了耕作方便或者出于其他考虑，通过互换土地承包经营权的方式，达到资源的最佳配置。2014 年中共中央办公厅、国务院办公厅《关于引导农村土地经营权有序流转发展农业适度规模经营的意见》中也明确提出："鼓励农民在自愿前提下采取互换并地方式解决承包地细碎化问题。"

条文解读

土地承包经营权互换，是土地承包经营权人将自己的土地承包经营权交换给他人行使，自己行使从他人处换来的土地承包经营权。互换从表面上看是地块的交换，但从性质上看，是由交换承包的土地引起的权利本身的交换。权利交换后，原有的发包方与承包方的关系，变为发包方与互换后的承包方的关系，双方的权利义务同时做出相应的调整。互换土地承包经营权，是农户在自愿的基础上，在同一集体经济组织内部，对人人有份的承包经营权进行的交换。该种交换改变了原有的权利分配，涉及承包义务的履行，因此，应当报发包方备案。由于土地承包经营权互换通常都是对等的，也未剥夺互换双方的土地承包经营权，因此，只要不违反法律，侵害他人的合法权益，发包方就不应干涉。

需要注意的是：第一，土地承包经营权互换只是土地承包经营权人改变，不是土地用途及承包义务的改变，互换后的土地承包经营权人仍然要按照发包时确定的该土地的用途使用土地，履行该地块原来负担的义务，比如，发包时确定某地块用于种植粮食作物，承包经营权互换后不能用于开挖鱼塘。第二，家庭承包的土地，不仅涉及不同集体经济组织的土地权属，也关系农户的生存保障。因此，承包方只能与属于同一集体经济组织的农户互换土地承包经营权，不能与其他集体经济组织的农户互换土地承包经营权。

第三十四条 经发包方同意，承包方可以将全部或者部分的土地承包经营权转让给本集体经济组织的其他农户，由该农户同发包方确立新的承包关系，原承包方与发包方在该土地上的承包关系即行终止。

条文主旨

本条是关于土地承包经营权转让的规定。

立法背景

土地承包经营权转让，指土地承包经营权人将其拥有的未到期的土地承包经营权以一定的方式和条件移转给他人的行为。土地承包经营权的受让对象只能是本集体经济组织的成员。

土地承包经营权转让不同于土地承包经营权互换。互换土地承包经营权，承包方与发包方的关系虽有变化，但互换土地承包经营权的双方只不过是对土地承包经营权进行了置换，并未丧失该权利。而转让土地承包经营权，承包方与发包方的土地承包关系即行终止，转让方也不再享有土地承包经营权。

条文解读

在2002年制定农村土地承包法时，对如何看待土地承包经营权转让，应否允许，怎样进行等问题，是有一定争议的。中华人民共和国农村土地承包法（草案）第三十五条规定："经发包方同意，承包方可以将全部或者部分承包土地的土地承包经营权，在承包期的剩余期限内全部转让给第三方，由第三方同发包方确立新的承包关系，原承包方与发包方在该土地上的承包关系即行终止。"在就农村土地承包法草案征求意见的过程中，有的单位提出，农村土地承包经营权是农民基本的生产资料和生活保障，如果法律允许自由转让，就有可能使部分农民失去土地，造成农村土地过分集中的局面，增加农村的不稳定因素并引发一系列严重后果；对农村土地承包经营权的转让应有限制性规定。有的地方提出，从现阶段我国农村实际情况出发，工商企业进入农村搞开发，一般应采取公司带农户的产业化经营方式，不宜提倡工商企业大规模“圈地”搞现代农业。

当时的中央有关文件在谈到农村土地承包经营权流转问题时指出，土地流转是农村经济发展、农村劳动力转移的必然结果。只有第二、三产业发达、大多数农民实现非农就业并有稳定的工作岗位和收入来源的地方，才有可能出现较大范围的流转，发展适度规模经营。总体上看，我国绝大多数农村目前尚不具备这个条件。因此，土地使用权流转一定要坚持条件，不能刮风，不能下指标，不能强制推行，也不能用收走农民承包地的办法搞劳动力转移。农村土地流转应当主要在农户间进行。随着农村第二、三产业的发展和城镇化步伐的加快，离开土地的农民会越来越多，他们腾出来的土地应当主要由其他从事农业生产的农户来经营，以扩大农户的经营规模，增加务农收入，缓解人地矛盾，这也有利于保护耕地。企业和城镇居民随意到农村租赁和经营农户的承包地，隐患很多，甚至可能造成土地兼并，使农民成为新的雇农或沦为无业游民，危及整个社会稳定。为稳定农业，稳定农村，不提倡工商企业长时间、大面积租赁和经营农户承包地，地方也不要动员和组织城镇居民到农村租赁农户承包地。

根据上述精神，充分考虑各方面对土地转让问题的意见，全国人大法律委员会关于《中华人民共和国农村土地承包法（草案）》修改情况的汇报中认为，我国绝大多数农村的农民在较长时期内还得依靠承包经营的土地为生，不能因随意转让而丧失赖以生存的土地。因此，通过后的农村土地承包法对草案的规定进行了修改，增加规定了土地承包经营权转让的限制条件。原农村土地承包法第四十一条规定："承包方有稳定的非农职业或者有稳定的收入来源的，经发包方同意，可以将全部或者部分土地承包经营权转让给其他从事农业生产经营的农户，由该农户同发包方确立新的承包关系，原承包方与发包方在该土地上的承包关系即行终止。"根据这一规定，转让农村土地承包经营权应当符合以下条件：

1. 转让方有稳定的非农职业或者有稳定的收入来源。

土地承包经营权是农民最基本的生活保障，只有农民可以完全不依靠土地生活的时候，才应允许其转让。当时，农民进城发展的情况比较复杂，有的是农闲时进城打工，农忙时回家种地；有的是带着美好的希望进城淘金，但过后发现世事艰难，想打退堂鼓；有的是有相对稳定的工作，已在城市生活了几年，甚至更长时间，但他们通常都是合同工，合同终止即失去生活来源；有的是在城市开公司、办企业，做老板，已在城镇置业安家；有的是在城市上学；有的是通过招聘等形式进入国家机关、国有企业、事业单位和社会团体工作。这些人中的相当一部分，当失去工作，失去生活来源和生活保障时，就可能回到他们土生土长的故乡，依靠他们承包的土地维持基本的生活。法律应当考虑他们的现实状况，为他们的生存负责。因此原农村土地承包法第四十一条要求，有稳定的非农职业或者有稳定的收入来源的才可以转让土地，不具备这一条件转让土地不应准许。至于什么叫“稳定的非农职业或者有稳定的收入来源”，实践中可根据具体情况确定，比如，已转为非农业户口，成为国家机关工作人员、大学教授；有城市的社会保障体系为他们支付救济金、生活保障金；进城投靠子女颐养天年，不再回乡种田等。这一规定有一点是明确的，所谓稳定的职业不能是农业职业。

2. 受让方应当是从事农业生产经营的农户。该条件对受让方有两方面的要求，其一，受让方必须从事农业生产。从事工业、商业、服务业生产经营的人不得成为土地承包经营权的受让方。其二，受让方是农户。投资开发农业的工商企业、城镇居民、外商不能成为受让方。要求受让人是从事农业生产经营的农户，可以保证土地的农业生产用途，满足其他农户对土地这一生产资料的需求。

3. 经发包方同意。规定转让土地承包经营权要经发包方同意，而是不像互换土地承包经营权只需发包方备案。这是因为：一方面，转让土地承包经营权，使得原有的承包关系终止，发包方与受让方要确定新的承包关系，特别是将土地承包经营权向本集体组织之外的农户转让，发包方与承包方的关系也不再是集体经济组织与其成员的内部关系，受让方是否符合法律规定的主体资格，是否具有承包经营的能力，直接关系承包义务的履行。另一方面，转让土地承包经营权，将使承包人失去土地，也即失去在农村的生活保障，如果由承包方随意转让土地，就可能出现某些人为了欠债还钱或者游手好闲将转让土地承包经营权的价款花光吃净后，又要集体经济组织为其负担生活保障或又向集体经济组织申请承包地的情况。因此，转让土地承包经营权，经发包方同意是必要的。符合法律规定的条件转让土地的，发包方应当予以准许。

这次修改农村土地承包法，对原农村土地承包法第四十一条有关土地承包经营权转让的规定作了修改。一方面是删除了原农村土地承包法对转让方的条件限制，即“转让方有稳定的非农职业或者有稳定的收入来源”，转让方根据自己的情况自主决定是否转让土地承包经营权，只要依法、自愿，法律不再限制。另一方面是修改了受让方的条件，即从“从事农业生产经营的农户”限缩为“本集体经济组织的其他农户”，不允许再将土地承包经营权转让给本集体经济组织以外的人。如果承包方不想继续经营土地，也不转让给本集体经济组织的其他农户的，可以采取根据本法相关规定向他人流转土地经营权，自己保留土地承包权。

承包人转让的土地承包经营权，可以是全部也可以是部分，对于已经转让的，不论是全部转让还是部分转让，受让方都应与发包人确立新的承包关系。对于未转让的部分，原承包人与发包人应重新确立承包关系，变更原有的承包合同。

第三十五条　土地承包经营权互换、转让的，当事人可以向登记机构申请登记。未经登记，不得对抗善意第三人。

条文主旨

本条是关于互换、转让土地承包经营权的登记的规定。

立法背景

对土地承包经营权的互换、转让进行登记，指互换、转让土地承包经营权的当事人，申请国家有关登记部门将土地承包经营权互换、转让的事项记载于不动产登记簿上。登记的主要目的在于将土地承包经营权变动的事实予以公示，使他人明确土地承包经营权的权利人。

条文解读

登记制度是不动产物权制度的基石，具有极其重要的意义，但各国立法对于不动产登记有不同的态度：一是采登记生效主义，即不动产物权的设立、变动不登记不生效；二是采登记对抗主义，即不登记不得对抗善意第三人。本条对于土地承包经营权的互换、转让采用登记对抗主义，也就是说，当事人签订土地承包经营权的互换、转让合同，并经发包方备案或者同意后，该合同即发生法律效力，不强制当事人登记。这样规定，一方面是从中国农村的实际出发，农民承包的是本集体经济组织所有的土地，承包方案又是经村民会议通过的，聚集而居的农户对于自己和本集体经济组织的其他农户的承包地的情况应当是清楚的，实际上已经起到公示作用。另一方面，考虑到在某些情况下，土地承包经营权互换、转让后，如果并未将变动的事实通过登记的方式予以公示，他人比较难以了解到土地承包经营权发生了变动，会由此受到损害。因此，本法将登记的决定权交给农民，当事人要求登记的，可以登记。未经登记，不能对抗善意第三人。也就是说，不登记将产生不利于土地承包经营权受让人的法律后果。比如，承包户 A 将某块土地的承包经营权转让给 B，但没有办理变更登记。之后，A 又将同一块地的承包经营权转让给 C，同时办理了变更登记。如果 B 与 C 就该块土地的承包经营权发生纠纷，由于C取得土地承包经营权进行了登记，他的权利将受到保护。B将不能取得该地块的土地承包经营权。因此，土地承包经营权的受让人为更好地维护自己的权益，要求办理土地使用权的流转登记比较可靠。

根据本条规定，对土地承包经营权采取互换、转让方式流转，当事人要求登记的，应当向登记机构申请登记。申请进行土地使用权变更登记，应当提交土地变更登记申请书及相关资料，内容包括：转让人与受让人的姓名、住所，土地坐落、面积、用途，土地承包合同、土地承包经营权转让或者互换合同、土地承包经营权证书，以及登记部门要求提供的其他文件。登记部门收到变更登记的申请及上述文件后，经调查、审核，符合变更登记规定的，变更注册登记，更换或者更改土地承包经营权证书。

第五节　土地经营权

第三十六条　承包方可以自主决定依法采取出租（转包）、入股或者其他方式向他人流转土地经营权，并向发包方备案。

条文主旨

本条是关于土地经营权设立的规定。

立法背景

第二章第五节“土地经营权”是本次农村土地承包法修改新增加的内容，目的是落实党中央提出的平等保护土地经营权的要求。

土地经营权作为一种新的权利类型，不是凭空产生的，需要通过一定的民事法律行为，按照一定的法律程序才能设立。本条规定就是关于土地经营权设立的一般性规定，包括设立的主体、客体、原则、方式和程序要求等。

条文解读

一、土地经营权设立的主体

土地经营权流转有双方当事人，一方是作为出让方的土地承包经营权人，另一方是作为受让方的土地经营权人，就是通过流转获得土地经营权的个人或者组织。设立土地经营权的主体就是承包方和受让方，双方经过协商一致以合同方式设立土地经营权。由于家庭承包是以户为单位的，绝大多数承包户的家庭成员都是有数人的。因此，土地经营权设立的出让方就是承包方，而不是承包农户的个别家庭成员。在具体设立过程中，代表出让方的可能是承包家庭成员代表。

土地经营权流转的受让方范围很广泛，既可以是本集体经济组织的成员，也可以是非本集体经济组织的成员；既可以是个人，也可以是合作社、公司等组织；既可以是法人，也可以是非法人组织。当然，土地经营权流转的受让方并非毫无限制，根据本法规定，受让方必须具有农业经营能力或者资质，特别是工商企业作为土地经营权的受让方，还需要通过相应的资格审查。因此，承包方不是可以随意选择受让方的，也需要对受让方经营能力进行必要的审查。

二、土地经营权设立的客体

土地经营权的客体就是农村土地。根据农村土地承包法第二条的规定，农村土地是指农民集体所有和国家所有依法由农民集体使用的耕地、林地、草地，以及其他依法用于农业的土地。土地管理法规定，我国实行土地用途管制制度，根据该法第四条第三款规定，农用地是指直接用于农业生产的土地，包括耕地、林地、草地、农田水利用地、养殖水面等。土地经营权的客体包括耕地、林地、草地，以及其他依法用于农业的土地，比如，养殖水面、荒山、荒丘荒沟、荒滩等。农村的建设用地，比如，宅基地则不能成为土地经营权的客体。

三、土地经营权设立的原则

土地承包经营权是设立土地经营权的前提和基础，设立土地经营权的原则就是应当由承包方自主决定、依法设立。

所谓自主决定，是指承包方是否设立土地经营权应当由其自己决定，自愿参与土地经营权的流转。土地经营权设立的时间、对价及其给付方式、设立方式、期限长短等，都应当由承包方自主决定，与受让方协商一致后确定。集体经济组织、基层群众自治组织以及有关政府部门都不得干预。

所谓依法设立，就是承包方设立土地经营权应当根据本法和相关法律规定的程序、实体要求设立，不能违反法律的强制性要求。比如，土地经营权的设立应当确保土地的农业用途，未经依法批准不得用于非农建设；土地经营权的设立应当向发包方备案等。

四、土地经营权设立的方式

根据本条规定，承包方可以采取出租（转包）、入股或者其他方式向他人流转土地经营权。具体而言，土地经营权设立的方式可以分为三类：

1. 出租（转包）。出租就是承包方以与非本集体经济组织成员的受让方签订租赁合同的方式设立土地经营权，由受让方在合同期限内占有、使用承包地，并按照约定向承包方支付租金。转包就是承包方向本集体经济组织成员签订转包合同设立土地经营权，受让方向承包方支付转包费。从法律本质上而言，转包的性质就是出租，但根据农村土地承包经营的实践，习惯上将集体组织内部成员之间的承包地租赁关系称为转包，因此，本次农村土地承包法修改将原来规定的出租、转包两种流转方式合并成一种方式出租（转包）。采取出租（转包）的方式设立土地经营权，承包方可以获得稳定的租金（转包费）收入，风险较小。

2. 入股。入股就是承包方将土地经营权作为出资方式，投入到农民专业合作社、农业公司等，并按照出资协议约定取得分红。承包方以土地经营权入股后，即成为农民专业合作社的成员或者公司的股东，享有法律规定的合作社成员或公司股东的权利，可以参与合作社、公司的经营管理，与其他成员、股东一道共担风险、共享收益。为了促进和规范土地经营权入股行为，农业农村部等部门 2018 年 12 月出台了《关于开展土地经营权入股发展农业产业化经营试点的指导意见》，对土地经营权入股的基本原则、入股的实现形式、运行机制、风险防范等作了详细规定。

3. 其他方式。其他方式就是出租、入股之外的方式，比如，根据本法第四十七条规定，承包方可以用承包地的土地经营权向金融机构融资担保。这也是一种设立土地经营权的方式。在当事人以土地经营权设定担保物权时，一旦债务人未能偿还到期债务，担保物权人就有权就土地经营权优先受偿。

从各地实践情况看，土地经营权设立的方式中，最为常见的是出租（转包）和入股。据统计，截至 2017 年年底，广东省全省耕地流转面积 1161 万亩，占确权登记后的家庭承包耕地面积 3103 万亩的 37.4%，通过出租（转包）流转的占 53%，入股占 22.9%。流向一般农户的占 53.6%，流向家庭农场占 6.72%，流向农民合作社占 10.73%，流向农业企业占 14.23%，流向其他实体占 14.72%。截至 2017 年年底，贵州省全省流转农村土地 943 万亩，其中出租（转包）678 万亩，占 72%；股份合作104万亩，占11%。从流向上看，农户间流转面积264万亩，占28%；流转入合作社的面积302万亩，占32.1%；流转入企业的面积222万亩，占23.5%；流转入其他主体的面积155万亩，占16.4%。

五、土地经营权设立的程序要求

根据本条规定，土地经营权的设立应当向发包方备案。因此，承包方在设立土地经营权时，必须向本集体经济组织报备。所谓备案就是以书面形式告知集体经济组织土地经营权设立的事实。备案的义务主体是承包方，即设立土地经营权的农户，而不是受让方。接受备案的一方是发包方。根据本法第十三条规定，农民集体所有的土地依法属于村农民集体所有的，由村集体经济组织或者村民委员会发包；已经分别属于村内两个以上农村集体经济组织的农民集体所有的，由村内各该农村集体经济组织或者村民小组发包。因此，承包方应当根据承包时的实际情况，依法向相应的发包方备案：由本村集体经济组织（经济联合社）发包的，就应当向本村集体经济组织备案；由本小组集体经济组织（经济合作社）发包的，则应当向本小组集体经济组织备案；由村民委员会代为发包的，就应当报村民委员会备案。

需要注意的是，备案并非是审批或者审核，也不是征得集体经济组织的同意。法律之所以规定承包方应当向发包方备案，目的是确保发包方作为土地所有权人的知情权、监督权。在立法调研过程中，有的村民委员会反映，有的村民在土地经营权流转时，并未告知发包方。在合同履行期间，双方发生纠纷，请求发包方介入，发包方对于双方的土地经营权流转交易并不知情，工作非常被动；甚至有的土地经营权人改变土地的农业用途，改造成停车场，发包方也难以及时制止。发包方作为集体土地的所有权人或者代表所有人行使权利的主体，依法对集体土地的使用享有知情权和监督权，同时也是为了确保农业可持续发展。在各地的实践过程中，在土地经营权流转过程中，有的地方往往会要求发包方对流转合同进行鉴证，这种鉴证也可以视为是备案。

在农村土地承包法修改过程中，就土地经营权设立的程序问题，有的意见提出土地经营权流转还应当报地方人民政府备案，有的建议应当经发包方同意，还有的意见建议应当征得承包农户的全部家庭成员一致同意。考虑到土地经营权的设立属于承包方行使其土地承包经营权一种形式，承包方作为用益物权人，有权自主决定，且各地政府都在开展“放管服”改革，报送政府备案与简政放权的改革方向不匹配，经发包方同意则会限制承包方的权利，因此未采纳这些意见。同时，考虑到农村实际情况复杂，特别是随着城镇化进程的加快，承包方家庭成员是否进城，进城后承包地的如何处置，属于家庭内部事项，家家户户情况千差万别，法律不宜规定得过细，应当由各承包户内部协商确定，因此未规定土地经营权的设立需要家庭成员一致同意的要求。

此外，根据本法第三十八条的规定，土地经营权的流转，在同等条件下，本集体经济组织的成员享有优先权。因此，在承包方设立土地经营权时，还需要征询本集体经济组织成员是否行使优先权。

第三十七条　**土地经营权人有权在合同约定的期限内占有农村土地，自主开展农业生产经营并取得收益。**

条文主旨

本条是关于土地经营权人享有的基本权利的规定。

立法背景

土地经营权是受让方根据流转合同的约定对承包方承包的农村土地依法占有，并利用其开展农业生产经营并取得收益的权利。

1. 权利的主体。土地经营权的权利主体就是根据土地经营权流转合同取得土地经营权的自然人或者组织。在承包方设立土地经营权后，受让方即成为土地经营权人。土地经营权人可以是自然人，也可以是法人；可以是本集体经济组织的自然人，也可以是非本集体经济组织的自然人；可以是农民专业合作社，也可以是从事农业生产经营的公司。要成为土地经营权人，还必须具备一定的条件，即具有农业经营能力或者资质。土地经营权人如果没有农业经营能力，获得土地经营权后，难以充分有效利用农业用地，无疑会造成农业用地的资料浪费，不利于维护承包方的利益，也不利于农业的发展。

2. 权利的客体。土地经营权的客体就是农村土地。根据农村土地承包法第二条的规定，农村土地是指农民集体所有和国家所有依法由农民集体使用的耕地、林地、草地，以及其他依法用于农业的土地。

3. 权利的取得。土地经营权是由承包方通过一定的民事法律行为设立的，这种民事法律行为就是与受让方签订土地经营权流转合同。根据合同法的规定，合同的订立需要经过要约、承诺等阶段，双方意思表示达成一致方能成立。因此，土地经营权的取得也需要经过这么一个过程。订立过程可能是先由承包方发出要约，向有租赁承包地意向的经营主体做出欲出租承包地的意思表示；也可能是由经营主体向承包方发出想承租土地的意思表示；还可能是由承包方委托集体经济组织统一发出出租承包地的意思表示。接受要约的一方可能认同要约人的意思表示，直接作出承诺，双方意思表示达成一致，订立合同；受要约人也可能对要约的内容进行修改后，作出反要约，此时需要双方进一步协商，达成一致才能构成承诺。因此，要取得土地经营权，必须经过双方协商一致，并签订书面的流转合同。在实践中，这个协商过程可以是承包方与受让方一对一私下进行，也可以是通过政府建立的交易平台公开进行。比如，上海市建立的“上海农业要素交易所”，对土地经营权实行网上公开挂牌交易。承包方就流转土地经营权事项书面委托村民委员会或者集体经济组织，村民委员会或者集体经济组织统一整理土地后，报送乡镇流转管理服务中心，中心核实土地用途、价格等后提交上海市农业要素交易所，由该交易所在网上向社会公开招标，有意向的经营者可以通过网络系统提交申请、投标，交易所负责评标并确定最终成交方，最后双方签订流转合同。随着农村土地使用权特别是承包土地经营权流转日益增多，土地产权流转交易市场逐步发展。2014 年 12 月，国办印发《关于引导农村产权流转交易市场健康发展的意见》。目前，21 个省份出台农村产权流转交易市场建设的指导性文件，全国共有 1239 个县（市、区）、18731 个乡镇建立农村土地经营权流转服务中心。总体上看，逐步构建起了符合农村实际和土地产权流转交易特点的制度框架。

4. 权利的期限。土地承包经营权是一种用益物权，而且是有期限物权。所谓有期限物权，就是权利的存续是有一定的期限的。根据本法第二十一条规定，耕地的承包期为 30 年，草地的承包期为 30 ~ 50 年，林地的承包期为 30 ~ 70 年。因此，土地承包经营权是有期限的。土地经营权作为土地承包经营权所派生的权利，也是有期限的。根据本法的规定，土地经营权流转的期限不得超过承包期的剩余期限。这里的不得超过就是最长期限，当事人可以根据合同约定设定土地经营权的期限，可以是1年、2年、3年、5年或者10年等，只要不超过承包期的剩余期限即可。

5. 权利的消灭。土地经营权是有期限的权利，因此，一旦双方约定的流转期限届满，土地经营权人的权利自然因到期而消灭。土地经营权也可能因为土地经营权流转合同的解除、被撤销或者宣告无效等事由而解除。根据民法总则的规定，民事法律行为可能因重大误解、受欺诈或者胁迫、显失公平等事由而被撤销，因违反法律、行政法规的强制性规定、违背公序良俗等被宣告无效。因此，如果土地经营权流转合同存在被撤销或者无效事由，经人民法院或者仲裁机构宣告被撤销或者无效后，所取得的土地经营权当然随之消灭。此外，双方当事人还可以协商一致解除土地经营权流转合同，一方可以基于约定或者法定事由行使单方解除权而解除土地经营权流转合同，流转合同一旦解除，基于合同取得的土地经营权也归于消灭。土地经营权消灭后，受让方则需返还对承包地的占有。此外，根据本法第四十三条的规定，经承包方同意，土地经营权人可以依法投资改良土壤，建设农业生产附属、配套设施，并按照合同约定对其投资部分获得合理补偿。因此，如果承包方同意土地经营权人实施土壤改良、建设农业设施的，土地经营权消灭后，可以按照约定获得合理补偿。

条文解读

本条规定，土地经营权人有权在合同约定的期限内占有农村土地，自主开展农业生产经营并取得收益。根据本法及相关法律的规定，土地经营权人的权利具体包括以下几个方面：

1. 占有权。土地经营权人取得土地经营权后，即有权占有承包方的承包地。所谓占有，就是对承包地的支配并排除他人非法干涉。土地经营权人对承包地的占有是直接占有，是对承包地的实际控制。土地经营权人占有承包地是合法占有，这项权利受到侵害时，土地经营权人有权要求侵权人承担排除妨碍、停止侵权、赔偿损失等民事责任。占有的客体就是承包地，包括耕地、林地、草地。

2. 使用权。使用权，是指按照物的属性和功能，不损毁或改变物的性质，对物加以生产或生活上的利用。土地经营权人对承包地享有使用权，就是利用承包地开展农业生产经营的权利。土地经营权人不得将农业用地转为非农用地，不得用来建设房屋、工厂等。此外，需要注意的是，土地经营权人还必须严格按照农业用地种类性质使用承包地。土地经营权人流转受让的是耕地，就必须从事种植业，不得变更为林业或者牧业用途；同样，如果流转受让的是林地或者草地，也不得开垦成为耕地。特别是如果受让的是基本农田，还必须遵守国务院有关基本农田保护的行政法规和部门规章的规定。对于土地经营权人的使用权，双方当事人应当在流转合同中依法约定土地的性质、种类和用途，确保土地经营权人依法按照合同约定使用承包地。

3. 收益权。土地经营权人占有、使用流转取得的承包地，最终目的是取得农业生产经营的收益。比如，利用耕地种植粮食作物、经济作物，产出粮食等农产品；利用林地种植林木后，依法砍伐林木；利用草地放牧牛羊等。这些收益权都属于土地经营权人，任何人不得侵害。此外，土地经营权人也有权利用农业生产设施，开展附随性的经济活动，比如，开农家乐、果蔬采摘等商业经营获取收益，这些收益权同样也受法律保护。

4. 改良土壤、建设附属设施的权利。本法第四十三条规定，经承包方同意，受让方可以依法投资改良土壤，建设农业生产附属、配套设施，并按照合同约定对其投资部分获得合理补偿。因此，土地经营权人经承包方同意，可以对承包地进行改良。比如，通过平整土地、培肥地力、修缮沟渠等，建设高标准农田，提升改良耕地的品质。土地经营权人还可以建设农业生产附属、配套设施，比如，安装建设农业生产所需的大棚、自动喷灌系统等。土地经营权人进行改良土壤、建设设施的，在土地经营权到期后，还可以根据合同约定获得合理补偿，承包方应当根据约定向其支付相应的补偿费。

5. 再流转的权利。本法第四十六条规定，经承包方书面同意，并向本集体经济组织备案，受让方可以再流转土地经营权。根据这一规定，土地经营权人可以再次流转其土地经营权。这种再流转受到几方面限制：一是在程序上，既要征得承包方的书面同意，还必须向发包方备案；二是再次流转的权利义务应当与承包方所签流转合同约定保持一致，不能超出原合同约定的权利范围；三是在流转期限上，再次流转的期限不得超过原流转期限的剩余期限。

6. 以土地经营权融资担保的权利。本法第四十七条第一款规定，受让方通过流转取得的土地经营权，经承包方书面同意并向发包方备案，可以向金融机构融资担保。根据这一规定，土地经营权人可以以土地经营权提供担保向金融机构融资。需要注意的是，土地经营权人以土地经营权设定担保同样要征得承包方的书面同意，并且向发包方备案。

7. 其他权利。土地经营权人还可以根据法律规定或者合同约定享有其他权利。比如，在流转合同有约定的情况下，承包地被依法征收或者征用时，土地经营权人可以获得相应补偿等。

当然，土地经营权人依法享有权利的同时，也应当遵守法律规定和合同约定的义务。比如，按照合同约定支付流转价款，按照法律规定利用承包地等。

第三十八条 土地经营权流转应当遵循以下原则：

（一）依法、自愿、有偿，任何组织和个人不得强迫或者阻碍土地经营权流转；

（二）不得改变土地所有权的性质和土地的农业用途，不得破坏农业综合生产能力和农业生态环境；

（三）流转期限不得超过承包期的剩余期限；

（四）受让方须有农业经营能力或者资质；

（五）在同等条件下，本集体经济组织成员享有优先权。

条文主旨

本条是关于土地经营权流转原则的规定。

立法背景

土地经营权流转的原则就是土地经营权流转时应当遵循的基本规则。根据本条规定，土地经营权流转的原则主要有5项。

条文解读

根据本条规定，土地承包经营权流转的原则主要有：

一、依法、自愿、有偿，任何组织和个人不得强迫或者阻碍土地经营权流转

1. 依法。依法原则就是土地经营权的流转应当遵守法律、法规的相关规定。首先，依法流转就是应当依照法定程序流转。根据本法规定，承包方在流转土地经营权时应当向发包方备案。这是对承包方流转土地经营权

的程序性要求，也是保障作为土地所有人集体的知情权，确保所有权人知晓土地经营权的流转情况，便于集体行使相应的监督权。其次，依法流转还必须遵守法律、法规的实体性规定，包括本法规定，也包括其他有关农业生产经营管理的法律、法规的规定。比如，依法不得改变土地的农业用途，不得借土地流转之名搞非农建设，不得在流转的农业用地上建设或变相建设旅游度假村、高尔夫球场、别墅、私人会所等；对于基本农田，要严格保护，不得在基本农田保护区内建窑、建房、建坟、挖砂、采石、采矿、取土、堆放固体废弃物或者进行其他破坏基本农田的活动，不得利用基本农田发展林果业和挖塘养鱼等；流转土地经营权还不得破坏农业用地的综合生产能力，更不得破坏、污染农业生态环境。

2. 自愿。自愿原则是民法的基本原则。民法总则第五条规定，民事主体从事民事活动，应当遵循自愿原则，按照自己的意思设立、变更和终止民事法律关系。自愿原则就是民事主体有权根据自己的意愿，自愿从事民事活动，按照自己的意思自主决定民事法律关系的内容及其设立、变更和终止，自觉承受相应的法律后果。土地经营权流转属于民事活动，也应当遵守民法的基本原则，由流转双方自愿进行。且土地经营权流转的基础是承包方的土地承包经营权，这是承包方依法享有的物权。承包方作为用益物权人，对于自己的民事权利，有按照自己的意思处分的权利，其他人应当尊重其权利的行使，不得干涉。因此，土地经营权属于承包农户，土地是否流转、价格如何确定、形式如何选择，应由承包农户自主决定。

3. 有偿。有偿原则就是土地经营权流转要有对价，农村土地的家庭承包户有权从土地经营权流转中获得合法收益，所获得的收益受法律保护，任何组织和个人不得擅自截留、扣缴。至于土地经营权流转的对价高低、支付方式、支付期限，则由承包方与受让方自由协商确定。既可以按照市场价流转，也可以协商优于市场价；既可以一次性支付，也可以分期支付；既可以在春耕之前支付，也可以在秋收之后支付；既可以支付现金的方式支付，也可以预期股份分红的方式支付。当然，如果承包方为了防止承包地撂荒，自愿无偿将其承包地交由他人代耕代种，法律也是允许的。

4. 任何组织和个人不得强迫或者阻碍土地经营权流转。任何组织和个人，包括作为发包方的集体经济组织或者村民委员会、政府主管部门都不得违背当事人的意志强迫土地经营权的流转。在双方达成流转意向时，任何组织和个人也不得阻碍其流转。实践中最为常见的是，集体经济组织或者基层乡镇政府以土地所有权人或主管部门的身份，以招商引资的名义，要求承包农户将承包地交还集体统一对外流转。这种做法是违背土地经营权流转的基本原则的。这次修改农村土地承包法，进一步强化了相关规定，分别在第五十六条、第五十七条、第六十条、第六十五条规定了违反这一原则的法律后果，需要承担相应的民事责任，情节严重的，还需要承担行政责任甚至刑事责任。

二、不得改变土地所有权的性质和土地的农业用途，不得破坏农业综合生产能力和农业生态环境

1. 不得改变土地所有权的性质。根据宪法、物权法、土地管理法等法律的规定，农村土地的所有权属于集体或者国家，土地所有权的权利归属是非常明确的。土地经营权流转的前提是土地承包经营权。根据物权法的规定，土地承包经营权属于用益物权，是一种他物权。土地承包经营权是从集体土地所有权中派生出来的权利。承包方获得土地承包经营权后，并不会影响集体土地所有权。本法第四条规定，农村土地承包后，土地所有权的性质不变。同理，土地经营权的前提是土地承包经营权，土地经营权是从土地承包经营权中派生出来的权利，土地经营权流转后，并不会改变承包方与发包方的关系。因此，本法第四十四条规定，承包方流转土地经营权的，其与发包方的承包关系不变。土地经营权的流转不得改变土地所有权的性质，就是进一步明确土地经营权流转的性质不是买卖土地，土地经营权人获得的仅仅是经营土地的权利，而非土地所有权。土地经营权人只能依法占有、使用承包地并获取收益，不得擅自处分承包地。

2. 不得改变土地的农业用途。土地经营权的客体是农业用地。土地管理法规定，国家实行土地用途管制制定，严格限制农用地转为建设用地，对耕地实行特殊保护。土地经营权流转时必须遵守土地用途管制制度。首先，不得将农业用地用于非农建设。近年来，一些地方的工商企业和个人借建农业大棚之名，占用耕地甚至永久基本农田，违法违规建设“私家庄园”等非农设施，比如，在各类农业园区内占用耕地或直接在耕地上违法违规建设非农设施，特别是别墅、休闲度假设施等，或者在农业大棚内违法违规占用耕地建设商品住宅，或者建设农业大棚看护房严重超标准，甚至违法违规改变性质用途，进行住宅类经营性开发等。这些行为都属于改变土地农业用途。为切实加强耕地保护，坚决遏制农地非农化现象，农业农村部、自然资源部联合下发《关于开展“大棚房”问题专项清理整治行动坚决遏制农地非农化的方案》，开展专项整治。其次，不得擅自改变农业用途的使用类型。不得将耕地用于种植林木，转为林地；也不得将林地改为草地或者耕地；不得将耕地转为草地；也不得将草地改为耕地或者林地。最后，实行最严格的耕地保护制度。特别是对于基本农田，更是严格管理，确保耕地保护的红线不突破。

3. 不得破坏农业综合生产能力。农业综合生产能力是指一定地区、一定时期和一定社会经济技术条件下，通过具体生产过程的组织和土地、劳力、资金、科技、管理等农业生产诸要素综合投入所形成，并可以相对稳定地实现的农业综合产出水平，包括农业生产要素投入能力、农业生产产出能力、农田设施保障和抗御自然灾害能力等。不得破坏农业综合生产能力，就是在利用承包地开展农业生产经营获取收益时，必须确保土地、水等自然资源的可持续利用，确保农产品的实际产量不降低，确保农业设施能够抵抗自然灾害等。比如，土地经营权人不能采取掠夺性生产方式，过度放牧、滥砍滥伐，或者长期弃耕抛荒，或者过度使用化肥导致土壤板结等。土地经营权人应该合理利用承包地，确保地力不减、产量不减，实现可持续发展。

4. 不得破坏农业生态环境。土地经营权流转必须贯彻绿色发展原则，树立“绿水青山就是金山银山”的理念，切实保护生态环境，防止环境污染、破坏生态。土地经营权流转的当事人不得滥用农药、化肥造成土壤资源、水资源的污染，不得随意排放畜禽粪便，也不得随意堆放农田废弃物等。

三、流转的期限不得超过承包期剩余年限

土地承包经营权流转是有期限的，该期限不得超过土地承包经营权的剩余期限，本法第二十一条第一款对承包期限有明确的规定。同时这次修改农村土地承包法，根据党的十九大报告关于延长承包期的要求，在第二十一条中增加了第二款规定，对二轮承包期届满后再延长作了规定，明确承包期届满后可以相应延长。流转期限不得超过剩余年限，就是不得超过一轮承包期的剩余期限。比如，某地区的林地承包期为40年，承包方承包林地已经过15年，其流转林地的土地经营权就不得超过剩余的25年。不得超过承包期的剩余期限，指的是一轮承包期的剩余期限，不包括再次延长的承包期。这主要是考虑到第二轮承包期尚未到期，下一轮承包期尚未发生，作为有期限物权的土地承包经营权尚未实际取得，土地承包经营权人在法律上还未取得新一轮的土地承包经营权，因此也无法据此设定超过本轮承包期的土地经营权。

四、受让方须有农业经营能力或者资质

这是对土地经营权受让方主体资格的要求。对于自然人受让人而言，受让方应当具有农业生产的能力，倘若其不能从事农业生产，就不能受让土地经营权。对于非自然人的组织而言，必须具备农业经营资质。根据本法第四十五条的规定，工商企业等社会资本参与土地经营权的流转，需要接受县级以上人民政府的资格审查，确保其具备农业经营资质。法律之所以这么规定，是为了确保农业用地得到有效利用，确保流转的土地用于农业生产经营，防止非法圈地现象的发生。

五、在同等条件下，本集体经济组织成员享有优先权

土地经营权流转时，本集体经济组织的成员享有优先权，在同等条件下，较本集体经济组织以外的人，可以优先取得流转的土地经营权。法律之所以这么规定，主要是考虑到，农村土地属于集体所有，本集体经济组织成员，对于本集体所有的土地享有参与权、知情权、监督权，且本集体经济组织成员对于本集体的土地更熟悉情况，由其经营也便于农业生产，因此，法律规定本集体经济组织的成员享有优先权。为了确保本集体经济组织成员的优先权，土地经营权流转时，应当以各种方式确保本集体经济组织成员知情，并确保能够行使优先权。

第三十九条　土地经营权流转的价款，应当由当事人双方协商确定。流转的收益归承包方所有，任何组织和个人不得擅自截留、扣缴。

条文主旨

本条是关于土地经营权流转价款的规定。

立法背景

土地经营权流转的基本原则之一就是有偿。受让方取得土地经营权需要支付一定的对价，这就是土地经营权流转的价款。流转价款根据流转方式不同而有所差别，比如，是以出租方式流转的，价款就是租金；如果是以转包方式流转的，价款就体现为转包费；如果是以入股方式流转的，价款就是以分红形式体现的。

条文解读

一、流转价款的确定

根据合同法的规定，合同应当是在当事人双方意思表示达成一致时才能成立。合同中的价格条款属于实质性条款，更是需要双方达成一致。本条规定，土地经营权流转的价款，应当由当事人双方协商确定。因此，流转价款的确定应当遵循协商原则，任何一方不能将自己的意志强加给另一方。

所谓协商就是平等地商量以达成一致意见。土地经营权流转合同属于民事合同，双方当事人的法律地位是平等的，当事人都可以根据自己的内心意思作出选择和判断，只有双方协商一致才能最终确定。当事人协商的方式，可以是出让方和受让方直接进行磋商，可以是双方委托他人进行协商，也可以是委托集体经济组织、村民委员会的人员集中协商，还可以是交土地经营权流转信息在网上公开竞价招标，不论采取哪种方式达成一致，只要当事人之间是平等自愿进行协商即可。协商确定的原则还要求当事人之间不能使用胁迫或者欺诈手段，也不能有致使合同显失公平的行为，更不能有其他违法或者犯罪的行为。否则，根据法律的有关规定，所签订的合同可能基于法定事由而被撤销或者宣告无效。不光合同的价款需要根据此原则确定，合同的其他条款也应根据协商一致的原则达成一致，确保合同符合双方的真实意思。

二、流转收益的归属

本条规定，流转的收益归承包方所有，任何组织和个人不得擅自截留、扣缴。土地经营权是由土地承包经营权人设立的，流转土地经营权是土地承包经营权人经营承包地的一种方式，是土地承包经营权人对承包地行使收益权的方式。因此，土地经营权流转的收益应当归属于土地承包经营权人，也就是承包方。土地经营权流转受让方应当按照合同约定按时足额向承包方支付价款。

实践中，由于流转土地经营权的方式不同，承包方与受让方未必是直接的一对一进行协商，双方约定的价款支付方式也不一定就是直接支付，可能会采取委托第三方支付的方式进行。比如，有的地方，承包方为了省事便利，委托集体经济组织或者村民委员会统一对外流转，受让方与集体经济组织或者村民委员会签订流转合同，双方约定受让方向集体经济组织或者村民委员会支付价款，再由集体经济组织或者村民委员会向承包方发放。在这种情况下，集体经济组织或者村民委员会就必须及时向承包方发放土地经营权流转价款，不得截留、扣缴。为了更好地保障承包方流转土地承包经营权的收益不被侵犯，本法第六十一条还明确规定，任何组织和个人擅自截留、扣缴土地经营权流转收益的，应当退还。根据该条规定，截留、扣缴土地经营权流转收益的组织和个人，必须退还承包方。

第四十条　**土地经营权流转，当事人双方应当签订书面流转合同。**

土地经营权流转合同一般包括以下条款：

（一）双方当事人的姓名、住所；

（二）流转土地的名称、坐落、面积、质量等级；

（三）流转期限和起止日期；

（四）流转土地的用途；

（五）双方当事人的权利和义务；

（六）流转价款及支付方式；

（七）土地被依法征收、征用、占用时有关补偿费的归属；

（八）违约责任。

承包方将土地交由他人代耕不超过一年的，可以不签订书面合同。

条文主旨

本条是关于土地经营权流转合同的规定。

立法背景

土地经营权设立需要双方就流转事项达成一致，这种一致的意思需要通过一定的载体予以体现，这就是土地经营权流转合同。本条规定了土地经营权流转合同的形式和主要条款，为当事人签订土地经营权流转合同提供指引。

条文解读

一、土地经营权流转合同的形式

土地经营权流转合同涉及在农村土地上设定权利义

务，事关重大，且大多土地经营权流转期限较长。采用书面形式签订土地承包经营权流转合同，有利于明确记载双方权利义务，便于事后留存证据备查，能够有效避免因合同内容而引发的纠纷。此外，根据本法第三十六条的规定，土地经营权流转还需要报发包方备案，因此，双方当事人签订土地经营权流转合同后，还应当报送作为发包方的本集体经济组织或者村民委员会备案。

需要注意的是，本条第三款规定，承包方将土地交由他人代耕不超过一年的，可以不签订书面合同。代耕就是将承包方承包地交由自己的亲朋好友代为耕种，承包方这样做一般是为避免土地撂荒，而且不少是无偿的。实践中代耕双方当事人经常只是口头打个招呼，考虑到这一实际情况，因此，第三款明确规定，代耕不超过一年的，可以不签订书面合同。但是，考虑到有的代耕期限较长，为了避免纠纷，明确双方的权利义务关系，代耕超过一年的，还是应当签订书面合同。

二、土地经营权流转合同的主要条款

合同的条款就是合同的内容。双方的权利和义务，除法律规定的以外，主要由合同条款加以确定。合同条款是否齐备、准确，决定了合同能否成立、生效以及能否顺利履行，是非常重要的。因此，本法对合同的主要条款作出了规定，以便对土地经营权流转合同的订立起指导和规范的作用。主要条款的规定也只具有提示性与示范性，提倡当事人尽量对合同的这些条款作出明确的约定，以免日后产生纠纷。但并不是说当事人签订的合同中缺少了其中任何一项都会导致合同的不成立或者无效。因此，在行文上用的是“一般包括”的提法。当事人可以根据合同的性质和其他情况，自愿确定合同的内容，可以不限于这些条款。合同法规定的合同的主要条款包括：当事人的名称或者姓名和住所，标的，数量，质量，价款或者报酬，履行期限、地点和方式，违约责任，解决争议的方法。这些只是一般合同应当具备的条款，但不同的合同，由其类型与性质决定，其主要条款或者必备条款可以是不同的。本法根据土地经营权合同的性质和特点对土地经营权合同的主要条款作出了规定。根据本条第二款的规定，土地经营权流转合同的主要条款包括以下八个方面的内容：

1. 双方当事人的姓名、住所。这是合同必须具备条款，当事人就是合同订立的主体，是权利义务的承受人。合同中如果不写明当事人，谁与谁做交易都搞不清楚，就无法确定权利的享受和义务的承担，发生纠纷也难以解决。土地经营权流转合同也必须写明双方当事人，而且必须写得准确、清楚。具体而言，是自然人的应当写明姓名、身份证号码、住址，是法人或者非法人组织的应当写明法人或非法人组织的正式全称和依法登记的住所。由于土地承包是以家庭为户为单位承包，在签订土地承包合同时一般是由承包方的代表签订。在流转土地经营权时，出让方的姓名可以只写明承包方的代表姓名。

2. 流转土地的名称、坐落、面积、质量等级。标的是合同当事人的权利义务指向的对象，标的是合同成立的必要条件，是所有合同的必备条款。没有标的，合同不能成立，合同关系无法建立。在大多数的合同中，数量也是必备条款，因为没有规定标的物的数量，标的多少无法确定，合同难以成立。许多合同，只要有了标的和数量，即使对其他内容没有规定，也不妨碍合同的成立与生效。数量是合同的重要条款。同样，有了标的、数量，还有很重要的条款就是质量，标的物的质量是对标的物品质好坏的判断标准，质量也是合同的重要条款。在土地经营权流转合同中，同样需要把合同的标的、数量和质量尽量写清楚、明确、具体。土地经营权流转合同的标的自然是承包方所承包的农村土地。一般而言，承包方在与集体经济组织签订承包合同时，也会写明承包地的基本情况。尤其是经过国家开展的土地确权登记颁证后，在给承包方核发的土地承包经营权上都会标明承包地地块情况，注明地块名称、地块编码、面积、是否基本农田、东南西北四至等内容。在签订土地经营权流转合同时，首先应准确填写所流转地块的名称、四至，明确合同标的物所指。实践中由于各地的地块名称大多采用的地方方言，很容易模糊不清，因此，在条件具备的情况下，可以用现代定位技术明确流转地块的准确位置，并附上测绘图纸，这样就能更为准确地表明地块所处方位。在标明地块的名称、四至的同时，还应记载地块的面积大小，土地面积可以用亩、分、平方米、公顷等为单位，双方可以根据当地习惯选择计量单位。土地的质量等级是指土地管理部门依法评定的土地等级，是反映土地生产能力的重要指标之一。判断土地质量等级的指标包括有效土壤厚度、有机质含量、耕层质量、土壤养分状况、土壤健康状况、障碍因素、灌溉能力、排水能力、酸碱度、耕层厚度等。为了确定耕地质量等级，有关部门制定的《耕地质量等级》国家标准，将耕地质量划分为10个等级。在流转土地经营权时，当事人可以根据国家标准对承包地的质量等级进行测定，将测定出的土地质量等级写入合同。

3. 流转期限和起止日期。一般而言，合同的履行期限指合同中规定的当事人履行自己的义务如交付标的物、价款或者报酬，履行劳务、完成工作的时间界限。土地经营权与土地承包经营权一样，都属于有期限的权利。当事人仅在合同约定的期限内享有权利，期限届满，权利即告消灭。因此，在土地经营权流转合同中，首先，当事人双方应当写明土地经营权流转的期限，即写清楚土地经营权流转的起止日期，从何年何月何日起至何年何月何日止。需要注意的是，农村土地承包法规定土地经营权流转的期限不得超过承包期的剩余期限，土地经营权的受让方应当核实承包方的剩余承包期是多少，避免合同约定的流转期限长于剩余承包期。其次，在流转合同中，双方最好约定明确交割时间，即从何年何月何日，承包方应当将承包地转移交付给受让方占有，合同届满后，受让方应在何时将承包地交还承包方。这样可以避免因土地经营权交割时间不明而引发争议。

4. 流转土地的用途。土地管理法明确规定我国实行土地用途管制制度。土地分为农用地、建设用地和未利用地。农用地是指直接用于农业生产的土地，包括耕地、林地、草地、农田水利用地、养殖水面等；建设用地是指建造建筑物、构筑物的土地，包括城乡住宅和公共设施用地、工矿用地、交通水利设施用地、旅游用地、军事设施用地等；未利用地是指农用地和建设用地以外的土地。土地经营权的客体是农村土地，包括耕地、林地、草地，以及其他依法用于农业的土地。根据土地管理法和本法的规定，土地经营权流转的承包地只能用于从事种植业、林业、畜牧业和渔业生产。因此，双方在土地经营权流转合同中应当注明，所流转的承包地的具体用途是用于种植业、林业、畜牧业还是渔业。土地经营权人的使用流转的承包地时，必须按照合同约定的用途使用，不得改变土地用途，包括不能将用于种植业的土地改为从事林业、畜牧业或者渔业，反之亦然。更不能将农业用地改作非农用地。

5. 双方当事人的权利和义务。合同应当载明当事人双方的权利义务，这样才能知道当事人各自享有什么权利，需要履行什么义务。对于土地经营权流转合同而言，双方首先应当明确土地经营权的流转方式，只有明确了流转方式，才能对双方的权利义务作出基本的规定。根据农村土地承包法第三十六条的规定，土地经营权流转的方式包括出租（转包）、入股、其他方式。不同的流转方式，当事人之间的权利义务是不同的。比如，采取出租方式流转，必须规定出租方的权利、义务，承租方的权利和义务；如果采取入股公司方式流转，则需要根据公司法的相关规定，明确作为入股的股东，享有哪些权利、应当履行什么义务等；如果入股的是农民专业合作社，还必须根据农民专业合作社法的规定明确成员的权利和义务；如果是以土地经营权融资担保的方式流转，就需要根据担保法、物权法的相关规定，确定当事人之间的权利义务。当然，不管采取哪种方式流转，有一些权利义务是相同的，比如，流转受让方应当支付价款、不得擅自改变土地用途的义务，受让方有占有承包地的权利，有自主生产经营的权利等。承包方有交付承包地的义务，有获得流转收益的权利等。总之，当事人应当根据双方协商一致达成的内容，明确具体地约定各自的权利和义务。

6. 流转价款及支付方式。价款是一方当事人向对方当事人所付代价的货币支付。土地经营权流转遵循的有偿原则，双方应当在流转合同中约定流转价款。价款也应当根据流转方式不同而分别确定：以出租方式流转的，双方当事人可以约定租金，比如，约定单价为每年每亩租金多少元；在有的地方，由于每年粮食价格波动，为了避免因粮食价格波动导致的不合理，双方可以约定租金的计算方式，比如，以每年每亩按多少斤粮食折算租金。如果是入股方式，先需要估算流转的土地经营权的价值，将估值折价作为入股，计算所占股份比例，再按照收益计算每年的分红。实践中，有的地方还会根据土地经营权流转情况，约定定期递增流转价款。在流转合同中，还应当约定流转价款的支付方式，是一次性付清还是分期付，支付的时间是每年的几月几日等；是直接支付给承包方，还是现支付给集体经济组织，再转交给承包方。支付方式也应该根据当事人协商好的内容在合同中写明。

7. 土地被依法征收、征用、占用时有关补偿费的归属。土地经营权流转的前提是承包地能够正常占有、使用，一旦被征收、征用或者被占用，则会影响土地经营权人的正常经营。因此，土地经营权流转中经常遇到的一个问题就是，一旦承包地被依法征收、征用或者占用时，国家支付的补偿费用的归属。双方有必要在合同中明确约定，所流转的承包地如果被国家依法征收、征用或者占用时，土地补偿费、安置补偿费、地上附着物和青苗补偿费等各项费用的归属。

8. 违约责任。违约责任是指当事人一方或者双方不履行合同或者不适当履行合同，依照法律的规定或者按照当事人的约定应当承担的法律责任。违约责任是促使当事人履行合同义务，使对方免受或少受损失的法律措施，也是保证合同履行的主要条款。违约责任在合同中非常重要。本法第五十九条规定，当事人一方不履行合同义务或者履行义务不符合约定的，应当依法承担违约责任。为了保证土地经营权流转合同的义务严格得到履行，为了更加及时地解决流转纠纷，当事人应当在流转合同中约定违约责任，比如，违约金、赔偿金额以及赔偿金的计算方法等。

土地经营权流转合同应当约定上述内容，确保合同权利义务明确，便于合同的履行。当然，当事人除约定上述内容外，还可以在合同中约定其他条款，比如，争议解决办法、不可抗力条款等内容。实践中，各地农业主管部门都会根据实际情况制定土地经营权流转合同的示范文本，当事人可以参照适用，并可以增加双方协商好的其他相关条款。

第四十一条　土地经营权流转期限为五年以上的，当事人可以向登记机构申请土地经营权登记。未经登记，不得对抗善意第三人。

条文主旨

本条是关于土地经营权登记的规定。

立法背景

这次修改农村土地承包法，就“三权分置”改革中，从土地承包经营权中所派生出来的土地经营权，其法律性质是什么，理论界一直存在不同意见。有的意见认为，土地经营权应该是承租权，是根据租赁合同享有的权利，本质是债权。有的意见认为，土地经营权是设立在土地承包经营权之上的用益物权，属于物权。有的意见认为，土地经营权是派生于土地承包经营权的债权，是债权性利用关系的法律表达，同时为了赋予其更强的效力，可以使其具有一定的物权效力。还有的意见认为，土地经营权究竟是一种债权或者一种物权，是一个政策选择问题，有稳定需要的就建构为物权，租赁、转包等利用关系可维系其债权性质。土地经营权的登记问题与土地经营权的性质问题密切相关，在法律修改过程中，也有不同的意见。有的意见提出，应当一律要求登记，赋予土地经营权人更强的保护，也可以避免因为土地流转引发各种纠纷。有的意见提出，土地经营权的价款支付模式不同，有的是年付，不应当赋予物权效力，只有受让方付清全部或者一定比例的流转价款后，土地经营权人才有权申请登记。有的意见提出，不应当强制要求登记，应当允许当事人自愿申请。

条文解读

一、土地经营权的登记

经研究，在“三权分置”改革实践中，不同类型的土地经营权人对于土地经营权的需求存在差异：从事经济作物、大棚蔬菜种植的经营者，开展观光农业、休闲农业的经营者等，由于前期基础投入较大，获得收益的期限较长，因此希望能长期稳定获得土地经营权；由于水稻等粮食农作物都是一年一收，且粮食价格波动较大，从事粮食种植的经营者觉得短期获得土地经营权是可以的。法律不宜简单规定土地经营权的性质，应当赋予当事人选择权：当事人希望获得长期稳定保障的，可以就土地经营权申请登记，登记后即可以对抗善意第三人；当事人不希望获得长期的土地经营权的，双方根据双方合同约定行使权利义务即可。在“两权”（土地经营权是其中的一权）抵押改革试点中，金融机构希望政府部门能建立土地经营权登记制度，这样能够更好地保护债权人利益。内蒙古自治区的土默特右旗等地在改革中就探索颁发土地经营权证的做法。因此，本条规定，土地经营权流转期限为 5 年以上的，当事人可以向登记机构申请土地经营权登记。

本法并未明确规定土地经营权的登记机构，从便于实践操作的角度而言，土地经营权登记与土地承包经营权的登记机构应当是同一机构，这样既可以节约登记的行政成本，也便于登记机构核实登记信息的准确性、真实性，也便于当事人申请、查询。

二、土地经营权登记的效力

本条规定，土地经营权未经登记不得对抗善意第三人。根据本条的规定，土地经营权登记后，可以对抗任何人，包括善意第三人。所谓善意第三人就是不知道也不应当知道承包地上设有土地经营权的人。

物权具有排他效力、优先效力。所谓排他效力就是在同一标的物上不得同时成立两个以上不相容的物权。物权的优先效力就是物权优先于债权的效力，以及物权相互之间也有的优先效力。对于土地经营权而言，受让方一旦在流转的承包地上申请土地经营权登记后，其他人就不得再在同一地块上申请性质相同的土地经营权登记，包括土地承包经营权人本人。登记后的土地经营权相对于债权而言同样具有优先效力。比如，甲将自己的承包地流转给乙后，乙未申请土地经营权登记。事后，甲又与丙签订土地经营权流转合同，并对于甲已经与乙签订流转合同并不知情，并申请土地经营权登记。之后，当事人之间因为土地使用发生纠纷。此时，丙的土地经营权因申请登记具有对抗效力，因此，可以对抗乙的债权。从权利保护的角度而言，申请土地经营权登记对于土地经营权人具有更强的保护力。当然，由于土地经营权登记会对承包方的土地承包经营权形成更大的限制，因此，土地经营权流转的当事人，应当在合同中对是否可以申请登记、登记的是否附条件等事项作出明确约定，避免日后发生纠纷。

三、未登记土地经营权的保护

土地经营权未经登记，同样受到法律的保护。首先，流转期限5年以上的未登记的土地经营权能够对抗恶意第三人，即可以对抗知情第三人。比如，甲与乙签订土地经营权流转合同，后甲又与丙串通签订土地经营权流转合同并申请土地经营权登记。由于丙明知乙已经取得土地经营权，属于恶意第三人。此时，乙的土地经营权仍可以对抗丙。其次，流转期限5年以下的土地经营权性质上属于债权，在当事人之间具有法律约束力。土地经营权流转时双方当事人需要签订书面合同。依法订立的合同具有法律约束力。双方当事人均需要严格按照合同约定全面及时履行自己的义务。违反合同约定的还需要承担违约责任。且根据本法第四十二条规定，承包方不得随意解除土地经营权合同。再次，未申请登记的土地经营权受到侵权责任法的保护。根据本法第五十六条规定，任何组织和个人侵害土地经营权的，应当承担民事责任。因此，一旦有人侵害土地经营权人的权利，土地经营权人有权要求侵权人承担停止侵害、排除妨碍、消除危险、恢复原状、赔偿损失等民事责任。

第四十二条 承包方不得单方解除土地经营权流转合同，但受让方有下列情形之一的除外：

（一）擅自改变土地的农业用途；

（二）弃耕抛荒连续两年以上；

（三）给土地造成严重损害或者严重破坏土地生态环境；

（四）其他严重违约行为。

条文主旨

本条是关于土地经营权流转合同单方解除权的规定。

立法背景

本法第四十一条规定土地经营权经登记取得对抗善意第三人的法律效力。本条则从另一个角度强化对土地经营权人的保护，限制承包方的单方解除权，规范农户随意收回土地经营权的行为，进而保护经营主体通过流转合同取得的土地经营权，保障其经营预期。

合同的解除，指合同有效成立后，当具备法律规定的合同解除条件时，因当事人一方或双方的意思表示而使合同关系归于消灭的行为。合同解除包括法定解除与意定解除。所谓法定解除是指合同生效后，没有履行或者未履行完毕前，当事人在法律规定的解除条件出现时，行使解除权而使合同关系消灭。意定解除是指基于双方当事人事前或者事后达成的合意，使合同关系消灭。意定解除包括协商解除和约定解除。协商解除，是指合同生效后，未履行或未完全履行之前，当事人以解除合同为目的，经协商一致，订立一个解除原来合同的协议。约定解除权，是指当事人在合同中约定，合同履行过程中出现某种情况，当事人一方或者双方有解除合同的权利。法定解除是法律直接规定解除合同的条件，当条件具备时，解除权人可直接行使解除权，将合同解除；而意定解除是双方的法律行为，一方的行为不能导致合同解除。

合同解除是以有效成立并存在的合同为前提。如果合同存在无效或者可撤销事由，则不属于解除问题。合同解除还应当具备法律规定或者约定的解除条件，解除还应当按照法律规定的方式，在法定期限内行使解除权。

由于农业生产经营具有长期性，前期投入较大，收效期长。有的土地经营权人提出，受让土地经营权后，前期需要投入大量资金进行土地整理、培肥地力，改造升级农业生产基础设施，基本属于亏损状态，只有经过多年耕作，才能收回成本。农业生产经营步入良性循环阶段，收成很好时，经常遇到有的承包方提出要求涨价，甚至提出要求单方解除土地经营权流转合同，导致土地经营权人没有稳定的经营预期。因此，为了更好地保护土地经营权人的合法权益，本条规定，承包方除有法定情形外不得单方解除土地经营权流转合同。在一定程度上限制了承包方的单方解除权。

条文解读

根据本条规定，承包方的单方解除合同的事由限于以下四种：

1. 擅自改变土地的农业用途

根据农村土地承包法和土地管理法等相关法律、行政法规的规定，农业用地的用途是受到严格管理的，同时农村土地必须按照规定的农业用途使用，当事人也应当在土地经营权流转合同中约定土地的用途。

我国实行土地用途管制制度，追求的是土地资源的合理利用，在农村土地方面则体现为对农用地的保护，严格限制农用地转为建设用地，对耕地实行特殊保护。

改变土地的农业用途需要经过严格的审批。近年来，一些工商企业投资农业，通过流转农民承包地的土地经营权，从事规模化经营，但也出现借农业产业化经营之名行圈占土地之实，违法违规进行非农建设，不仅破坏了承包地，损害了承包方和发包方的利益，也违反了土地用途管制制度，影响国家粮食安全和主要农产品供给。习近平总书记就此专门作出指示，提出："特别要防止一些工商资本到农村介入土地流转后搞非农建设、影响耕地保护和粮食生产等问题。"2014 年中共中央办公厅、国务院办公厅印发的《关于引导农村土地经营权有序流转发展农业适度规模经营的意见》中提出："加强土地流转用途管制。坚持最严格的耕地保护制度，切实保护基本农田。严禁借土地流转之名违规搞非农建设。严禁在流转农地上建设或变相建设旅游度假村、高尔夫球场、别墅、私人会所等。严禁占用基本农田挖塘栽树及其他毁坏种植条件的行为。严禁破坏、污染、圈占闲置耕地和损毁农田基础设施。坚决查处通过'以租代征'违法违规进行非农建设的行为，坚决禁止擅自将耕地'非农化'。利用规划和标准引导设施农业发展，强化设施农用地的用途监管。"因此，土地经营权人须严格按照土地用途开展生产经营活动，不得擅自改变土地的农业用途。土地经营权人如果未按照约定的用途使用土地，不仅违反了合同的规定，也可能违反法律的规定。此时，承包方作为土地承包经营人，有权单方解除土地经营权流转合同。

2. 弃耕抛荒连续两年以上

土地管理法第三十七条规定，禁止任何单位和个人闲置、荒芜耕地。弃耕抛荒，既浪费了有限的土地资源，又会影响农业生产，引起土地质量恶化，破坏农业综合生产能力，降低粮食产量，危及国家的粮食安全。承包方出让承包地的土地经营权，目的是让承包地能够用于正常的农业生产经营，确保土地能够自我更新，能够可持续利用，受让方在获得土地经营权后，如果不用于农业生产，而是弃耕抛荒，违背了土地经营权流转的目的，不仅不利于农业用地资源的充分利用，也损害了承包方的长远利益。赋予承包方单方解除权是有必要的。在法律修改过程中，有的意见提出，弃耕抛荒两年时间太长了，土地经营权人抛荒一年就应该允许单方解除合同。考虑到短期的休耕有利于农业用地恢复地力，确保可持续耕种。土地经营权人休耕一年，法律应当允许。

3. 给土地造成严重损害或者严重破坏土地生态环境

土地经营权人在从事农业生产经营活动时，应当科学合理地开发利用和保护土地，维持和提升土地的生态功能，不得给土地造成严重损害或者严重破坏土地生态环境。不合理地开发、掠夺式的经营会造成土地水土流失、沙漠化、盐碱化、土地污染和生态环境破坏等，不仅使土地的生产能力下降，影响农作物的产量，而且会严重损害承包方和发包方的土地利益，降低土地的利用和流转价值，增加修复成本。此外，土地的损害和生态环境的破坏往往需要很长的时间才能恢复，有些甚至是不可逆的，会对人类和动植物的生存发展产生严重危害。在这种情况下，土地经营权人不仅违反了合同约定，也违反了土地管理法等相关法律，严重的甚至可能构成违法犯罪。此时，承包方有权单方解除土地经营权流转合同。

4. 其他严重违约行为

根据合同法规定，有在履行期限届满之前，当事人一方明确表示或者以自己的行为表明不履行主要债务，或者当事人一方迟延履行主要债务，经催告后在合理期限内仍未履行，当事人一方迟延履行债务或者有其他违约行为致使不能实现合同目的等情形的，对方当事人有权解除合同。这里规定的其他严重违约行为就是土地经营权人存在未履行合同约定主要义务导致合同目的无法实现等情形，在此情况下，承包方有权解除土地经营权流转合同。

当然，除了上述法定解除权之外，如果双方当事人在合同中明确约定了合同解除条件。在约定解除条件成就时，土地经营权流转合同当事人也有权行使约定解除权，使合同归于消灭。

本条没有规定承包方行使单方解除权的具体方式和程序要求。因此，承包方要解除土地经营权流转合同，还应当遵守合同法有关解除权的规定。首先，解除权应当在法定或者约定的期限内行使。一般而言，法律规定或者当事人约定解除权行使期限，期限届满当事人不行使的，解除权消灭；法律没有规定或者当事人没有约定解除权行使期限，自解除权人知道或者应当知道解除事由之日起一年内不行使，或者经对方催告后在合理期限内不行使的，解除权也会消灭。其次，行使解除权还应按照一定的方式行使。当事人一方行使解除合同的权利，必然引起合同的权利义务的终止，为了防止一方当事人因不知道对方已行使合同解除权而仍为履行的行为，从而遭受损害，根据合同法的规定，当事人根据约定解除权和法定解除权主张解除合同的，应当通知对方。合同自通知到达对方时解除。对方当事人接到解除合同的通知后，认为不符合约定的或者法律规定的解除合同的条件，不同意解除合同的，可以请求人民法院或者仲裁机构确认能否解除合同。

根据合同法的规定，土地经营权流转合同解除后，尚未履行的，终止履行；已经履行的，根据履行情况和合同性质，当事人可以要求恢复原状，采取其他补救措施，并有权要求赔偿损失。

第四十三条　**经承包方同意，受让方可以依法投资改良土壤，建设农业生产附属、配套设施，并按照合同约定对其投资部分获得合理补偿。**

条文主旨

本条是关于土地经营权受让方可以依法投资并获得补偿的规定。

立法背景

按照中央关于“三权分置”的具体部署，要不断探索农村土地集体所有制的有效实现形式，落实集体所有权，稳定农户承包权，放活土地经营权，充分发挥“三权”的各自功能和整体效用，形成层次分明、结构合理、平等保护的格局。在放活土地经营权方面，要赋予经营主体更有保障的土地经营权，保障其有稳定的经营预期。受让方通过流转取得土地经营权后，为了更好地利用土地资源，提升利用效率，可能在主观上有改良土壤、建设与其经营相关的附属、配套设施的愿望，并期望将其付诸实践。受让方作为流转取得土地经营权、实际从事农业生产经营的主体，毕竟不同于土地的发包方和承包方，其是否具有对流转土地进行改良，在其上建设农业生产附属、配套设施的权利？如果为改良土壤，建设农业生产附属、配套设施而进行了相应投资，是否可以获得补偿？这些问题需要在法律中加以明确。在 2016 年 10 月 30 日中办、国办颁布实施的《关于完善农村土地所有权承包权经营权分置办法的意见》明确指出，经营主体有权使用流转土地自主从事农业生产经营并获得相应收益，经承包农户同意，可依法依规改良土壤、提升地力，建设农业生产、附属、配套设施，并依照流转合同约定获得合理补偿。据此，本条明确规定：“经承包方同意，受让方可以依法投资改良土壤，建设农业生产附属、配套设施，并按照合同约定对其投资部分获得合理补偿。”

条文解读

理解本条规定，应把握以下几个方面：第一，受让方投资改良土壤以及建设农业生产附属、配套设施，必须经承包方同意。本次修法过程中，有的意见认为，对流转土地的土壤进行投资改良以及建设农业生产附属、配套设施，本质上是对土地地力的一种提升。受让方如果自愿投资从事上述行为，应当加以鼓励，不需要施加承包方同意的限制。但是，经研究认为，承包方作为土地承包关系的一方当事人，即使在土地经营权流转之后，其承包土地权益仍须得到尊重和保护，受让方对承包地进行投资改良，建设相应设施等，仍然需要征得承包方的同意。同时，受让方流转土地的期限不会超过承包期的剩余期限，如果流转期限较短，其在土地上所进行的设施建设，并不一定适合或者完全有利于承包方在剩余承包期或者新一轮承包期内自己经营或者向他人流转，如果事先不征得承包方同意，这显然有可能对承包方的权益造成损害。第二，受让方投资改良土壤，建设农业生产附属、配套设施必须依法进行。这主要是对受让方投资行为的一种法定限制。受让方作为实际经营土地的主体，从自身经营实际出发进行投资改良土壤及建设相关设施无可厚非，但这种行为必须符合法律规定。比如，对自己经营土地的地力提升，不得以牺牲他人土地及整体土壤生态环境为代价，所建设的附属、配套设施必须符合农业用途，不得另作他用等。第三，受让方就改良土壤，建设农业生产附属、配套设施进行投资的，可与承包方约定合理补偿。一般而言，受让方对土壤进行改良并在土地上建设生产附属、配套设施，主要是为了改善经营的土地质量，提升经营效益。但这种投资提升地力的行为，客观上也提升了土地价值，流转期限届满后，承包方无论是自己经营土地还是继续流转，都对其有益。因此，受让方可以同承包方约定，如果为改良土壤，建设农业生产附属、配套设施而进行了投资，可以要求承包方对其进行合理补偿。此类约定既可以在签订流转合同时事先载明，也可在实际投资或者建设时双方再行协商。关于合理补偿的标准，要综合考虑投资年限、有关设施的使用折旧程度等加以确定。

第四十四条　承包方流转土地经营权的，其与发包方的承包关系不变。

条文主旨

本条是关于承包方流转土地经营权后与发包方承包关系不变的规定。

立法背景

2016 年 10 月 30 日，中办、国办颁布实施《关于完善农村土地所有权承包权经营权分置办法的意见》，该意见深刻总结了“三权分置”的重要意义，指出现阶段深化农村土地制度改革，顺应农民保留土地承包权、流转土地经营权的意愿，将土地承包经营权分为承包权和经营权，实行所有权、承包权、经营权分置并行，着力推进农业现代化，是继家庭联产承包责任制后农村改革又一重大制度创新。“三权分置”是农村基本经营制度的自我完善，符合生产关系适应生产力发展的客观规律，展现了农村基本经营制度的持久活力，有利于明晰土地产权关系，更好地维护农民集体、承包农户、经营主体的权益；有利于促进土地资源合理利用，构建新型农业经营体系，发展多种形式适度规模经营，提高土地产出率、劳动生产率和资源利用率，推动现代农业发展。作为本次修改农村土地承包法的重要任务之一，“三权分置”在修改后的农村土地承包法当中得到了很好的落实和体现。根据本法第九条规定，承包方承包土地后，享有土地承包经营权，可以自己经营，也可以保留土地承包权，流转其承包地的土地经营权，由他人经营。“三权分置”之后，保留土地承包权的承包方与发包方的关系如何，流转取得经营权的受让方是否与发包方形成新的关系等，这些问题涉及“三权”的相互关系。尽管中央文件明确指出，农村土地集体所有权是土地承包权的前提，农户享有承包经营权是集体所有的具体实现形式，在土地流转中，农户承包经营权派生出土地经营权。但是对于流转土地经营权之后的承包方与发包方之间的关系，并没有作出具体规定。本条规定对此予以明确。

条文解读

根据本条规定，承包方流转土地经营权的，其与发包方的承包关系不变。理解这一规定，可以从以下三个方面予以把握：一是，承包方流转土地经营权可以采取出租（转包）、入股或者其他方式，但无论采取何种方式，其与受让方形成何种性质的法律关系，均不影响其与发包方之前形成的承包关系，承包方依然属于承包合同关系的一方当事人。二是，承包方与受让土地经营权的受让方形成的是土地经营权流转合同，承包方与发包方形成的是承包合同，两个合同关系虽相互独立，但也有一定联系，主要体现在，流转合同的期限不得超过承包合同的剩余期限，受让方从事经营同样应当遵循农地利用规划及保护生态等要求。三是，发包方尽管不是流转合同的当事人，但其作为土地发包的主体，在特定情形下，依然享有终止流转合同并要求受让方赔偿损害的权利。根据本法第六十四条规定，土地经营权人擅自改变土地的农业用途、弃耕抛荒连续两年以上、给土地造成严重损害或者严重破坏土地生态环境，承包方在合理期限内不解除土地经营权流转合同的，发包方有权要求终止土地经营权流转合同。土地经营权人对土地和土地生态环境造成的损害应当予以赔偿。

第四十五条 县级以上地方人民政府应当建立工商企业等社会资本通过流转取得土地经营权的资格审查、项目审核和风险防范制度。

工商企业等社会资本通过流转取得土地经营权的，本集体经济组织可以收取适量管理费用。

具体办法由国务院农业农村、林业和草原主管部门规定。

条文主旨

本条是关于建立社会资本取得土地经营权的资格审查等制度和集体经济组织收取管理费用的规定。

立法背景

“三权分置”作为农村改革的重大制度创新，是农村基本经营制度的自我完善，符合生产关系适应生产力发展的客观规律，展现了农村基本经营制度的持久活力。“三权分置”需要牢牢把握坚持土地集体所有权、稳定农户承包权、放活土地经营权的要求，始终坚持农村土地集体所有权的根本地位，严格保护农户承包权，加快放活土地经营权。从“三权分置”的原则和要求来看，需要在不同权利之间做好平衡，防止因过于强调某一方的权利而损害他方主体权利的情形出现。这其中，工商企业等社会资本因其特有的逐利性特征，在其通过流转取得土地经营权时，更需要对其因介入承包地流转而对承包土地及承包方带来的风险加以防范。对此，不少中央文件作出了规定。2012 年 12 月 31 日颁布实施的《中共中央 国务院关于加快发展现代农业进一步增强农村发展活力的若干意见》指出，探索建立严格的工商企业租赁农户承包耕地（林地、草原）准入和监管制度。2014 年 1 月 19 日颁布实施的《关于全面深化农村改革加快推进农业现代化的若干意见》指出，鼓励有条件的农户流转承包土地的经营权，加快健全土地经营权流转市场，完善县乡村三级服务和管理网络。探索建立工商企业流转农业用地风险保障金制度，严禁农用地非农化。2014 年 11 月 20 日，中办、国办印发《关于引导农村土地经营权有序流转发展农业适度规模经营的意见》，该意见指出，加强对工商企业租赁农户承包地的监管和风险防范。各地对工商企业长时间、大面积租赁农户承包地要有明确的上限控制，建立健全资格审查、项目审核、风险保障金制度，对租地条件、经营范围和违规处罚等作出规定。工商企业租赁农户承包地要按面积实行分级备案，严格准入门槛，加强事中事后监管，防止浪费农地资源、损害农民土地权益，防范承包农户因流入方违约或经营不善遭受损失。定期对租赁土地企业的农业经营能力、土地用途和风险防范能力等开展监督检查，查验土地利用、合同履行等情况，及时查处纠正违法违规行为，对符合要求的可给予政策扶持。为体现上述中央文件精神，本次修改农村土地承包法时，对于工商企业等社会资本通过流转取得土地经营权的风险控制作了专门规定。

条文解读

本条第一款规定，县级以上地方人民政府应当建立工商企业等社会资本通过流转取得土地经营权的资格审查、项目审核和风险防范制度。理解本款规定，需要掌握以下几点：一是，对工商企业等社会资本流转土地经营权进行风险控制的主体是县级以上地方人民政府。县级人民政府对其行政区域内工商企业等社会资本流转土地经营权建立统一的资格审查、项目审核和风险防范制度。二是，要准确理解资格审查、项目审核和风险防范制度的含义。资格审查，是指对流转取得土地经营权的工商企业等社会资本是否具备农业经营能力或者相应资质进行审查，确保其在流转取得土地经营权后能够作为适格主体进行开发经营，实现土地利用效益的最大化。项目审核，是指对工商企业流转土地经营权后的具体开发项目要予以把关审核，特别是要确保项目开发不得改变土地的农业用途，不得破坏农业综合生产能力和农业生态环境。风险防范，是指在整个工商企业等社会资本通过流转取得土地经营权并用于实际开发的过程中，政府有关部门应当始终强调事前事中事后监管，切实防范因经营主体违约或者经营不善等损害农民权益的事项发生。资格审查、项目审核及风险防范制度尽管强调的侧重点有所不同，但三者是有机统一的，都是为了在最大化盘活土地资源的前提下，强化对承包农户权益的保护。

本条第二款规定，工商企业等社会资本通过流转取得土地经营权的，本集体经济组织可以收取适量管理费用。本法修改过程中，对于工商企业等社会资本通过流转取得土地经营权的，集体经济组织可否收取适量管理费用的问题，存在不同意见。有的认为，集体经济组织在流转土地过程中没有提供具体服务，不宜赋予其收取管理费用的权利。而且，赋予集体经济组织收费的权利容易滋生其他问题，“适当”的标准也不好把握。有的认为，集体经济组织作为发包方，在承包方流转土地经营权时要履行备案职责，赋予其收取适量管理费用具备合理性。同时，允许集体经济组织收取一定费用，也有助于提高其开展工作的积极性，推动尽快形成土地适度规模经营，实现第三方经营主体的效益最大化。经研究，最终本法采纳了第二种意见，赋予集体经济组织收取适量管理费用的权利。这主要是考虑到，在土地流转尤其是成规模流转的情况下，集体经济组织作为发包方对于集体土地的整体状况最为熟悉，如果赋予其收取适量管理费用的权利，其能够在承包农户与工商企业等社会资本之间更好发挥沟通、协调的作用，提升土地流转的整体效率，实现后者经营效益的最大化。从调研的情况来看，作为受让方的工商企业等社会资本，多数赞同集体经济组织可以收取适量管理费用的规定，认为此举有利于推动集体经济组织开展工作，发挥其作为发包方的主体优势，提升土地流转的规模及效率。据此，本款作了上述规定。

本条第三款规定，具体办法由国务院农业农村、林业和草原主管部门规定。这是对国务院农业农村、林业和草原主管部门制定社会资本流转取得土地经营权的资格审查、项目审核、风险防范制度具体办法的授权性规定。由于县级以上地方人民政府承担社会资本流转土地经营权资格审查、项目审核、风险防范的主体责任，因此，本法对此作出原则性规定后，农业农村、林业和草原主管部门可在上位法规定的基础上，结合工作实际，制定相应的部门规章或者其他规范性文件，用以指导具体工作。

第四十六条　经承包方书面同意，并向本集体经济组织备案，受让方可以再流转土地经营权。

条文主旨

本条是关于土地经营权受让方再流转土地经营权的规定。

立法背景

“三权分置”作为家庭联产承包责任制后农村改革的

又一重大制度创新，有利于明晰土地产权关系，更好地维护农村集体、承包农户、经营主体的权益；有利于促进土地资源合理利用，构建新型农业经营体系，发展多种形式适度规模经营，提高土地产出率、劳动生产率和资源利用率，推动现代农业发展。2016 年 10 月 30 日，中办、国办颁布实施《关于完善农村土地所有权承包权经营权分置办法的意见》，该意见对完善“三权分置”的重要意义、总体要求、实施步骤等都作了明确规定。其中，意见强调在完善“三权分置”办法过程中，要依法维护经营主体从事农业生产所需的各项权利，使土地资源得到更有效合理的利用。意见还提出，经营主体再流转土地经营权或依法依规设定抵押，须经承包农户或其委托代理人书面同意，并向农民集体书面备案。本次修改农村土地承包法，根据中央文件精神，专门增加了本条规定。

根据本法对“三权分置”的规则设计，承包方承包土地后，既可以自己经营，也可以流转承包地的土地经营权，由他人经营。受让方通过流转取得土地经营权后，从自己的经营实际出发，可以采取多种不同形式再次流转土地经营权，以实现自身的经营效益最大化。这既有利于体现对新型经营主体自主经营权的尊重，也有助于在客观上形成更大范围的规模经营，推动农业发展。

条文解读

根据本条规定，通过流转取得土地经营权的受让方，如果再次流转土地经营权，需要注意把握以下几点：第一，土地经营权的再次流转需要经过“同意加备案”的程序。具体而言，受让方再次流转土地经营权，需要征得承包方的书面同意，同时还应向作为发包方的集体经济组织履行备案手续。根据合同的相对性原理，受让方再次流转土地经营权时，承包方并非合同的当事人，其对于土地经营权再次流转后的次受让方的状况无从把握。如果不经过承包方的书面同意，事实上这种流转将会脱离承包方的控制，承包方作为仍享有土地承包权的主体，对于土地的实际利用状况，是否会对土地造成损害等都不知晓，最终有可能对其利益产生损害。对土地经营权的再次流转施加“承包方同意”的限制，主要是从保护承包方对于土地利用的知情权角度作出的规定，这实际也体现出承包方在经营权流转之后作为承包权主体仍享有相应的土地权益。与此同时，土地经营权的再次流转还需要向集体经济组织进行备案。这主要是考虑到，集体经济组织尽管不得对土地经营权流转进行不当干预，但其作为承包土地的发包方，需要从整体上对其发包范围内的土地状况有所了解掌握，比如，承包土地的实际经营者是谁、土地的实际利用状况如何、流转土地是否用于农业用途等。这既是集体经济组织的一项权利，也是一种义务，有助于保证承包土地始终用于农业用途，符合规划要求。第二，受让方再次流转土地经营权的方式。根据本法第三十六条规定，承包方可以自主决定依法采取出租（转包）、入股或者其他方式向他人流转土地经营权。受让方再次流转土地经营权时，依然可以自主决定通过采取这些方式进行。当然，不管通过何种具体方式流转，都需遵循本法所确定的土地经营权流转的一些原则，比如，不得改变土地所有权的性质和土地的农业用途，不得破坏农业综合生产能力和农业生态环境；流转期限不得超过受让方受让土地经营权的期限；次受让方须有农业经营能力或者资质等。

第四十七条 承包方可以用承包地的土地经营权向金融机构融资担保，并向发包方备案。受让方通过流转取得的土地经营权，经承包方书面同意并向发包方备案，可以向金融机构融资担保。

担保物权自融资担保合同生效时设立。当事人可以向登记机构申请登记；未经登记，不得对抗善意第三人。

实现担保物权时，担保物权人有权就土地经营权优先受偿。

土地经营权融资担保办法由国务院有关部门规定。

条文主旨

本条是关于土地经营权融资担保的规定。

立法背景

“三权分置”是继家庭联产承包责任制后农村改革又一重大制度创新。巩固和完善农村基本经营制度，深化农村土地制度改革，落实“三权分置”制度，也是本次修改农村土地承包法的主要任务。“三权分置”之后，需要不断探索农村土地集体所有制的有效实现形式，落实集体所有权，稳定农户承包权，放活土地经营权。作为放活经营权的重要形式之一，土地经营权融资担保对于实实在在增加农民财产性收入、缓解新型农业经营主体融资难等具有重要意义。近些年来，不少中央文件对此都作出了明确规定。2013 年 11 月 12 日，党的十八届三中全会通过的《中共中央关于全面深化改革若干重大问题的决定》指出，稳定农村土地承包关系并保持长久不变，在坚持和完善最严格的耕地保护制度前提下，赋予农民对承包地占有、使用、收益、流转及承包经营权抵押、担保权能，允许农民以承包经营权入股发展农业产业化经营。2014 年 1 月 19 日，中共中央、国务院颁布《关于全面深化农村改革加快推进农业现代化的若干意见》指出，在落实农村土地集体所有权的基础上，稳定农户承包权、放活土地经营权，允许承包土地的经营权向金融机构抵押融资。在本次农村土地承包法修改之前，由于物权法、担保法等法律对于耕地使用权的抵押作出了禁止性规定，为贯彻落实中央精神，同时确保重大改革于法有据，2015 年 12 月 27 日，十二届全国人大常委会第十八次会议通过了《关于授权国务院在北京市大兴区等232个试点县（市、区)、天津市蓟县等59个试点县（市、区）行政区域分别暂时调整实施有关法律规定的决定》，在试点区域暂时调整实施物权法、担保法关于集体所有的耕地使用权不得抵押的规定。两年试点期限到期后，为进一步深化农村金融改革创新，稳妥有序推进承包土地的经营权抵押贷款试点，更好总结试点经验，十二届全国人大常委会第三十一次会议又通过决定，将试点期限延长1年至2018年12月31日。经过3年试点，农村承包土地的经营权抵押已经取得显著成效。适时修改农村土地承包法，将承包土地的经营权抵押通过立法加以确认，已经时机成熟，且意义重大。与此相衔接，物权法、担保法中有关耕地使用权不得抵押的规定将在民法典物权编编纂过程中作出相应修改，并与农村土地承包法的修改保持协调一致。

条文解读

本条第一款规定，承包方可以用承包地的土地经营权向金融机构融资担保，并向发包方备案。受让方通过流转取得的土地经营权，经承包方书面同意并向发包方备案，可以向金融机构融资担保。本款包含两种情况，一种是承包方利用其所承包的承包地的土地经营权向金融机构融资担保。根据本法第九条的规定，作为承包方的农户承包土地后，享有土地承包经营权，既可以自己经营，也可以保留土地承包权，流转其承包地的土地经营权，由他人经营。当承包方自己经营所承包的土地时，为加大农业生产投入、扩大农业生产规模、提升农业生产能力等，其可以通过将承包地的土地经营权向金融机构提供担保的形式获取融资。此种情况下，由于承包方并未将承包地的土地经营权向外流转，承包方的土地承包权与土地经营权没有分离，因此，作为担保物的土地经营权实际上还未现实存在，承包方是用将来的土地经营权融资担保，到需要实现担保物权时，土地经营权才从土地承包经营权中分离出来，作为优先受偿的财产出现。另一种是承包方将承包地的土地经营权流转后，受让土地经营权的受让方利用土地经营权向金融机构融资担保。在这种情况下，承包方自己不实际经营土地，而是流转给受让方，受让方将流转取得的承包地的土地经营权向金融机构融资担保。理解本款规定，需要注意把握以下几点：第一，承包方与受让方通过承包地的土地经营权融资担保的程序是不同的。承包方作为土地承包经营权人，利用承包地的土地经营权提供担保时，只需履行向发包方备案的程序即可。是否利用土地经营权融资担保由承包方自己决定，无须经过发包方同意。备案只是便于发包方对土地经营权融资担保的情况有所掌握。而受让方通过流转取得的土地经营权融资担保时，不仅需要履行向发包方备案的程序，还必须经过承包方的书面同意。之所以在受让方通过土地经营权融资担保时增加“承包方书面同意”的要求，主要是考虑到对承包方利益的保护。“三权分置”后，受让方尽管通过流转取得了土地经营权，但承包方依然享有土地承包权，其对于承包地的权益并不因经营权的流转而丧失。特别是，一旦发生实现担保物权的情形，土地经营权将被用于优先受偿，这势必对承包方的权益造成影响。因此，受让方通过土地经营权融资担保的，不仅需向发包方备案，还须经承包方书面同意。第二，本款对于担保的具体形式并未明确，而是统一采用了“融资担保”的表述。这主要是考虑到，实践中农地抵押担保融资的情况较为复杂，操作方式多样，加之土地经营权在性质上存在差异，在本法中使用了“融资担保”的概念，包含了抵押和质押等多种情形，力求既解决农民向金融机构融资缺少有效担保物的问题，又保持与物权法等法律规定的一致性。

本条第二款规定了担保物权的成立及登记的效力。根据本款规定，担保物权自融资担保合同生效时设立。当事人可以向登记机构申请登记；未经登记，不得对抗善意第三人。这里需要说明的是，从物权法关于担保物权的规定看，无论是不动产的抵押权还是权利质权，一般均以登记设立，亦即担保物权的成立以登记为准，登记是生效要件而非对抗要件。此处关于土地经营权融资担保所形成的担保物权的成立，却作出了与物权法不尽相同的规定，即担保物权自融资担保合同生效时设立。相应地，担保物权成立后，当事人可以向登记机构申请登记，登记是对抗要件而非生效要件。之所以作这样的规定，主要是考虑到，相对于“登记生效主义”，在“登记对抗主义”之下，担保物权的成立更加容易，更加注重效率，也更加尊重承包方或受让方与金融机构的意思自治。同时，如果要求担保物权一律自登记时成立，也将在客观上增加当事人的登记负担，加大了登记机构的工作量，现阶段是否具备条件，也值得进一步探索和实践。

本条第三款规定，实现担保物权时，担保物权人有权就土地经营权优先受偿。根据物权法的规定，担保物权人在债务人不履行到期债务或者发生当事人约定的实现担保物权的情形，依法享有就担保财产优先受偿的权利。民事诉讼法在特别程序一章中也专门规定了“实现担保物权案件”一节，对担保物权实现的程序和条件作了规定。至于用作担保的土地经营权的价值评估、实现优先受偿的具体方式等，需要在实践中根据具体情况予以确定。

本条第四款规定，土地经营权融资担保办法由国务院有关部门规定。这是对国务院有关部门制定土地经营权融资担保办法作出授权规定。本次修改农村土地承包法放开承包地的土地经营权融资担保之后，土地经营权用作融资担保有了法律层面的依据。在此规定的基础上，有关土地经营权融资担保的具体办法，比如，实践中如何评估土地经营权的融资担保价值，融资担保合同的签订、履行、违约处置，实现担保物权时土地经营权的具体变现等，需要由国务院的有关部门从操作层面出台办法，提供指引。因此，本款为国务院有关部门出台规范性文件预留了空间。

第三章　其他方式的承包

第四十八条　不宜采取家庭承包方式的荒山、荒沟、荒丘、荒滩等农村土地，通过招标、拍卖、公开协商等方式承包的，适用本章规定。

条文主旨

本条是关于家庭承包之外的其他承包方式的规定。

立法背景

依照本法第三条规定，国家实行农村土地承包经营制度。其中，对于农民集体所有和国家所有依法由农民集体使用的耕地、林地、草地这些农村土地，一般实行人人有份的农村集体经济组织内部的家庭承包；对于不宜采取家庭承包方式的荒山、荒沟、荒丘、荒滩等农村土地，可以采取招标、拍卖、公开协商等方式承包。此种承包并非集体经济组织成员人人有份的承包，因此承包方不仅仅局限于农村集体经济组织的内部成员，非本集体经济组织成员的外村农户、其他组织等从事农业生产经营者依照法律规定和承包合同都可以通过承包“四荒”地取得对这些土地的经营权，从事种植业、林业、畜牧业、渔业等农业目的的生产经营。

家庭承包与其他通过招标、拍卖、公开协商等形式进行的承包有很大区别。家庭承包是按照国家有关规定进行的、人人有份的承包，主要是耕地、林地和草地，具有社会保障的性质；其他方式的承包，即通过招标、拍卖、公开协商等方式进行的承包，主要是“四荒”地等其他土地，是通过市场化的方式获得其土地经营权。需要说明的是，在本次农村土地承包法修改过程中，有的地方和专家提出，“四荒地”承包不涉及社会保障因素，承包方不限于本集体经济组织成员，其取得的权利在性质上不同于土地承包经营权。因此，建议将原法中有关规定修改为：“以其他方式承包农村土地的，承包方取得土地经营权。”最终，修改后的法律采纳了这一建议。对于家庭承包的耕地、林地、草地，承包期限分别为30年、30～70年、30～50年。承包期内非因自然灾害严重毁损承包地等特殊情形，发包方不得调整承包地。

对于其他形式的土地承包，由于是有偿取得，并且不涉及社会保障的因素，政策上比较灵活。首先，承包方与发包方的权利义务、承包费等事宜，均由合同议定。其次，通过招标、拍卖、公开协商等方式承包农村土地，经依法登记取得权属证书的，可以依法采取出租、入股、抵押或者其他方式流转土地经营权。最后，在继承问题上，该承包人死亡，其应得的承包收益，依照继承法的规定继承，在承包期内，其继承人可以继续承包。

采取招标、拍卖和公开协商等其他方式承包的农村土地的范围，主要是荒山、荒沟、荒丘、荒滩等土地资源。根据土地管理法的规定，“四荒”地属于“未利用地”。以荒山、荒丘、荒沟、荒滩为代表的土地资源，在我国农村非常丰富，开发潜力巨大。家庭联产承包责任制时期，对部分“四荒”地也进行了承包经营。但是，其对生产力的促进作用远远低于耕地承包，很多地方出现了包而不治、荒山依旧、面貌未改的情况，造成了对资源和环境的破坏。另外，在一些非耕地资源较少、人口密度较大的地区，在“四荒”地的承包中也有类似耕地承包中的地块分割零散的情况，即所谓“一山多主，一主多山”。以上情况都成为一段时期以后，在我国广大农村又开始实行对“四荒”地资源以拍卖为主要形式的土地承包制度的改革的动因。

条文解读

根据本条规定，对荒山、荒沟、荒丘、荒滩等土地资源承包的具体形式，本法明确的有招标、拍卖、公开协商等。招标投标，是市场经济条件下提升效率、优化资源的一种交易方式，其根本原则是公开、公平、公正、诚信。此种交易方式多为大宗货物的买卖、工程建设项目的发包与承包、服务项目的采购与提供等所采用，但不局限于此，农村荒山、荒沟、荒丘、荒滩等土地资源的承包也可以采取招标投标的方式。在这种交易方式下，农民集体所有的“四荒”地等农村土地依法属于村农民集体所有的，由村集体经济组织或者村民委员会作为招标方；已经分别属于村内两个以上农村集体经济组织的农民集体所有的，由村内各该农村集体经济组织或者村民小组作为招标方；国家所有依法由农民集体使用的，由使用该土地的农村集体经济组织、村民委员会或者村民小组作为招标方。招标方通过发布招标公告或者向有意投标承包的集体经济组织内部成员或外部农业生产经营者发出招标邀请等方式发出招标信息，列出欲发包的荒山、荒沟、荒丘、荒滩等土地名称、坐落、面积、质量等级及其承包要求、承包期限以及对承包经营者的资格要求等招标条件，表明将与最能够满足承包要求的农业承包经营者签订承包合同的意向，由各有意承包的农业承包经营者作为投标方，向招标方书面提出自己响应招标要求的条件，参加投标竞争。经招标方对各投标者的条件进行审查比较后，从中择优选定中标者，并与其签订承包合同。采用招标投标方式进行交易活动的最显著特征，是将竞争机制引入了交易过程，具有明显的优越性，主要表现在：（1）招标方通过对各投标竞争者的条件进行综合比较，从中选择资信情况良好和经营能力强的农业经营者作为中标方，与其签订土地承包合同，这显然有利于调动农民和社会的资金和力量，将过去闲置的“四荒”地资源重新优化配置，形成新的生产力。（2）招标投标活动要求依照法定程序公开进行，有利于集体经济组织成员的监督。

拍卖是指以公开竞价的形式，将特定物的财产权利转让给最高应价的买卖方式。首先，拍卖是一种公开的竞买活动。拍卖的出卖人称为“拍卖人”，参加拍卖的买主称为“竞买人”。拍卖最大的特点是公开性和竞争性。拍卖是由竞买人提出各种标价，通过公开竞争，由拍卖人通过击锤等特定方式接受某项出价的买卖方式。拍卖活动的公开性和竞争性充分体现在拍卖的程序上，它必须经过三个步骤：（1）拍卖人将拍卖物的种类、拍卖处所、拍卖日期及其他必要事项公开告知公众。拍卖必须是公开的出卖。拍卖人所公开表示的出卖意思本身并不是买卖合同意义上的要约，而只是要约邀请。（2）在规定的拍卖日期和拍卖地点，拍卖人当众拍卖规定的物品。拍卖的性质决定了竞买人必须是多数人。各个竞买人在拍卖过程中可以以竞相抬高价格的方式出价购买。竞买人的出价就是法律意义的要约。竞买人的出价对他自己有约束力，但是，在拍卖人拍定以前，竞买人可以随时撤回自己的出价。（3）拍卖人对于竞买人的意思表示做出承诺，这种承诺就叫拍定，是拍卖人表示卖定的意思。拍定常用击锤的方式表示。拍卖人就竞买人所出的最高价高呼3次后，没有再出更高价额时，他就可以击锤拍定。拍定意味着拍卖人接受竞买人的要约，一经拍定，买卖合同便告成立。“四荒”地流转的所有形式中，主要的形式是拍卖。“四荒”地资源的拍卖，最早起源于我国西部农村。实践证明，通过拍卖“四荒地”，实现了土地资源的优化配置，农村集体经济组织也由此盘活了存量资产，回收了资金，壮大了经济实力，促进了农业生产的改善和农村经济的可持续发展。拍卖形式之所以受到如此的重视和欢迎，除了拍卖较之其他流转形式更能明晰产权，使土地与经营者结合得更加紧密以外，最根本的原因在于，在社会主义市场经济体制下，市场在资源配置中的决定性作用日益凸显，市场成为包括土地资源在内的一切生产要素的基础的配置者，这为“四荒”地的拍卖流转奠定了坚实的制度基础。

第四十九条　以其他方式承包农村土地的，应当签订承包合同，承包方取得土地经营权。当事人的权利和义务、承包期限等，由双方协商确定。以招标、拍卖方式承包的，承包费通过公开竞标、竞价确定；以公开协商等方式承包的，承包费由双方议定。

条文主旨

本条是关于以其他方式承包农村土地应当签订土地承包合同、承包方取得土地经营权的规定。

立法背景

土地承包合同是指承包方和发包方依法订立的约定双方权利义务的协议。农村土地承包法区分了农村集体经济组织成员内部人人有份主要体现公平原则的家庭承包和通过招标、拍卖、公开协商等体现效率原则的其他方式的承包。对于人人有份的家庭承包，本法第二章作了专门规定，从发包方和承包方的权利义务、承包的原则和程序、不同类别土地的承包期限、承包合同的具体条款以及承包地的收回和调整、土地承包经营权的保护和互换、转让、继承等问题作了详尽的规定，无论发包方或者承包方均无权通过协商变更法律确定的内容。家庭承包涉及的承包地对于农民来讲不但具有经营的性质，更具有社会保障的意义。作为农民集体所有土地的所有者中的一员，该土地是其维系生计的根本，是农民的命根子，农民和土地的关系绝不仅仅是一种合同关系，因此法律对家庭承包作了专门规定，切实保障集体经济组织内部成员的土地承包经营权，并禁止为了短期利益损害土地承包经营权的行为。

对于其他方式的承包，尤其是对荒山、荒沟、荒丘、荒滩等“四荒”地土地资源的承包，着眼点在效率，重在开发治理，改善生态环境，促进可持续发展。基于这一考虑，其他方式承包的承包方不限于农村集体经济组织成员，本集体经济组织以外的单位和个人皆可承包经营，从事种植业、林业、畜牧业、渔业生产。与家庭承包方式相同，在采取其他方式承包的情况下，承包方也需要同发包方订立承包合同，通过合同确立双方的权利义务。不同的是，在不违反法律强制性规定的条件下，双方的权利义务、承包期限等可以由双方协商确定。

条文解读

与原农村土地承包法的规定相比，本条增加了“承包方取得土地经营权”的规定。这是因为在修法过程中，不少意见提出，与家庭承包方式既具有生产经营性质，又具有社会保障性质的特点相比，其他方式的承包不涉及社会保障因素，主体不限于本集体经济组织内部成员，权利性质上也不同于土地承包经营权，应当对此加以区分。宪法和法律委员会在审议过程中采纳了这一意见，将通过其他方式承包的承包方取得的权利明确为“土地经营权”，以进一步与家庭承包方式的承包方的“土地承包经营权”相区分，后者仅限于家庭承包方式的承包方通过承包经营合同取得的权利。

对于以招标方式承包的，经过公平、公正、公开的发标、开标和评标程序后，遵循平等竞争、择优选用的原则，按照规定的程序，发包方从投标者中最终选定中标者作为承包方，并与之签订承包合同。一般而言，在资信、技术和其他条件相当的情况下，以承包费报价最高的投标人作为中标者，承包费即是中标者公开竞标过程中确定的价格。对于以拍卖方式承包的，拍卖人在竞相抬价的竞买人的要约中，选择价格最高者拍板或者用其他惯常方式作出出卖的承诺，承包费即是经拍卖人拍定的最高竞价。以公开协商等方式承包的，承包费由双方议定。

总体而言，其他方式承包比家庭承包的形式更为多样，条件更为灵活，更加注重体现效率，也是盘活农村集体资产，发挥市场在资源配置中决定性作用的重要形式。但需要注意的是，尽管形式和条件相对宽松，但其他方式承包也必须符合国家法律规定，不能随意进行，否则将影响所签订的承包合同的效力。比如，如果承包合同违反了法律、行政法规的强制性规定，或者损害了社会公共利益，或者恶意串通损害国家、集体的利益，则承包合同无效。

第五十条　荒山、荒沟、荒丘、荒滩等可以直接通过招标、拍卖、公开协商等方式实行承包经营，也可以将土地经营权折股分给本集体经济组织成员后，再实行承包经营或者股份合作经营。

承包荒山、荒沟、荒丘、荒滩的，应当遵守有关法律、行政法规的规定，防止水土流失，保护生态环境。

条文主旨

本条是关于“四荒”地等土地承包经营方式的规定。

立法背景

由于耕地对我国农民有福利和社会保障的作用，而以“四荒”地为代表的土地资源在这方面的功能要小得多。因此，国家对耕地的经营体制比非耕地慎重得多，在“四荒”地的开发治理上更倾向于社会效益，政策比较灵活。《中共中央、国务院关于一九九七年农业和农村工作的意见》指出，我国耕地资源相对紧缺，但非耕地资源比较丰富，把这些资源充分利用起来，可以增加大量的农副产品和可观的农民收入。开发非耕地农业资源，要科学论证，合理规划，走开发与保护相结合的路子。近年来，不少地区在开发利用非耕地农业资源方面，探索出一些比较成功的经验，如承包开发、租赁开发、联合或股份合作开发，特别是“四荒”地使用权拍卖开发等，要认真加以总结，因地制宜推广。1997年8月27日出台的《中共中央办公厅、国务院办公厅关于进一步稳定和完善农村土地承包关系的通知》指出，在第一轮土地承包即将到期之前，中央就明确宣布，土地承包期再延长30年不变，营造林地和“四荒”地治理等开发性生产的承包期可以更长。这是稳定承包经营的重大政策。有关文件还指出，在治理和开发“四荒”地的形式问题上，应根据群众意愿和当地实际情况，实行家庭或联户承包、租赁、股份合作、拍卖使用权等多种方式。哪种方式有利于调动群众积极性，有利于保持水土，有利于发展壮大集体经济，就采用哪种方式，切忌“一刀切”。1998年中央有关文件明确，允许打破行政界限，允许不同经济成分主体购买“四荒”地使用权；允许购买使用权的经济主体按照股份制、股份合作制等新的形式经营“四荒”地。在政策的指导下，以公开招标、拍卖为主要形式的“四荒”承包在全国快速广泛的推开。相比家庭承包，“四荒”地的公开招标、拍卖将所有权与使用权划分得更为清楚，“四荒”地承包者对土地享有更为完善的经营自主权、受益权和让渡权。具体体现为：（1）购买“四荒”地的期限由当事人双方议定，一般为50年，期限较长；（2）购荒者一次性买断一定时期的对“四荒”地的使用权，可以在有效期限内对“四荒”地实行转让、出租、入股、抵押和继承；（3）“四荒”地作为非耕地资源，在很多方面享受优惠政策。除了通过直接招标、拍卖、公开协商等形式实行“四荒”地的承包经营外，在本集体经济组织内部，也可以将“四荒”地经营权折股分给本集体经济组织成员后，再实行承包经营或者股份合作经营。

条文解读

根据本条规定，对荒山、荒沟、荒丘、荒滩等土地的承包经营方式灵活多样，既可以直接通过向社会公开招标、拍卖、公开协商等方式进行，也可以在本集体经济组织内部，将土地经营权折股分给本集体经济组织成员后，再实行承包经营或者股份合作经营。

目前，我国农村“四荒”地资源的承包形式以及发展趋势，在经济发展水平不同及“四荒”地资源丰歉程度不同的地区，呈现出较大的差异性。但总体而言，是多种形式并存。承包形式有家庭承包、联户承包、租赁、股份合作、招标、拍卖等多种。各种形式各有其利，例如，拍卖是对使用权的深度分割，更有利于调动投资者开发的积极性；股份合作制则有利于集体经济组织、农户的广泛参与，利益分享、风险共担，有利于降低生产经营费用和其他成本。实践中，在部分地方，实行以本集体经济组织内部成员人口为依据，将承包“四荒”地的经营权量化为股份进行股份合作经营。西北部分省份由于生态脆弱，“四荒”地的开发、治理难度较大，多采取先通过集体经济组织治理，再将“四荒”地承包给个人或进行股份合作经营的做法。

根据本条第二款规定，承包荒山、荒沟、荒丘、荒滩的，应当遵守有关法律、行政法规的规定，防止水土流失，保护生态环境。1996 年 6 月 1 日，国务院办公厅颁布实施《关于治理开展农村“四荒”资源进一步加强水土保持工作的通知》，该通知明确规定，治理者对“四荒”享有治理开发自主权。国家依法保护治理开发“四荒”的成果和治理者的合法权益。在符合国家有关法律、法规、政策、水土保持总体规划和治理开发协议的前提下，允许并鼓励治理者在保持水土和培育资源的基础上，宜农则农，宜林则林，宜果则果，宜牧则牧，宜渔则渔，根据实际情况开发利用“四荒”。该通知同时规定，无论采用哪种方式治理开发“四荒”，都必须遵守有关法律、法规和政策。不准在 25 度以上的陡坡上开荒种植农作物，不准破坏植被、道路和农田水利、水土保持工程设施。不得进行掠夺式开发，不得将“四荒”改为非农用途，以免造成新的水土流失，违者要按有关规定予以处罚。对违约逾期不治理开发的，农村集体经济组织应无偿收回。同时，强调对“四荒”地拍卖、承包、租赁和股份合作的主要目的是治理水土流失、改善生态环境、促进可持续发展。“四荒”资源治理开发的重点应放在生态建设上，根据治理水土流失的需要可以用作农业，也可以用于造林、种草和相关的工程措施，要尽可能避免对“四荒”进行大范围的开垦种田。

客观而言，在“四荒”资源的流转过程中始终贯穿着一个矛盾：开发与治理的矛盾。在对“四荒”开发与治理两个目标取向上，各级政府与集体经济组织、农户之间是有差异的。政府强调治理环境，保持水土。而后者的重点则在于“四荒”的开发利用上。但从长期看，治理生态环境是产业开发的条件，而产业开发又可以为建设生态环境提供物质保证和技术支持。只有把治理和开发结合起来，才能真正实现可持续发展。党的十八大以来，以习近平同志为核心的党中央高度重视生态文明建设，将生态文明建设作为“五位一体”总体布局的重要组成部分予以加强，提出了“绿水青山就是金山银山”的科学论断。在这一大背景下，继续强调承包“四荒”地应注重生态环境保护，更具有鲜明的时代特征。

第五十一条　**以其他方式承包农村土地，在同等条件下，本集体经济组织成员有权优先承包。**

条文主旨

本条是关于以其他方式承包农村土地，本集体经济组织内部成员在同等条件下有权优先承包的规定。

立法背景

本次修改农村土地承包法时，将本条“享有优先承包权”的表述修改成了“有权优先承包”。这与本次修法将其他方式承包的承包方获得的是“土地经营权”，不再是“土地承包经营权”的思路是一致的，即不再突出强调其他方式承包的承包性特征，而将其与家庭承包方式相互区分，重点突出承包方通过其他方式承包获得的是土地经营权。同时，家庭承包方式之下的“三权分置”，强调落实所有权，稳定承包权，放活经营权，本条不再采用“优先承包权”的表述也有利于与“三权分置”之下“承包权”的概念相互区分，逻辑上更为清晰。

条文解读

首先，关于本条的适用范围。根据本条规定，同等条件下本集体经济组织成员有权优先承包的仅限于以其他方式（如招标、拍卖、公开协商等）承包的农村土地，具体指农民集体所有和国家所有依法由农民集体使用的土地资源，以荒山、荒沟、荒丘、荒滩等“四荒”地为代表。采取家庭承包方式承包的耕地、林地、草地不适用本条规定。1996年中央有关文件指出，农村集体经济组织内的农民都有参与治理开发“四荒”的权利，本村村民享有优先权。也鼓励和支持有治理开发能力的企事业单位、社会团体及其他组织或个人采取不同方式治理“四荒”。1999年12月21日，国务院办公厅颁布实施《关于进一步做好治理开发农村“四荒”资源工作的通知》，该通知提出，农村集体经济组织内的农民都有参与治理开发“四荒”的权利，同时积极支持和鼓励社会单位和个人参与。在同等条件下，本集体经济组织内的农民享有优先权。本条规定是在法律层面对上述政策的一种确认，实际体现的是对集体经济组织成员在其他方式承包土地时的一种倾斜对待。

由于以其他方式承包土地的主体并不限于集体经济组织内部成员，还可以是外部的集体经济组织成员、农业生产经营者等。这些主体在通过招标、拍卖等方式进行承包时，基于自身情况可能给出不同的承包价格等。但除承包价格的高低之外，确定承包方还需要考虑其他因素。在这一过程中，可能出现不同参与竞争承包权的主体具备同等条件的情况。这里的“同等条件”，具体是指本集体经济组织内部成员和外部竞包者同时参与承包权的竞争，在两者农业技术力量、资金状况、信誉状况、承包费用等条件相当的情况。根据本条规定，在这种情况下，本集体经济组织内部成员有权优先承包。当然，如果集体经济组织内部成员与外部竞包者在资信、技术等各方面条件存在差异的情况下，当然应采取择优选用的标准，而绝不是一概将土地承包给条件处于劣势的本集体经济组织内部成员，否则就违背了招标、拍卖、公开协商等方式所强调的公开性、公正性和程序性的原则。因此，不能简单地认为在以其他方式承包土地的情况下，本集体经济组织内部成员一定有权优先承包，这里的优先是以“同等条件”为前提的。在与本集体经济组织外的单位或个人竞争土地承包时时，本集体经济组织内部成员与外部竞争者具有同等的竞争条件时，发包方才可将土地优先承包给本集体经济组织内部成员。

第五十二条 发包方将农村土地发包给本集体经济组织以外的单位或者个人承包，应当事先经本集体经济组织成员的村民会议三分之二以上成员或者三分之二以上村民代表的同意，并报乡（镇）人民政府批准。

由本集体经济组织以外的单位或者个人承包的，应当对承包方的资信情况和经营能力进行审查后，再签订承包合同。

条文主旨

本条是关于以其他方式将农村土地承包给本集体经济组织以外的单位和个人应遵循的发包程序的规定。

立法背景

本条规定主要是为维护集体经济组织成员的应有权利，促进农户的经济民主而设立的程序性规定。所谓经济民主，即村民平等享有公平、公正的土地承包权，政策和法律赋予的承包土地的使用权、自主经营权、收益分配权、流转权和继承权、个人财产的积累和保障权，自由、自愿参与合作经济组织，获取平等的就业机会和分享经济增长成果的权利，男女同工同酬的分配权，决策理财等方面的知情、参与和监督权等。以其他方式承包的“四荒”地主要是农村集体所有的土地资源，从所有权归属上讲，属于集体经济组织成员共同所有，因此在由本集体经济组织以外的单位或个人承包时，应充分考虑集体经济组织内部成员作为共同所有人的决策权利。因此本条规定了由本集体经济组织以外的单位或个人承包土地时，应遵循的程序，即应当事先经本集体经济组织成员的村民会议 2/3 以上成员或者 2/3 以上村民代表的同意，由本集体经济组织以外的单位和个人承包经营的，发包方应当对承包方的资信情况和经营能力进行审查后，再签订承包合同。以保证“四荒”等土地资源能够得到合理开发利用，承包合同能得到全面履行，防止农民集体经济组织利益受到损害。

条文解读

根据本条规定，本集体经济组织以外的单位和个人以其他方式承包农村土地的，应当事先经本集体经济组织成员的村民会议 2/3 以上成员或者 2/3 以上村民代表的同意。并且，由本集体经济组织以外的单位和个人承包经营的，发包方应当对承包方的资信情况和经营能力进行审查后，再签订承包合同。

这条规定同土地管理法的规定基本一致。土地管理法第十五条第二款规定，农民集体所有的土地由本集体经济组织以外的单位或者个人承包，必须经村民会议 2/3

以上成员或者 2/3 以上村民代表的同意，并报乡（镇）人民政府批准。本条主要适用于不宜采取家庭承包方式的荒山、荒沟、荒丘、荒滩等“四荒”资源的承包。1999 年中央有关文件指出，农村大部分“四荒”资源属当地农民群众集体所有，农村集体经济组织在实施承包、租赁或拍卖“四荒”使用权之前，应当坚持公开、公平、自愿、公正的原则，充分发扬民主，广泛征求群众意见，成立由村民代表参加的工作小组，拟定方案，要规定治理开发“四荒”的范围、期限、方式（承包、租赁、拍卖等）与程序、估价标准，明确治理开发的内容和要求等，经村民会议或者村民代表大会讨论通过。依照有关土地管理的法律、法规须报经县级以上人民政府批准的，应办理有关批准手续。如果承包、租赁或拍卖的对象是本集体经济组织以外的单位或者个人，必须经村民会议 2/3 以上成员或者 2/3 以上村民代表的同意。之所以规定本集体经济组织以外的单位和个人承包“四荒”资源时要经村民会议 2/3 以上成员或者 2/3 以上村民代表的同意，主要是为了确保本集体经济组织所有成员的利益，防止个别人员对农民集体所有的土地所有权的侵害。

第五十三条　**通过招标、拍卖、公开协商等方式承包农村土地，经依法登记取得权属证书的，可以依法采取出租、入股、抵押或者其他方式流转土地经营权。**

条文主旨

本条是关于以其他方式承包农村土地后土地经营权流转的规定。

立法背景

本次修改农村土地承包法，家庭承包和其他方式的承包流转土地经营权的方式都发生了变化。互换、转让都不再属于流转的方式。互换、转让的对象仅限于本集体经济组织内部，互换、转让的内容是承包方的土地承包经营权。土地经营权流转不再有互换、转让这两种形式。故本次农村土地承包法修改在本条中不再规定转让为流转的方式之一。

条文解读

依照本法第三条规定，我国的农村土地承包制度包括“农村集体经济组织内部的家庭承包方式”和“其他方式的承包”。根据本法第九条和第三十六条，以家庭方式取得的承包地的承包方，可以自主决定依法采取出租（转包）、入股或者其他方式向他人流转土地经营权；根据本法第四十九条规定，以其他方式承包农村土地的，承包方取得土地经营权。这两种土地经营权存在诸多区别，本法在其流转的规定方面也有较大不同。根据本法第二十四条的规定，通过家庭方式的承包取得土地承包经营权后，登记机构应当向承包方颁发土地承包经营权证或者林权证等证书，并登记造册，确认土地承包经营权。承包方在此基础上，可以直接向他人流转土地经营权。但是，以招标、拍卖、公开协商等方式取得的土地承包经营权，承包方有的与发包人是债权关系，比如，承包菜地，约定承包期 3 年，其间是一种合同关系。而承包“四荒地”，由于期限较长，投入又大，双方需要建立一种物权关系，以便更好地得到保护。因此应当依法登记，取得权属证书。在此前提下，土地经营权才具备流转的基础，承包方才可以依法向他人流转土地经营权。要注意的是，通过其他方式的承包所取得的土地经营权是通过市场化的行为并支付一定的对价获得的，其流转无须向发包人备案或经发包人同意。对受让方也没有特别限制，接受流转的一方可以是本集体经济组织以外的个人、农业公司等。

第五十四条　依照本章规定通过招标、拍卖、公开协商等方式取得土地经营权的，该承包人死亡，其应得的承包收益，依照继承法的规定继承；在承包期内，其继承人可以继续承包。

条文主旨

本条是关于以其他方式的承包取得的土地经营权继承的规定。

立法背景

关于家庭承包中的继承问题已在本法第三十二条作了规定，本条是对以其他方式的承包的继承问题作出规定。从这两条的规定来看，两种方式的承包引发的继承问题，有共同之处，也有一定的差别。

条文解读

家庭承包和其他方式的承包引发的继承问题共同之

处在于，两种方式的承包中承包人死亡后其应得的承包收益，都可以依照继承法的规定继承。差别主要体现在：

第一，家庭承包的方式，土地承包经营权是农村集体经济组织内部人人有份的，是农村集体经济组织成员的一项权利。而成为非农业人口的继承人能否继承土地承包经营权？应当说成为非农业人口的继承人已经不是农村集体经济组织的成员了，也没有对土地承包经营权的继承权。而在其他方式的承包中，则不存在这个问题。例如，一个农户对本村荒山的承包，这个承包并不是在本村内人人有份的，而是通过招标、拍卖或者公开协商等方式进行承包取得的土地经营权，这种承包是有偿取得，期限较长，投入很大，应当允许继承。不但允许继承，而且允许成为非农业人口的继承人继承。

第二，在家庭承包的方式中，由于是以户为生产经营单位，因此部分家庭成员死亡的，不发生土地承包经营权本身的继承问题，而是由这承包户内的其他成员继续承包。如果在承包人死亡，承包方的家庭消亡后，土地承包经营权由发包方收回，其他继承人只能继承土地承包的收益，并要求发包方对被继承人在土地上的投入作一定的补偿。而在其他方式的承包中则有所不同。如承包本村荒山的承包人，在其死后，荒山可以由其继承人继续承包。如果所有的继承人都不愿意承包经营，还可以通过出租、入股、抵押或者其他方式流转土地经营权，将流转获得的收益作为遗产处理。

第三，在家庭承包方式中，林地承包的承包人死亡，其继承人可以在承包期内继续承包。本条规定的其他方式的承包的继承与林地承包是相似的，即：以其他方式承包的承包人死亡后，其所承包的“四荒地”在承包期内由继承人继续承包。

第四章 争议的解决和法律责任

第五十五条 因土地承包经营发生纠纷的，双方当事人可以通过协商解决，也可以请求村民委员会、乡（镇）人民政府等调解解决。

当事人不愿协商、调解或者协商、调解不成的，可以向农村土地承包仲裁机构申请仲裁，也可以直接向人民法院起诉。

条文主旨

本条是关于争议解决途径的规定。

立法背景

土地承包经营纠纷主要是指在土地承包过程中发包方与承包方发生的纠纷，承包方与受让方发生的纠纷，也包括土地承包经营当事人与第三人发生的纠纷。本法第二章第一节规定了发包方和承包方的权利和义务，在本法第二十二条规定的承包合同中，发包方和承包方还可以具体约定双方的权利和义务。如果一方违反了法定的义务或约定的义务，就会引起纠纷。本法第五十七条还规定了基于发包方的侵权行为而导致纠纷的情形。这些情形是：（1）干涉承包方依法享有的生产经营自主权；（2）违反本法规定收回、调整承包地；（3）强迫或者阻碍承包方进行土地承包经营权的互换、转让或者土地经营权流转；（4）假借少数服从多数强迫承包方放弃或者变更土地承包经营权；（5）以划分“口粮田”和“责任田”等为由收回承包地搞招标承包；（6）将承包地收回抵顶欠款；（7）剥夺、侵害妇女依法享有的土地承包经营权；（8）其他侵害土地承包经营权的行为。同时，本法第二章第四节中还对土地经营权流转中双方当事人的权利义务等作了明确的规定，双方当事人还可以具体约定双方的权利和义务。如果一方违反了法定的义务或约定的义务，就会引起纠纷。

为了维护以家庭承包为基础、统分结合的双层经营体制，保护发包方的合法权益，坚持调动和保护农民的生产积极性，维护土地经营权流转双方当事人的合法权益，稳定土地承包经营关系，法律有必要为实践中可能发生的纠纷提供一些行之有效的解决途径。

条文解读

根据本条规定，因土地承包经营发生纠纷的，争议解决途径有以下几种：

一、协商

各方当事人发生纠纷后，能够协商，达成协议，是最好的解决办法。协商既节省时间，又节省人力物力，具有体现当事人合意、尊重当事人处分权、解决纠纷较为彻底、节约仲裁和司法资源、有利于社会和谐稳定等优点。应当鼓励当事人通过协商的方式解决纠纷，让其在解决农村土地承包经营纠纷中发挥更为重要的作用。但不是事事都能够通过协商解决的，况且还有当事人不愿意通过协商解决问题。因此，当事人不愿协商，或者协商不成的，可以通过调解、仲裁、诉讼的途径解决。

二、调解

调解，是指在村民委员会、乡（镇）人民政府等第三方的主持下，在双方当事人自愿的基础上，通过宣传法律、法规、规章和政策，劝导当事人化解矛盾，自愿就争议事项达成协议，使农村土地承包经营纠纷及时得到解决的一种活动。当事人可以将纠纷通过调解解决，但调解不是仲裁或诉讼的必经程序。调解人可以是个人，也可以是人民政府及其有关部门，还可以是其他社会团体、组织。本条规定了几种主要的调解单位，比如，对于村民小组或者村内的集体经济组织发包的，发生纠纷后，可以请求村民委员会调解；对于村集体经济组织或者村民委员会发包的，发生纠纷后，可以请求乡（镇）人民政府调解。其他的调解部门可以是政府的农业农村、林业和草原等行政主管部门，也可以是政府设立的负责农业承包管理工作的农村集体经济管理部门，还可以是农村土地承包仲裁委员会。农村土地承包经营纠纷调解仲裁法对此也作了一些具体规定。其第七条规定："村民委员会、乡（镇）人民政府应当加强农村土地承包经营纠纷的调解工作，帮助当事人达成协议解决纠纷。"第八条规定："当事人申请农村土地承包经营纠纷调解可以书面申请，也可以口头申请。口头申请的，由村民委员会或者乡（镇）人民政府当场记录申请人的基本情况、申请调解的纠纷事项、理由和时间。"第九条规定："调解农村土地承包经营纠纷，村民委员会或者乡（镇）人民政府应当充分听取当事人对事实和理由的陈述，讲解有关法律以及国家政策，耐心疏导，帮助当事人达成协议。”第十条规定：“经调解达成协议的，村民委员会或者乡（镇）人民政府应当制作调解协议书。调解协议书由双方当事人签名、盖章或者按指印，经调解人员签名并加盖调解组织印章后生效。”第十一条规定：“仲裁庭对农村土地承包经营纠纷应当进行调解。调解达成协议的，仲裁庭应当制作调解书；调解不成的，应当及时作出裁决。调解书应当写明仲裁请求和当事人协议的结果。调解书由仲裁员签名，加盖农村土地承包仲裁委员会印章，送达双方当事人。调解书经双方当事人签收后，即发生法律效力。在调解书签收前当事人反悔的，仲裁庭应当及时作出裁决。”

三、仲裁

当事人不愿协商、调解，或者协商、调解不成的，可以向农村土地承包仲裁机构申请仲裁。

随着工业化、城镇化的推进和现代化农业建设，农村人口流动和劳动力转移加快，尤其是近年来强农惠农政策力度不断加大，农民负担逐步减轻，农民对土地的关注程度提高，农村土地承包经营纠纷也随之有所增多，纠纷的表现形式多样化，纠纷所涉及的范围不断扩大，纠纷表现出的矛盾趋于复杂。为了妥善解决农村土地承包经营纠纷，村民委员会、乡（镇）人民政府及其人民调解组织积极开展了农村土地承包经营纠纷的调解工作；20 世纪 90 年代，一些地方开展了农村土地承包经营纠纷的仲裁工作。这些年来，有一些地方性法规或者地方政府规章对农村土地承包经营仲裁作了规定。自 2004 年至 2008 年年底，有 27 个省（自治区、直辖市）的 229 个县开展了农村土地承包经营纠纷仲裁试点工作。这些地方性法规和政府规章的实施对解决农村土地承包经营纠纷发挥了积极的作用，仲裁试点工作也为解决农村土地承包经营积累了实践经验。在 2002 年农村土地承包法对农村土地承包经营纠纷调解和仲裁作出原则性规定的基础上，在解决这类纠纷实践经验的基础上，2009 年第十一届全国人民代表大会常务委员会第九次会议通过了农村土地承包经营纠纷调解仲裁法，从法律制度上进一步规范农村土地承包经营纠纷调解和仲裁工作，在仲裁委员会的设立和组成、仲裁员的条件、仲裁程序等方面作出行之有效和统一的规定。这部法律在总结我国解决农村土地承包经营纠纷实践经验的基础上，围绕充分发挥调解的作用，充分运用仲裁手段解决纠纷这一中心，进一步完善农村土地承包经营纠纷解决机制，为更好地保障农民对承包土地的使用权，化解农村土地承包经营纠纷和农村社会矛盾，促进农村经济发展和社会和谐稳定奠定了必要的法律基础。

农村土地承包经营纠纷仲裁适用农村土地承包经营纠纷调解仲裁法的规定，商事仲裁适用仲裁法的规定，两者具有诸多不同之处，主要体现在：

1. 基本制度

商事仲裁遵循协议仲裁、或裁或审、一裁终局的制度。

协议仲裁是指当事人采用仲裁方式解决纠纷，应当双方自愿，达成仲裁协议；没有仲裁协议的，仲裁委员会不予受理。仲裁法第四条规定，当事人采用仲裁方式解决纠纷，应当双方自愿，达成仲裁协议。没有仲裁协议，一方申请仲裁的，仲裁委员会不予受理。第十六条第一款规定，仲裁协议包括合同中订立的仲裁条款和以其他书面方式在纠纷发生前或者纠纷发生后达成的请求仲裁的协议。也就是说，将纠纷提交仲裁解决必须基于双方当事人的共同选择，没有这一共同选择，没有记载着双方共同意向的仲裁协议，任何一方仅凭自己单方面的意愿是不能通过仲裁的方式，只能通过诉讼或者其他途径解决纠纷。仲裁机构受理案件也必须基于双方当事人的共同选择，对没有仲裁协议的仲裁申请，仲裁机构不能受理。

或裁或审是指当事人达成仲裁协议，除非仲裁协议无效，否则当事人向人民法院提起诉讼的，人民法院不予受理。或裁或审简而言之就是“要么仲裁，要么诉讼”，两种争议解决方式互相排斥，只能选择其一。仲裁法第五条规定，当事人达成仲裁协议，一方向人民法院起诉的，人民法院不予受理，但仲裁协议无效的除外。根据该规定，当事人达成仲裁协议的，发生纠纷后就应当向仲裁机构申请仲裁，不能向法院提起诉讼。仲裁是双方当事人自愿选择的纠纷解决方式，既不能在未达成仲裁协议的情况下由一方当事人强制另一方共同接受仲裁，也不能在双方已经达成仲裁协议的情况下，单方面选择诉讼途径解决争议。仲裁协议一经达成，双方当事人都应当受到协议约束，应当信守协议，不能背弃另一方寻求诉讼途径解决争议。同时人民法院也应当根据当事人选择仲裁的争议解决方式，对有仲裁协议的起诉不予受理。

一裁终局是指裁决作出后即发生法律效力，当事人就同一纠纷再次申请仲裁或者向人民法院起诉的，仲裁委员会和人民法院不予受理。仲裁法第九条规定，仲裁实行一裁终局的制度。裁决作出后，当事人就同一纠纷再申请仲裁或者向人民法院起诉的，仲裁委员会或者人民法院不予受理。裁决被人民法院依法裁定撤销或者不予执行的，当事人就该纠纷可以根据双方重新达成的仲裁协议申请仲裁，也可以向人民法院起诉。第五十七条规定，裁决书自作出之日起发生法律效力。一裁终局的基本含义是，仲裁机构作出裁决后，即发生法律效力，即使当事人对裁决结果不服，也不能再就同一纠纷向仲裁机构申请仲裁或者向人民法院提起诉讼。只有当仲裁裁决被依法撤销或不予执行时，当事人才可以就同一纠纷，通过重新达成仲裁协议申请仲裁或者向人民法院起诉的方式解决争议。

农村土地承包经营纠纷仲裁采取的是非协议仲裁、可裁可审、裁后可审的基本制度。

非协议仲裁是指向仲裁委员会申请仲裁，不要求双方当事人达成仲裁协议，一方当事人向仲裁委员会提出仲裁申请即可启动仲裁程序。农村土地承包经营纠纷调解仲裁法第四条规定，当事人和解、调解不成或者不愿和解、调解的，可以向农村土地承包仲裁委员会申请仲裁，也可以直接向人民法院起诉。也就是说，农村土地承包经营纠纷仲裁不以仲裁协议的存在为前提，发生农村土地承包经营纠纷时，在没有仲裁协议的情况下，任何一方当事人均可向农村土地承包仲裁委员会申请仲裁。

可裁可审是指在纠纷发生后，当事人为了解决纠纷，既可以向仲裁机构申请仲裁，也可以直接向人民法院提起诉讼。这种设计是与非协议仲裁相适应的。如果在没有仲裁协议的情况下，要求当事人解决纠纷不能直接向人民法院起诉，是对当事人诉权的限制。赋予当事人选择以仲裁或者诉讼方式解决纠纷的自由，是为了方便当事人，让当事人选择最有利的方式解决纠纷。

裁后可审是指当事人不服仲裁裁决的，可以自收到裁决书之日起的法定期间内向人民法院起诉，逾期不起诉的，裁决书才发生法律效力。农村土地承包经营纠纷调解仲裁法第四十八条对裁后可审制度进行了规定，并将收到仲裁裁决书后向人民法院提起诉讼的法定期间规定为 30 日。这种制度安排也是与非协议仲裁相联系的。如果当事人申请仲裁不以双方的共同选择为基础，当事人对裁决不服又不允许其在法定期间内起诉，也是对当事人诉权的剥夺。

2. 受案范围

农村土地承包经营纠纷仲裁的受案范围是农村土地承包经营纠纷，是民事纠纷，不是行政争议。农村土地承包经营纠纷调解仲裁法第二条规定，农村土地承包经营纠纷包括：（1）因订立、履行、变更、解除和终止农村土地承包合同发生的纠纷；（2）因农村土地承包经营权转包、出租、互换、转让、入股等流转发生的纠纷；（3）因收回、调整承包地发生的纠纷；（4）因确认农村土地承包经营权发生的纠纷；（5）因侵害农村土地承包经营权发生的纠纷；（6）法律、法规规定的其他农村土地承包经营纠纷。因征收集体所有的土地及其补偿发生的纠纷，不属于农村土地承包仲裁委员会的受理范围，可以通过行政复议或者诉讼等方式解决。农村土地承包经营纠纷既包括家庭承包产生的纠纷，也包括通过招标、拍卖、公开协商等方式承包农村土地产生的纠纷；既包括承包耕地、草地、林地产生的纠纷，也包括承包“四荒地”等产生的纠纷；既包括物权性质的承包产生的纠纷，也包括合同性质的承包产生的纠纷；既包括集体经济组织内部承包经营产生的纠纷，也包括集体经济组织及其成员与本集体经济组织以外的单位和个人建立承包经营关系后产生的纠纷。

商事仲裁的受案范围也限于民事纠纷，主要是合同纠纷，而且排除与人身权益密切相关的婚姻、收养、监护、扶养、继承等方面的合同纠纷，以及因行政合同等产生的行政争议。仲裁法第二条规定，平等主体的公民、法人和其他组织之间发生的合同纠纷和其他财产权益纠纷，可以仲裁。第三条规定，下列纠纷不能仲裁：（1）婚姻、收养、监护、扶养、继承纠纷；（2）依法应当由行政机关处理的行政争议。这与农村土地承包经营仲裁的受案范围有很大不同。

3. 仲裁机构

农村土地承包仲裁委员会与商事仲裁机构，在设立、主管部门、登记、组成等方面都有所区别。

（1）仲裁机构的设立

农村土地承包经营纠纷的仲裁机构为农村土地承包仲裁委员会。农村土地承包经营纠纷调解仲裁法第十二条规定，农村土地承包仲裁委员会，根据解决农村土地承包经营纠纷的实际需要设立。农村土地承包仲裁委员会可以在县和不设区的市设立，也可以在设区的市或者其市辖区设立。农村土地承包仲裁委员会在当地人民政府指导下设立。设立农村土地承包仲裁委员会的，其日常工作由当地农村土地承包管理部门承担。农村土地承包经营纠纷主要发生在基层，从方便农民以仲裁方式解决纠纷，提高仲裁效率来看，农村土地承包仲裁委员会根据需要主要设立在县和不设区的市。需要说明的是，设区的市或者其市辖区只能选择在一个行政层级设立农村土地承包仲裁委员会，即在设区的市设立的，其市辖区就不得设立；在市辖区设立的，其所在的市就不能再设立。这样既方便农民进行仲裁，又可以防止仲裁委员会重复设立，出现职责划分不清的局面，兼顾"效益"和"精简"的原则。农村土地承包仲裁委员会虽然是常设机构，但是其组成人员都是兼职的，仲裁委员会又承担着聘任和解聘仲裁员、受理仲裁申请以及对仲裁活动进行监督等工作，因此，农村土地承包仲裁委员会的日常工作需要相关的工作人员承担。

商事仲裁机构可以在直辖市和省、自治区人民政府所在地的市和其他设区的市设立，不得在县和不设区的市设立。仲裁法第十条规定，仲裁委员会可以在直辖市和省、自治区人民政府所在地的市设立，也可以根据需要在其他设区的市设立，不按行政区划层层设立。仲裁委员会由前款规定的市的人民政府组织有关部门和商会统一组建。设立仲裁委员会，应当经省、自治区、直辖市的司法行政部门登记。

（2）仲裁机构的组成

农村土地承包经营纠纷涉及面广，有的纠纷较为复杂，解决起来难度较大。处理好这类纠纷，关系到农民的基本权益，关系到农村社会的稳定，因此，农村土地承包仲裁委员会应当有广泛的代表性和较高的公信力。农村土地承包仲裁委员会由各方面的代表共同组成，有利于在仲裁工作中处理各种复杂矛盾，公平对待各方面的权益，保障仲裁工作的顺利开展。据此，农村土地承包经营纠纷调解仲裁法第十三条规定："农村土地承包仲裁委员会由当地人民政府及其有关部门代表、有关人民团体代表、农村集体经济组织代表、农民代表和法律、经济等相关专业人员兼任组成，其中农民代表和法律、经济等相关专业人员不得少于组成人员的二分之一。农村土地承包仲裁委员会设主任一人、副主任一至二人和委员若干人。主任、副主任由全体组成人员选举产生。"

商事仲裁涉及商事活动中纷繁复杂的各类合同纠纷，具有很强的专业性，这就要求商事仲裁机构主要由法律、经济贸易专家和有实际工作经验的人员组成。仲裁法第十二条规定：“仲裁委员会由主任一人、副主任二至四人和委员七至十一人组成。仲裁委员会的主任、副主任和委员由法律、经济贸易专家和有实际工作经验的人员担任。仲裁委员会的组成人员中，法律、经济贸易专家不得少于三分之二。”

（3）仲裁员的条件

农村土地承包仲裁委员会的仲裁员是其聘任的专门从事农村土地承包经营纠纷仲裁工作的人员。农村土地承包经营仲裁工作对于仲裁员的要求较高，除了要了解相关的法律和国家政策外，还要熟悉农村的实际情况，具有一定的解决农村土地承包经营纠纷的能力。建立符合我国国情的高素质仲裁员队伍，是搞好农村土地承包经营纠纷仲裁的一个重要方面。据此，农村土地承包经营纠纷调解仲裁法第十五条规定：“农村土地承包仲裁委员会应当从公道正派的人员中聘任仲裁员。仲裁员应当符合下列条件之一：（一）从事农村土地承包管理工作满五年；（二）从事法律工作或者人民调解工作满五年；

（三）在当地威信较高，并熟悉农村土地承包法律以及国家政策的居民。”公道正派，是对所有仲裁员道德品质的要求，也是担任仲裁员最基本的条件。我国仲裁法、农村土地承包经营纠纷调解仲裁法、劳动争议调解仲裁法都将公道正派作为担任仲裁员的基本条件，可见不论担任哪类仲裁员，法律上都对其品行有最基本的要求。

但是，在其他条件方面，商事仲裁的仲裁员有着不同的要求。仲裁法第十三条规定：“仲裁委员会应当从公道正派的人员中聘任仲裁员。仲裁员应当符合下列条件之一：（一）通过国家统一法律职业资格考试取得法律职业资格，从事仲裁工作满八年的；（二）从事律师工作满八年的；（三）曾任法官满八年的；（四）从事法律研究、教学工作并具有高级职称的；（五）具有法律知识、从事经济贸易等专业工作并具有高级职称或者具有同等专业水平的。仲裁委员会按照不同专业设仲裁员名册。”由于商事仲裁有很强的专业性，对仲裁员的专业素养提出了很高的要求，不论是在职业资格方面，还是从事专业工作的时间方面，要求都更为严格，主要是长期从事法律相关工作，或者具有法律知识、从事经济贸易等专业工作的人员。当然，对于商事仲裁的仲裁员，则没有了解土地承包经营相关法律政策或者了解农村实际情况等要求。

4. 管辖

农村土地承包经营纠纷的仲裁实行地域管辖。农村土地承包经营纠纷调解仲裁法第二十一条规定，当事人申请仲裁，应当向纠纷涉及的土地所在地的农村土地承包仲裁委员会递交仲裁申请书。农村土地承包经营仲裁的管辖是以方便当事人申请仲裁，方便仲裁委员会审理案件为原则确定的。农村土地承包经营纠纷发生在农村，其对象（标的）或者说根源是承包地，因此确定了农村土地承包经营纠纷由涉及的土地所在地农村土地承包仲裁委员会仲裁的管辖原则。

仲裁法第六条则规定，仲裁委员会应当由当事人协议选定，仲裁不实行级别管辖和地域管辖。即商事仲裁实行协议管辖，由双方当事人对管辖的仲裁机构进行约定，共同选择仲裁机构，不限于纠纷标的所在地的仲裁委员会。

5. 申请方式

农村土地承包经营纠纷调解仲裁法第二十一条规定，仲裁申请书可以邮寄或者委托他人代交。仲裁申请书应当载明申请人和被申请人的基本情况，仲裁请求和所根据的事实、理由，并提供相应的证据和证据来源。书面申请确有困难的，可以口头申请，由农村土地承包仲裁委员会记入笔录，经申请人核实后由其签名、盖章或者按指印。可见，农村土地承包经营纠纷的当事人申请仲裁有两种方式，一是口头申请，二是书面申请。两种方式中以书面方式为主，只有在申请人“书面申请确有困难”的情况下，为便利其行使申请仲裁的权利，才允许申请人以口头方式申请仲裁。

而商事仲裁申请方式只有一种，即书面申请。仲裁法第二十二条规定，当事人申请仲裁，应当向仲裁委员会递交仲裁协议、仲裁申请书及副本。

6. 仲裁程序中的调解

农村土地承包经营纠纷调解仲裁法第十一条规定，仲裁庭对农村土地承包经营纠纷应当进行调解。调解达成协议的，仲裁庭应当制作调解书；调解不成的，应当及时作出裁决。调解书应当写明仲裁请求和当事人协议的结果。调解书由仲裁员签名，加盖农村土地承包仲裁委员会印章，送达双方当事人。调解书经双方当事人签收后，即发生法律效力。在调解书签收前当事人反悔的，仲裁庭应当及时作出裁决。仲裁庭处理农村土地承包经营纠纷，调解是必经的程序。因为仲裁庭所要解决的主要是农村集体经济组织与其成员之间的纠纷，如果能用调解的方法解决纠纷，对防止矛盾激化，稳定农村的生产、生活秩序都是极其有利的。

而仲裁法第五十一条规定，仲裁庭在作出裁决前，可以先行调解。当事人自愿调解的，仲裁庭应当调解。调解不成的，应当及时作出裁决。调解达成协议的，仲裁庭应当制作调解书或者根据协议的结果制作裁决书。调解书与裁决书具有同等法律效力。对于商事仲裁，只有在双方自愿的情况下，仲裁庭才应当调解，否则可以调解或者不调解。当然，不论是农村土地承包仲裁委员会还是一般商事仲裁的仲裁委员会作出的发生法律效力的调解书，与其作出的裁决书具有同等法律效力，当事人都应当依照规定的期限履行。

7. 开庭

农村土地承包经营纠纷调解仲裁法第三十条规定，农村土地承包经营纠纷仲裁应当开庭进行。开庭可以在纠纷涉及的土地所在地的乡（镇）或者村进行，也可以在农村土地承包仲裁委员会所在地进行。当事人双方要求在乡（镇）或者村开庭的，应当在该乡（镇）或者村开庭。开庭应当公开，但涉及国家秘密、商业秘密和个人隐私以及当事人约定不公开的除外。农村土地承包经营纠纷主要发生在基层，仲裁委员会可以决定在纠纷涉及的土地所在地的乡（镇）或者村进行开庭，当事人也可以要求在乡（镇）或者村开庭，充分体现了便民高效的原则，这是农村土地承包经营纠纷仲裁的一大特色。

仲裁法第三十九条规定，仲裁应当开庭进行。当事人协议不开庭的，仲裁庭可以根据仲裁申请书、答辩书以及其他材料作出裁决。第四十条规定，仲裁不公开进行。当事人协议公开的，可以公开进行，但涉及国家秘密的除外。在商事仲裁中，除了当事人协议不开庭的外，仲裁应当开庭进行。仲裁以不公开进行为原则，以当事人协议公开为例外，但涉及国家秘密的一律不公开进行。商事仲裁的开庭地点就是仲裁机构的所在地。

8. 先予执行

农村土地承包经营纠纷调解仲裁法第四十二条规定，对权利义务关系明确的纠纷，经当事人申请，仲裁庭可以先行裁定维持现状、恢复农业生产以及停止取土、占地等行为。一方当事人不履行先行裁定的，另一方当事人可以向人民法院申请执行，但应当提供相应的担保。为了保证农业生产的正常进行，在纠纷发生后，对农村种植业、养殖业等季节性的承包经营合同纠纷应及时处理，如果当事人提出申请，农村土地承包仲裁委员会认为必要时，可先行裁定恢复生产等，然后解决纠纷。这也是农村土地承包经营纠纷仲裁的一大特色，有利于农村经济秩序的稳定。

仲裁法对商事仲裁则没有规定这种制度。

9. 执行

农村土地承包经营纠纷调解仲裁法第四十九条规定，当事人对发生法律效力的调解书、裁决书，应当依照规定的期限履行。一方当事人逾期不履行的，另一方当事人可以向被申请人住所地或者财产所在地的基层人民法院申请执行。仲裁法第六十二条规定，当事人应当履行裁决。一方当事人不履行的，另一方当事人可以依照民事诉讼法的有关规定向人民法院申请执行。受申请的人民法院应当执行。民事诉讼法第二百二十四条规定，发生法律效力的民事判决、裁定，以及刑事判决、裁定中的财产部分，由第一审人民法院或者与第一审人民法院同级的被执行的财产所在地人民法院执行。法律规定由人民法院执行的其他法律文书，由被执行人住所地或者被执行的财产所在地人民法院执行。根据以上规定，农村土地承包仲裁委员会和商事仲裁的仲裁委员会作出的发生法律效力的调解书、裁决书，都是根据当事人的申请由被申请人或者被执行人的住所地、财产所在地法院执行。不同之处在于前者明确由基层人民法院执行，因为农村土地承包经营纠纷发生在农村，由基层人民法院执行不论对当事人还是法院来说都较为方便，有利于纠纷的解决。

10. 仲裁时效

农村土地承包经营纠纷的仲裁时效为 2 年。农村土地承包经营纠纷调解仲裁法第十八条规定，农村土地承包经营纠纷申请仲裁的时效期间为 2 年，自当事人知道或者应当知道其权利被侵害之日起计算。

商事仲裁没有规定统一的仲裁时效，主要由其他法律进行规定，如果没有规定，则适用诉讼时效的规定。仲裁法第七十四条规定，法律对仲裁时效有规定的，适用该规定。法律对仲裁时效没有规定的，适用诉讼时效的规定。

四、诉讼

诉讼是最为常见的民事纠纷解决方式之一，也是解决农村土地承包经营纠纷的重要途径。在协商、调解、仲裁和诉讼这4种解决农村土地承包经营纠纷的途径中，诉讼是最终的途径，在当事人通过前3种途径仍无法解决纠纷时，可以向人民法院起诉；当然，当事人也可以不经协商、调解和仲裁，直接向人民法院起诉。

如上文所述，农村土地承包经营纠纷仲裁与诉讼的关系是可裁可审、裁后可审，即仲裁不是诉讼的必经程序，农村土地承包合同发生纠纷后，当事人可以选择通过向农村土地承包仲裁委员会申请仲裁，或者直接向人民法院起诉的方式解决争议。如果当事人选择仲裁的方式，在农村土地承包仲裁委员会作出裁决后又不服仲裁裁决的，可以在法律规定的期限内向人民法院提起诉讼。而商事仲裁与诉讼的关系则是或裁或审、一裁终局，即当事人要么选择向农村土地承包仲裁委员会申请仲裁，要么向人民法院提起诉讼，两种争议解决途径只能选择其一；选择仲裁的，仲裁机构作出仲裁裁决就发生法律效力，当事人不得就同一纠纷再向人民法院提起诉讼。

第五十六条　任何组织和个人侵害土地承包经营权、土地经营权的，应当承担民事责任。

条文主旨

本条是关于侵害土地承包经营权、土地经营权应承担民事责任的规定。

立法背景

国家保护土地承包经营当事人的土地承包经营权、土地经营权。本法第八条规定，国家保护集体土地所有者的合法权益，保护承包方的土地承包经营权，任何组织和个人不得侵犯。本法第十条规定，国家保护承包方依法、自愿、有偿流转土地经营权，保护土地经营权人的合法权益，任何组织和个人不得侵犯。这两条规定从正面的角度分别规定了国家保护承包方的土地承包经营权和土地经营权人的合法权益。而本条则是从反面的角度对保护承包方的土地承包经营权和土地经营权人的合法权益作了规定。

条文解读

根据本条规定，如果土地承包经营权、土地经营权受到侵害时，有关责任人应当承担相应的民事责任。例如，任何人非经许可而在权利人承包经营的土地上开路、取水等行为，都是侵权行为，应当对承包经营权利人承担民事责任。再如，本法第五十七条列举了发包方对承包方的侵权情形及其所应承担的民事责任，这里不再赘述。根据民法总则第一百七十九条的规定，承担民事责任的方式主要有：（1）停止侵害；（2）排除妨碍；（3）消除危险；（4）返还财产；（5）恢复原状；（6）修理、重作、更换；（7）继续履行；（8）赔偿损失；（9）支付违约金；（10）消除影响、恢复名誉；（11）赔礼道歉。

本条有一点需要明确，即国家机关及其工作人员利用职权干涉和侵害农村土地承包经营权的行为如何处理？本法第六十五条列举了这些行为，如利用职权干涉农村土地承包经营，变更、解除承包经营合同，干涉承包经营当事人依法享有的生产经营自主权，强迫、阻碍承包经营当事人进行土地承包经营权互换、转让或者土地经营权流转等行为。依照我国行政诉讼法第十二条第一款第七项之规定，如果承包人认为行政机关的行政行为侵犯其经营自主权或者农村土地承包经营权、农村土地经营权，或者按照同款第十二项之规定，认为行政机关的行政行为侵犯了他的财产权益的，可以向人民法院提起行政诉讼。依照我国国家赔偿法第四条第四项的规定，受害人有权向造成损害的行政机关请求赔偿。

第五十七条　发包方有下列行为之一的，应当承担停止侵害、排除妨碍、消除危险、返还财产、恢复原状、赔偿损失等民事责任：

（一）干涉承包方依法享有的生产经营自主权；

（二）违反本法规定收回、调整承包地；

（三）强迫或者阻碍承包方进行土地承包经营权的互换、转让或者土地经营权流转；

（四）假借少数服从多数强迫承包方放弃或者变更土地承包经营权；

（五）以划分“口粮田”和“责任田”等为由收回承包地搞招标承包；

（六）将承包地收回抵顶欠款；

（七）剥夺、侵害妇女依法享有的土地承包经营权；

（八）其他侵害土地承包经营权的行为。

条文主旨

本条是关于发包方民事责任的规定。

立法背景

发包方违反本法及相关法律的规定，侵害承包方的合法权益，承包方可以请求发包方承担相应的责任，以保护自己的权利。本条规定目的在于使土地承包当事人明了民事责任的具体方式及其适用范围，有效地保护承包方的土地承包经营权，及时、合法、有效地处理土地承包经营纠纷，使实施违法行为的发包人承担相应的民事责任，从而达到巩固和完善以家庭承包经营为基础、统分结合的双层经营体制，保持土地承包关系稳定并长久不变，赋予农民更加充分而有保障的土地权利，依法维护农民承包土地的各项权利，推动乡村全面振兴，促进农业、农村经济发展和农村社会稳定的目的。

条文解读

一、发包方违法行为的类型

1. 干涉承包方依法享有的生产经营自主权

本法第八条规定，国家保护集体土地所有者的合法权益，保护承包方的土地承包经营权，任何组织和个人不得侵犯。第十五条规定，发包方应当尊重承包方的生产经营自主权，不得干预承包方依法进行正常的生产经营活动。第十七条规定，承包方依法享有承包地使用、收益的权利，有权自主组织生产经营和处置产品。发包方违反这些规定，干涉承包方依法享有的生产经营自主权的，应当承担停止侵害、恢复原状、赔偿损失等相应的民事责任。

2. 在承包期内违反本法规定收回、调整承包地

本法第二十七条规定，承包期内，发包方不得收回承包地。国家保护进城农户的土地承包经营权。不得以退出土地承包经营权作为农户进城落户的条件。承包期内，承包农户进城落户的，引导支持其按照自愿有偿原则依法在本集体经济组织内转让土地承包经营权或者将承包地交回发包方，也可以鼓励其流转土地经营权。承包期内，承包方交回承包地或者发包方依法收回承包地时，承包方对其在承包地上投入而提高土地生产能力的，有权获得相应的补偿。第二十八条规定，承包期内，发包方不得调整承包地。承包期内，因自然灾害严重毁损

承包地等特殊情形对个别农户之间承包的耕地和草地需要适当调整的，必须经本集体经济组织成员的村民会议2/3以上成员或者2/3以上村民代表的同意，并报乡（镇）人民政府和县级人民政府农业农村、林业和草原等主管部门批准。承包合同中约定不得调整的，按照其约定。第三十一条规定，承包期内，妇女结婚，在新居住地未取得承包地的，发包方不得收回其原承包地；妇女离婚或者丧偶，仍在原居住地生活或者不在原居住地生活但在新居住地未取得承包地的，发包方不得收回其原承包地。发包方违反这些规定，在承包期内，收回、调整承包地的，应当承担相应返还财产、赔偿损失等民事责任。

3. 强迫或者阻碍承包方进行土地承包经营权的互换、转让和土地经营权流转

本法第十条规定，国家保护承包方依法、自愿、有偿流转土地经营权，保护土地经营权人的合法权益，任何组织和个人不得侵犯。第二十七条第三款规定，承包期内，承包农户进城落户的，引导支持其按照自愿有偿原则依法在本集体经济组织内转让土地承包经营权或者将承包地交回发包方，也可以鼓励其流转土地经营权。第三十六条规定，承包方可以自主决定依法采取出租

（转包）、入股或者其他方式向他人流转土地经营权，并向发包方备案。第三十八条规定，土地经营权流转应当遵循的一个原则是，依法、自愿、有偿，任何组织和个人不得强迫或者阻碍土地经营权流转。发包方违反这些规定，强迫或者阻碍承包方进行土地承包经营权的互换、转让和土地经营权流转的，应当承担相应的民事责任。

4. 假借少数服从多数强迫承包方放弃或者变更土地承包经营权

本法第十五条关于发包方承担的义务包括：发包方应当维护承包方的土地承包经营权，不得非法解除、变更土地承包合同。发包方违反规定的，应当承担返还财产、赔偿损失等相应的民事责任。

5. 以划分“口粮田”和“责任田”等为由收回承包地搞招标承包

发包方违反本法规定，以划分“口粮田”和“责任田”等为由收回承包地搞招标承包的，应当承担返还财产、赔偿损失等相应的民事责任。

6. 将承包地收回抵顶欠款

发包方违反本法规定，将承包地收回抵顶欠款的，应当承担返还财产、赔偿损失等相应的民事责任。

7. 剥夺、侵害妇女依法享有的土地承包经营权

本法第六条规定，农村土地承包，妇女与男子享有平等的权利。承包中应当保护妇女的合法权益，任何组织和个人不得剥夺、侵害妇女应当享有的土地承包经营权。第三十一条规定，承包期内，妇女结婚，在新居住地未取得承包地的，发包方不得收回其原承包地。妇女离婚或者丧偶，仍在原居住地生活或者不在原居住地生活但在新居住地未取得承包地的，发包方不得收回其原承包地。发包方违反这些规定，应当承担返还财产、赔偿损失等相应的民事责任。

8. 其他侵害土地承包经营权的行为

发包方在承包期内，违反法律规定侵害承包方土地承包经营权的行为在实践中还有其他表现，上述列举的7项发包方承担民事责任的具体违法行为，只是侵权中较为常见的行为，本项作为兜底性规定，将其他侵害承包方土地承包经营权的行为包括进来，能够全面地、更好地保护承包方的合法权益。

合法权益受到侵害的承包方，要求实施违法行为的发包方承担民事责任的请求，既可以直接向发包方提出，也可以向人民法院或者土地承包法规定的仲裁机构提出，

这些内容农村土地承包法的其他条文作了具体规定。

二、发包方承担民事责任的方式

1. 停止侵害。停止侵害是指发包方正在实施侵害承包方享有的土地承包经营权时，承包方为了维护自己的合法权益，防止损害后果的扩大，有权制止正在实施的不法行为，要求其停止侵害。停止侵害的适用以违法行为正在进行为条件，若行为人尚未开始实施违法侵害行为或者违法行为已经停止实施，则不适用。要求停止侵害，不论违法行为何时实施和持续时间的长短，只要违法行为处于正在进行状态，即可适用这一责任方式。

2. 排除妨碍。是指将妨害他人权利的障碍予以排除，如发包方在承包地边堆放建筑用沙石，妨害承包方收割机械的进入，影响其生产。受害人对他人的违法妨害行为既有权请求加害人自行排除，也可以请求人民法院强制排除。

3. 消除危险。是指因行为人实施的行为或者设置的物件等，有造成他人损害或再次造成他人损害的危险时，受害人有权请求行为人将危险排除。这里所说的危险是现实存在的，而不是一种潜在的可能。在土地承包这一法律关系中，只要发包方的行为对承包方的权益有致害的可能，承包方就可以要求发包方承担消除危险的责任。如发包方在承包地边堆放村办企业所需的化工原料，如遇暴雨将严重污染承包地，承包方即可以要求其移至他处。消除危险既可以单独适用，也可以与其他责任形式合并适用。消除危险责任方式是一种预防性措施，可以防患于未然，保证承包人的合法权益免受不法侵害。

4. 返还财产。返还财产从民法理论上讲是指一方当事人将非法占有的他人财产返还给对方当事人。被他人非法占有的可能是物，或者其他财产。所返还财产可能是原物，也可能不是原物。返还原物应当具备如下条件，一是原物必须存在，二是返还原物有必要。返还原物有必要是指返还应有实际意义。如果非法占有财物是特定物，一般情况下均应返还；如果是种类物，可以返还相应的种类物，或当返还费用高于或等于非法占有物价值时，也可以不返还原物。如果原物不存在或者没有必要返还原物，非法占有人可以返还相应的财产。就发包方侵害承包方土地承包经营权、土地经营权而言，规定这一责任形式非常必要，比如，发包方违法收回承包地的或者扣缴土地承包经营权流转收益的，承包方即有权要求其返还承包地或者流转收益。

5. 恢复原状。按字面意思理解，是指将损坏的东西重新修复，引申下去，可以指恢复权利至未被侵害时的状态。比如，在发包方干涉承包方的承包经营自主权，组织他人毁弃承包人高秆作物改种低秆作物，承包人即可要求其恢复农作物的原有状态。恢复原状的适用，一般应具备有恢复的可能和有修复的必要这样的条件，如果恢复原状在不具备上述条件的情况下，可以用赔偿损失来替代。

6. 赔偿损失。是违法行为人对违法行为造成的损害所承担的补偿对方损失的民事法律责任方式。赔偿损失是适用范围最为广泛的一种责任形式。赔偿损失方式包括实物赔偿和金钱赔偿两种。承担赔偿损失责任，其前提是违法行为人的违法行为确实给受害方造成了损害后果，即损害事实是赔偿损失责任的构成要件，如果没有损害事实，则不适用赔偿损失。赔偿损失应当贯彻完全赔偿的原则，凡属于违法行为人的违法行为给受害方造成的损失，违法行为人都应当予以赔偿。在土地承包这一法律关系中，如果发包方实施了农村土地承包法及相关法律所禁止的行为，给承包方造成了损害，就要承担赔偿承包方损失的民事责任。

本条明确列举了上述6种发包方违反土地承包法的有关规定，应当承担民事责任的方式，但发包方因违法行为承担民事责任的方式不限于这6种方式，本条的规定是，发包方有违反农村土地承包法规定的这些行为时，应当承担停止侵害、排除妨碍、消除危险、返还财产、恢复原状、赔偿损失等民事责任。这个等字表明，除这6种民事责任方式外，发包方因违法行为还可以以其他形式承担民事责任。以其他形式承担民事责任的依据应当是民法总则规定的承担民事责任的方式。民法总则规定了11种承担民事责任的方式，除了上述6种以外，还有赔礼道歉、消除影响、恢复名誉等。要注意的是，这些承担民事责任的方式，既可以单独适用，也可以合并适用。

第五十八条　**承包合同中违背承包方意愿或者违反法律、行政法规有关不得收回、调整承包地等强制性规定的约定无效。**

条文主旨

本条是关于承包合同有关内容无效的规定。

立法背景

实行以家庭承包经营为基础、统分结合的双层经营体制是国家在农村的一项基本政策，是我国农村的一项基本经营制度。为了切合实际地落实这一政策，维护好这一制度，保护农村土地承包当事人的合法权益，促进农业、农村经济的发展和社会的稳定，在农村进行土地承包应当遵循一定的原则和程序，符合法律的规定。如本法第十九条规定，土地承包应当遵循自愿、民主协商、公平合理、承包方案应当依法经村民会议同意、承包程序合法等原则。第二十条规定了土地承包的具体程序，其中包括订立承包合同。第二十二条规定，承包方应当与发包方签订书面承包合同。承包合同一般应当包括以下内容：(1) 发包方、承包方的名称，发包方负责人和承包方代表的姓名、住所；(2) 承包土地的名称、坐落、面积、质量等级；(3) 承包期限和起止日期；(4) 承包土地的用途；(5) 发包方和承包方的权利义务；(6) 违约责任。在土地被承包方依法承包后，本法明确要求发包方应当与承包方签订书面承包合同，其目的是通过合同明确双方在土地承包关系中的权利、责任和义务，便于监督、督促双方履行合同所确定的义务，同时对于防止争议和解决纠纷也具有积极的意义。

条文解读

发包方与承包方签订土地承包合同，首先，应当遵守法律尤其是《中华人民共和国合同法》的规定，如一方不得将自己的意志强加给另一方。行使权利、履行义务应当遵循诚实信用的原则。订立、履行合同，应当遵守法律、行政法规，尊重社会公德，不得扰乱社会经济秩序，损坏社会公共利益。依法成立的合同，对当事人具有法律约束力。当事人应当按照合同约定履行自己的义务，不得擅自变更或者解除合同等。其次，发包方与承包方在签订土地承包合同时还应当遵守本法的有关规定，如本法明确规定，农村土地承包应当遵守法律、法规。承包方的土地承包经营权、土地经营权受国家保护，任何组织和个人不得侵犯。对于承包地收回和调整，本法规定：承包期内，发包方不得收回承包地。国家保护进城农户的土地承包经营权。不得以退出土地承包经营权作为农户进城落户的条件。承包期内，承包农户进城落户的，引导支持其按照自愿有偿原则依法在本集体经济组织内转让土地承包经营权或者将承包地交回发包方，也可以鼓励其流转土地经营权。承包期内，承包方交回承包地或者发包方依法收回承包地时，承包方对其在承包地上投入而提高土地生产能力的，有权获得相应的补偿。承包期内，发包方不得调整承包地。承包期内，因自然灾害严重毁损承包地等特殊情形对个别农户之间承包的耕地和草地需要适当调整的，必须经本集体经济组织成员的村民会议 2/3 以上成员或者 2/3 以上村民代表的同意，并报乡（镇）人民政府和县级人民政府农业农村、林业和草原等主管部门批准。承包合同中约定不得调整的，按照其约定。承包期内，妇女结婚，在新居住地未取得承包地的，发包方不得收回其原承包地；妇女离婚或者丧偶，仍在原居住地生活或者不在原居住地生活但在新居住地未取得承包地的，发包方不得收回其原承包地。如果发包方与承包方签订的承包合同中有违背上述规定的内容收回、调整承包地的，该合同内容无效。即本条规定的“承包合同中违背承包方意愿或者违反法律、行政法规有关不得收回、调整承包地等强制性规定的约定无效”。

有效合同对当事人具有法律约束力，国家给予法律保护。无效合同由于违反了法律、行政法规的强制性规定，对当事人不具有法律约束力，国家不予保护。合同无效分为整个合同无效和部分合同无效。合同部分无效的，不影响其他部分的效力，其他部分仍然有效。具体到本条，如果在承包合同的若干条款中，有一条内容违反了本法有关收回、调整土地的规定，那么只是该条款无效。

第五十九条　当事人一方不履行合同义务或者履行义务不符合约定的，应当依法承担违约责任。

条文主旨

本条是关于违约责任的规定。

立法背景

依法成立的合同，对双方当事人具有法律约束力，当事人应当按照合同的约定履行自己的义务。如果不履行义务或者履行义务不符合约定怎么办？要承担违约责任。违约责任，是合同当事人违反合同约定所应承担的民事责任。违约责任制度，是保证当事人履行合同义务的重要措施，有利于促进合同的履行和弥补违约造成的损失，对合同当事人和整个社会都具有积极的意义。土地承包合同与其他合同一样，一方当事人的违约行为同样会给另一方当事人造成损失，违约方就应当承担因违约行为给对方造成的损失，即承担违约责任。

条文解读

本条规定当事人不履行合同义务或者履行合同义务不符合约定的，应当承担违约责任。也就是说，除不可抗力等法定免责事由外，只要违约都要承担违约责任。本条这一规定还明确了违约分为两种情况，不履行合同义务或者履行合同义务不符合约定。无论哪一种情况，违约方如有违约行为，就应当承担违约责任。

违约方如何承担违约责任？即关于承担违约责任的方式、损失赔偿额的确定、违约金、违约金与定金的选择适用、违约责任的免除、违约责任与侵权责任的竞合等内容，依照法律的规定。

违约责任主要规定在合同法中，经九届全国人民代表大会第二次会议审议通过的合同法设专章规定了违约责任，共16条，规定了违约责任的承担方式有继续履行、采取补救措施、赔偿损失等。是否继续履行，可由没有违约的一方当事人选择，如可以要求违约方继续支付合同约定的而违约方未支付的价款或者报酬；可以要求违约方继续履行提供生产、技术、信息等非金钱债务，也可以要求其赔偿损失。关于采取补救措施，如发包方提供的农用工具不符合合同约定的质量，承包方可以根据发包方供给的农用工具的具体情况及损失的大小，合理选择要求发包方承担修理、更换、重作、退货、减少价款或者报酬等违约责任。违约方在履行义务或者采取补救措施后，对方还有其他损失的，应当赔偿损失。赔偿损失是承担违约责任的最基本的方式，合同法第一百一十三条规定，损失赔偿额应当相当于因违约所造成的损失，包括合同履行后可以获得的利益，但不得超过违反合同一方订立合同时预见到或者应当预见到的因违反合同可能造成的损失。合同法还规定，当事人一方因另一方违反合同受到损失的，应当及时采取措施防止损失的扩大；没有及时采取措施致使损失扩大的，无权就扩大的损失要求赔偿。

以上是关于当事人没有在合同中约定违约责任条款的情况下，法律规定的违约责任。如果当事人在合同中约定了违约责任条款，违约发生后，首先应当按照合同的约定办理。例如，当事人在合同中约定了一方违约，由违约方向对方支付一定数额的违约金，或者约定了损失赔偿额的计算方法，则按此约定办理。合同法第一百一十四条第二款规定，约定的违约金低于造成的损失的，当事人可以请求人民法院或者仲裁机构予以增加；约定的违约金过分高于造成的损失的，当事人可以请求人民法院或者仲裁机构予以适当减少。如果当事人既约定了违约金，又约定了定金，一方违约时，对方可以选择适用违约金或者定金条款。

此外，合同法还规定，当事人一方明确表示或者以自己的行为表明不履行合同义务的，对方可以在履行期限届满之前要求其承担违约责任。因不可抗力不能履行合同的，根据不可抗力的影响，部分或者全部免除责任，但法律另有规定的除外。当事人迟延履行后发生不可抗力的，不能免除责任。当事人一方因不可抗力不能履行合同的，应当及时通知对方，以减轻可能给对方造成的损失，并应当在合理期限内提供证明。当事人双方都违反合同的，应当各自承担相应的责任。

第六十条　任何组织和个人强迫进行土地承包经营权互换、转让或者土地经营权流转的，该互换、转让或者流转无效。

条文主旨

本条是关于强迫承包方进行土地承包经营权互换、转让或者土地经营权流转无效的规定。

立法背景

农村土地承包及延包工作完成后，广大农民普遍获得了长达30年的农村土地承包经营权，这为农民放手发展农业生产和从事第二、三产业经营解除了后顾之忧，为农民可以在不放弃土地承包经营权的前提下，通过土地承包经营权的互换、转让和土地经营权的流转，提高土地利用率，参与合作生产，增加收入提供了可能。随着农村经济的发展，特别是随着农业产业化、现代化进程的加快，农村劳动力的转移，土地经营权的流转将会是今后农村工作中值得关注的问题。对此，中央多次重申，土地作为农业的基本生产资料，在条件具备的地方可以按照自愿、有偿的原则依法进行农村土地使用权的流转。

本法诸多条文对保护土地承包经营权的互换、转让和土地经营权的流转作了规定。根据本法规定，国家保护承包方依法、自愿、有偿流转土地经营权，保护土地经营权人的合法权益，任何组织和个人不得侵犯。在承包期内，发包方有维护承包方土地承包经营权的义务，承包方有依法享有承包地使用、收益和依法互换、转让土地承包经营权，依法流转土地经营权的权利。承包方之间为方便耕种或者各自需要，可以对属于同一集体经济组织的土地的土地承包经营权进行互换，并向发包方备案。经发包方同意，承包方可以将全部或者部分的土地承包经营权转让给本集体经济组织的其他农户，由该农户同发包方确立新的承包关系，原承包方与发包方在该土地上的承包关系即行终止。承包方可以自主决定依法采取出租（转包）、入股或者其他方式向他人流转土地经营权，并向发包方备案。

条文解读

为了更好保护土地承包经营权的互换、转让和土地经营权的流转，本条进一步规定，如果有关组织或者个人强迫承包方进行土地承包经营权互换、转让或者土地经营权流转，该互换、转让或者流转没有法律效力。例如，本法第二十七条第三款规定，承包期内，承包农户进城落户的，引导支持其按照自愿有偿原则依法在本集体经济组织内转让土地承包经营权或者将承包地交回发包方，也可以鼓励其流转土地经营权。假如农村集体经济组织违背这一规定，对进城落户但愿意继续保留土地承包经营权的承包方强迫其进行土地经营权流转，那么，该流转无效。承包方可以继续保留其土地承包经营权，并依法受法律保护。而对该农村集体经济组织的违法行为，应当依据本法第五十七条的规定，承担返还财产、恢复原状、赔偿损失等责任。

第六十一条　任何组织和个人擅自截留、扣缴土地承包经营权互换、转让或者土地经营权流转收益的，应当退还。

条文主旨

本条是关于擅自截留、扣缴收益应予退还的规定。

立法背景

本法对土地承包经营权互换、转让和土地经营权流转等可以获得收益作了明确规定，为了保护当事人的合法权益，本条从反面作了进一步的规定。

条文解读

土地承包经营权互换、转让和土地经营权流转应当遵循一定的原则、符合法律规定。本法第十条明确规定，国家保护承包方依法、自愿、有偿流转土地经营权，保护土地经营权人的合法权益，任何组织和个人不得侵犯。本法规定的农村土地承包应当坚持公开、公平、公正的原则，土地承包应当遵循民主协商，公平合理的原则，土地经营权流转的原则之一是依法、自愿、有偿。根据这些法律规定，承包方在自愿的前提下，可以与另一方平等地协商有关土地承包经营权互换、转让和土地经营权流转事宜，如土地经营权流转的方式、流转的期限、流转土地的用途、双方当事人的权利义务、土地承包经营权转让或者土地经营权流转的价款及支付方式等。承包方不仅可以与另一方协商确定互换、转让或者流转费用，而且还可以根据自己享有的土地承包经营权或者土地经营权明确互换、转让或者流转费用归承包方所有。本法第三十九条规定，土地经营权流转的价款，应当由当事人双方协商确定。流转的收益归承包方所有，任何组织和个人不得擅自截留、扣缴。违反这一规定，即任何组织和个人擅自截留、扣缴土地承包经营权互换、转让和土地经营权流转收益的，应当退还。

第六十二条　违反土地管理法规，非法征收、征用、占用土地或者贪污、挪用土地征收、征用补偿费用，构成犯罪的，依法追究刑事责任；造成他人损害的，应当承担损害赔偿等责任。

条文主旨

本条是关于非法征收、征用、占用土地或者贪污、挪用土地征收、征用补偿费用所应承担的法律责任的规定。

立法背景

违反土地管理法规，非法征收、征用、占用土地或者贪污、挪用土地征收、征用补偿费用，造成他人损害的，应当依法承担赔偿责任，同时，如果构成犯罪的，还应当依照刑法等法律的规定追究相关人员的刑事责任。本条规定对此作了明确强调。

条文解读

一、关于非法征收、征用、占用土地的法律责任

宪法第十条第三款规定："国家为了公共利益的需要，可以依照法律规定对土地实行征收或者征用并给予补偿。"对于征收土地，物权法第四十二条第一款规定："为了公共利益的需要，依照法律规定的权限和程序可以征收集体所有的土地和单位、个人的房屋及其他不动产。"从这两项法律的规定可以看出，征收土地是国家为了社会公共利益的需要，将集体所有的土地转变为国有土地的一项制度。征收土地必须具备以下几个条件：第一，征收土地是一种政府行为，只有国家为了公共利益的需要，才可以对农民集体所有的土地实行征收，其他任何单位和个人都没有征地权；第二，必须依法取得批准；第三，必须依法对被征地对象进行补偿；第四，征收土地的行为必须向社会公开，接受社会的监督；第五，

土地被征收的一方有权获得相应的补偿。征用是国家依法强制使用单位、个人财产的一项制度。对于征用土地，物权法第四十四条规定："因抢险、救灾等紧急需要，依照法律规定的权限和程序可以征用单位、个人的不动产或者动产。被征用的不动产或者动产使用后，应当返还被征用人。单位、个人的不动产或者动产被征用或者征用后毁损、灭失的，应当给予补偿。"征用土地也有严格的条件限制：第一，征用的前提条件是发生紧急情况，平时不得采用；第二，征用应符合法律规定的权限和程序；第三，使用后应当将征用财产返还被征用人，并且给予补偿。因此，违反上述征收、征用需要满足的条件的为非法征收、征用。

占用土地是指兴办乡镇企业和村民建设住宅经依法批准使用本集体经济组织农民集体所有的土地或者乡（镇）村公共设施和公益事业建设经依法批准使用农民集体所有土地的行为。土地管理法第三条规定："十分珍惜、合理利用土地和切实保护耕地是我国的基本国策。各级人民政府应当采取措施，全面规划，严格管理，保护、开发土地资源，制止非法占用土地的行为。"根据土地管理法的有关规定，乡镇企业、乡（镇）村公共设施、公益事业、农村村民住宅等乡（镇）村建设，应当按照村庄和集镇规划，合理布局，综合开发，配套建设；建设用地，应当符合乡（镇）土地利用总体规划和土地利用年度计划，并依照规定办理审批手续。乡（镇）村公共设施、公益事业建设，需要使用土地的，经乡（镇）人民政府审核，向县级以上地方人民政府土地行政主管部门提出申请，按照省、自治区、直辖市规定的批准权限，由县级以上地方人民政府批准；其中涉及占用农用地的，依照规定办理审批手续。非法占用土地，主要是指违反土地管理法律、法规的规定，未经批准、采取欺骗手段骗取批准、超过批准的数量占用土地的行为。近些年来，在对非农建设用地需求趋旺的情况下，有的农村集体经济组织采取非法手段将农户承包的土地转为建设用地，谋取利益。这些行为严重损害了农民的切身利益。

尽管法律规定得非常明确，但仍然有非法征收、征用、占用土地侵犯农村土地承包经营当事人合法权益的违法现象。为此，本条规定，违反土地管理法规，非法征收、征用、占用土地，构成犯罪的，依法追究刑事责任；造成他人损害的，应当承担损害赔偿等责任。

根据本条规定，如果非法征收、征用、占用土地构成犯罪的，应当依据刑法第三百四十二条“违反土地管理法规，非法占用耕地、林地等农用地，改变被占用土地用途，数量较大，造成耕地、林地等农用地大量毁坏的，处五年以下有期徒刑或者拘役，并处或者单处罚金”，或者依据刑法第四百一十条“国家机关工作人员徇私舞弊，违反土地管理法规，滥用职权，非法批准征收、征用、占用土地，或者非法低价出让国有土地使用权，情节严重的，处三年以下有期徒刑或者拘役；致使国家或者集体利益遭受特别重大损失的，处三年以上七年以下有期徒刑”的规定处罚。依据 2001 年 8 月 31 日九届全国人大常委会第二十三次会议通过、2009 年 8 月 27 日十一届全国人大常委会第十次会议修正的《关于〈中华人民共和国刑法〉第二百二十八条、第三百四十二条、第四百一十条的解释》的规定，“违反土地管理法规”，是指违反土地管理法、森林法、草原法等法律以及有关行政法规中关于土地管理的规定；“非法批准征收、征用、占用土地”，是指非法批准征收、征用、占用耕地、林地等农用地以及其他土地。

损害赔偿是指因当事人一方的侵权行为对他方造成

损害时应当承担的赔偿对方损失的责任。对于权利人来说，损害赔偿是一种重要的保护权利的手段；对于义务人来说，它是一种重要的承担责任的方式。损害赔偿的范围包括侵权人造成的全部损失，例如，承包方在承包的土地上投入了很多资金，进行施肥、打水井灌溉等，由于非法征收、征用、占用土地，将水井填平了，农作物也被破坏了，承包方对土地的投入付之东流，更严重的是承包方失去了土地或者土地受到损坏，这些都属于损失的范围。根据本条规定，对于非法征收、征用和非法占用而给承包方造成的损失，应当承担损害赔偿责任。

二、关于贪污、挪用土地征收、征用补偿费用的法律责任

国家实行征收、征用土地补偿制度。土地管理法第四十七条第一款明确规定："征收土地的，按照被征收土地的原用途给予补偿。"物权法第四十二条第二款规定："征收集体所有的土地，应当依法足额支付土地补偿费、安置补助费、地上附着物和青苗的补偿费等费用，安排被征地农民的社会保障费用，保障被征地农民的生活，维护被征地农民的合法权益。"物权法第四十四条规定，单位、个人的不动产或者动产被征用或者征用后毁损、灭失的，应当给予补偿。本法第十七条在承包方享有的权利中明确规定，承包地被依法征收、征用、占用的，有权依法获得相应的补偿。

土地征收、征用的补偿费用应当属于土地所有权人和使用权人，用于被征地农民集体的生产发展，安置被征地的农民、补偿农业经营者因土地被征收、征用而遭受的损失等。任何组织和个人贪污、挪用土地征收、征用补偿费用都是违法行为。对此，物权法第四十二条第四款规定："任何单位和个人不得贪污、挪用、私分、截留、拖欠征收补偿费等费用。"土地管理法第七十九条规定："侵占、挪用被征收土地单位的征地补偿费用和其他有关费用，构成犯罪的，依法追究刑事责任；尚不构成犯罪的，依法给予行政处分。"据此，本条规定，对于违反土地管理法规，贪污、挪用土地征收、征用补偿费用，构成犯罪的，依法追究刑事责任；造成他人损害的，应当承担损害赔偿等责任。

1. 关于贪污罪。刑法第三百八十二条第一款规定："国家工作人员利用职务上的便利，侵吞、窃取、骗取或者以其他手段非法占有公共财物的，是贪污罪。"由于土地征收、征用补偿费用属于公共财产，所以国家工作人员利用职务上的便利，侵吞、窃取、骗取或者以其他手段非法占有土地征收、征用补偿费用的，就构成了刑法规定的贪污罪。根据2000年4月29日九届全国人大常委会第十五次会议通过、2009年8月27日十一届全国人大常委会第十八次会议修正的《关于〈中华人民共和国刑法〉第九十三条第二款的解释》，村民委员会等村基层组织人员协助人民政府从事土地征收、征用补偿费用的管理等工作的，属于刑法第九十三条第二款规定的“其他依照法律从事公务的人员”，以国家工作人员论，可以成为贪污罪的主体。

根据刑法第三百八十三条的规定，对犯贪污罪的，根据情节轻重，分别依照下列规定处罚：（1）贪污数额较大或者有其他较重情节的，处三年以下有期徒刑或者拘役，并处罚金。（2）贪污数额巨大或者有其他严重情节的，处三年以上十年以下有期徒刑，并处罚金或者没收财产。（3）贪污数额特别巨大或者有其他特别严重情节的，处十年以上有期徒刑或者无期徒刑，并处罚金或者没收财产；数额特别巨大，并使国家和人民利益遭受特别重大损失的，处无期徒刑或者死刑，并处没收财产。对多次贪污未经处理的，按照累计贪污数额处罚。犯贪污罪，在提起公诉前如实供述自己罪行、真诚悔罪、积极退赃，避免、减少损害结果的发生，有上述第（1）项规定情形的，可以从轻、减轻或者免除处罚；有第（2）项、第（3）项规定情形的，可以从轻处罚。有第（3）项规定情形被判处死刑缓期执行的，人民法院根据犯罪情节等情况可以同时决定在其死刑缓期执行二年期满依法减为无期徒刑后，终身监禁，不得减刑、假释。

2. 关于挪用公款罪。刑法第三百八十四条规定，国家工作人员利用职务上的便利，挪用公款归个人使用，进行非法活动，或者挪用公款数额较大、进行营利活动的，或者挪用数额较大、超过三个月未还的，是挪用公款罪。由于土地征收、征用的补偿费用属于公共财产，国家工作人员利用职务上的便利挪用土地征收、征用的补偿费用符合上述要件的，构成挪用公款罪。由于村民委员会等村基层组织人员协助人民政府从事土地征收、征用补偿费用的管理等工作的，属于刑法第九十三条第二款规定的“其他依照法律从事公务的人员”，以国家工作人员论，因此村民委员会等村基层组织人员也可以成为挪用公款罪的主体。

根据刑法第三百八十四条的规定，对挪用公款罪，处5年以下有期徒刑或者拘役；情节严重的，处5年以上有期徒刑。挪用公款数额巨大不退还的，处10年以上有期徒刑或者无期徒刑。

同样，根据本条规定，对于贪污、挪用土地征收、征用补偿费用而给他人造成的损失，应当承担损害赔偿责任。

第六十三条　**承包方、土地经营权人违法将承包地用于非农建设的，由县级以上地方人民政府有关主管部门依法予以处罚。**

承包方给承包地造成永久性损害的，发包方有权制止，并有权要求赔偿由此造成的损失。

条文主旨

本条是关于承包方、土地经营权人违法将承包地用于非农建设的行政责任，以及承包方给承包地造成永久性损害所应承担的民事责任的规定。

立法背景

中央有关文件多次强调，坚持最严格的耕地保护制度，坚守耕地红线，切实保护基本农田。土地管理法第三条规定，十分珍惜、合理利用土地和切实保护耕地是我国的基本国策。第四条第一款、第二款规定，国家实行土地用途管制制度。国家编制土地利用总体规划，规定土地用途，将土地分为农用地、建设用地和未利用地。严格限制农用地转为建设用地，控制建设用地总量，对耕地实行特殊保护。

所谓农用地是指直接用于农业生产的土地，包括耕地、林地、草地、农田水利用地、养殖水面等。建设用地则是指建造建筑物、构筑物的土地，包括城乡住宅和公共设施用地、工矿用地、交通水利设施用地、旅游用地、军事设施用地等。未利用地是指农用地和建设用地以外的土地，如沙漠、冰川等。使用土地的组织和个人必须严格按照土地利用总体规划确定的用途使用土地。将土地做这样的分类是国家实行土地用途管制制度的需要，主要目的是限制农用地转为建设用地，特别是要对耕地实行重点保护。违法将承包地用于非农建设的，应当承担相应的行政责任。承包方如果给承包地造成永久性损害，还应承担相应的法律责任。

条文解读

一、关于承包方、土地经营权人违法将承包地用于非农建设应承担的行政责任

土地管理法第十四条规定，承包经营土地的农民有保护和按照承包合同约定的用途合理利用土地的义务。第四十四条规定，涉及农用地转为建设用地的，由相应的人民政府批准。这种农用地转用审批是国家控制土地利用、保护农用地的必要手段。为了加强对土地的保护，防止在深化农村土地制度改革、落实“三权分置”制度的过程中，出现借土地流转之名违规搞非农建设，在流转农地上建设或变相建设旅游度假村、高尔夫球场、别墅等，占用基本农田挖塘栽树及其他毁坏种植条件的行为，破坏、污染、圈占闲置耕地和损毁农田基础设施，通过“以租代征”违法违规进行非农建设，擅自将耕地“非农化”的行为，本法第十一条第一款又明确规定：“农村土地承包经营应当遵守法律、法规，保护土地资源的合理开发和可持续利用。未经依法批准不得将承包地用于非农建设。”从以上的这些规定可以看出，农用地用于非农建设要经过严格的审批，这不是承包方、土地经

营权人个人的行为所能决定的，否则就是非法改变承包地的用途。为此，本条第一款规定："承包方、土地经营权人违法将承包地用于非农建设的，由县级以上地方人民政府有关主管部门依法予以处罚。"

对于承包方、土地经营权人违法将承包地用于非农建设的，县级以上地方人民政府有关部门有权依法予以行政处罚，即行政机关对违反国家土地管理制度的违法行为人，依法给予行政制裁。具体处罚方式有：（1）罚款；（2）没收违法所得；（3）责令限期拆除在土地上新建的建筑物和其他设施等，恢复土地原状；（4）没收在土地上新建的建筑物和其他设施；（5）责令限期改正或者治理；（6）责令缴纳复垦费；（7）责令退还或者交还非法占用的土地。

二、关于承包方给承包地造成永久性损害应承担的法律责任

人口多、土地少是我国的基本国情。我国的耕地资源有以下几个显著特点：一是人均占有耕地的数量少；二是耕地总体质量差，生产水平低；三是耕地退化严重；四是耕地后备资源匮乏。不仅如此，每年因各项建设占用、农业结构调整以及灾害毁损等原因还在造成耕地不断减少。而且，从现阶段来看，在粮食生产技术水平没有重大突破的情况下，人增地减的趋势已经成为我国经济社会发展中的一个重大问题和严峻挑战。

耕地耕作层是经过多年耕种形成的，是农业生产中的宝贵的资源。一般来说，要形成好的土壤结构要经过很长时间的耕作、施肥和培养，良好的土壤结构对农业生产非常重要。但是如果承包方把土地改作他用，如建房、挖砂、采石、采矿、取土，甚至建设小砖窑、小煤窑等，就会占用和破坏大量的良田，破坏土地种植的条件，甚至会给承包地造成永久性的损害。

为了防止承包方为局部的、眼前的利益所驱动，未经批准擅自改变承包土地的用途或者进行掠夺式经营给土地造成永久性损害，本法在第十八条关于承包方的义务中明确规定，承包方应当维持土地的农业用途，未经依法批准不得用于非农建设；依法保护和合理利用土地，不得给土地造成永久性损害。农村土地的所有权为农民集体所有或者国家所有，为了保护所有权人的利益，防止承包方给承包地造成永久性损害，本法第十四条赋予了发包方监督承包方依照承包合同约定的用途合理利用和保护土地，制止承包方损害承包地和农业资源的行为的权利。发包方作为代表农民集体行使所有权的主体或者是发包国家所有的农村土地的主体，具有发包权、监督权、管理权及法律、法规规定的其他权利，在承包地受到损害时，有权要求停止侵害、排除妨碍、赔偿损失等。为此，本条第二款规定："承包方给承包地造成永久性损害的，发包方有权制止，并有权要求承包方赔偿由此造成的损失。"

第六十四条 **土地经营权人擅自改变土地的农业用途、弃耕抛荒连续两年以上、给土地造成严重损害或者严重破坏土地生态环境，承包方在合理期限内不解除土地经营权流转合同的，发包方有权要求终止土地经营权流转合同。土地经营权人对土地和土地生态环境造成的损害应当予以赔偿。**

条文主旨

本条是关于土地经营权人有关违法行为民事责任的规定。

立法背景

土地经营权人取得土地经营权，有权在合同约定的期限内占有农村土地，自主开展农业生产经营并取得收益。此外，土地经营权人在取得承包方书面同意并经发包方备案的前提下，还可以再流转土地经营权或者以土地经营权向金融机构融资担保。权利和义务是对立统一的，土地经营权人在享有权利的同时还负有相应的义务。本法第十一条第一款规定："农村土地承包经营应当遵守法律、法规，保护土地资源的合理开发和可持续利用。未经依法批准不得将承包地用于非农建设。"第三十八条规定，土地经营权流转应当遵循不得改变土地所有权的性质和土地的农业用途，不得破坏农业综合生产能力和农业生态环境的原则。因此，土地经营权人除了按时足额支付土地经营权流转的价款以外，还须承担不改变土地的农业用途、不弃耕抛荒、不严重损害土地或者严重破坏土地生态环境等义务。否则，要承担相应的民事责任。

条文解读

根据本法相关规定，土地经营权人不得有下列行为：

1. 不得擅自改变土地的农业用途

我国实行土地用途管制制度，追求的是土地资源的合理利用，在农村土地方面则体现为对农用地的保护，严格限制农用地转为建设用地，对耕地实行特殊保护。改变土地的农业用途需要经过严格的审批。近年来，一些工商企业投资农业，通过流转农民承包地的土地经营权，从事规模化经营，但也出现借农业产业化经营之名行圈占土地之实，违法违规进行非农建设，不仅破坏了承包地，损害了承包方和发包方的利益，也违反了土地用途管制，影响国家粮食安全和主要农产品供给。习近平总书记就此专门作出指示，提出："特别要防止一些工商资本到农村介入土地流转后搞非农建设、影响耕地保护和粮食生产等问题。"2014 年中共中央办公厅、国务院办公厅印发的《关于引导农村土地经营权有序流转发展农业适度规模经营的意见》中提出："加强土地流转用途管制。坚持最严格的耕地保护制度，切实保护基本农田。严禁借土地流转之名违规搞非农建设。严禁在流转农地上建设或变相建设旅游度假村、高尔夫球场、别墅、私人会所等。严禁占用基本农田挖塘栽树及其他毁坏种植条件的行为。严禁破坏、污染、圈占闲置耕地和损毁农田基础设施。坚决查处通过'以租代征'违法违规进行非农建设的行为，坚决禁止擅自将耕地'非农化'。利用规划和标准引导设施农业发展，强化设施农用地的用途监管。”因此，土地经营权人须严格按照土地用途开展生产经营活动，不得擅自改变土地的农业用途。

2. 不得弃耕抛荒

土地管理法第三十七条规定，禁止任何单位和个人闲置、荒芜耕地。弃耕抛荒，既浪费了有限的土地资源，又会影响农业生产，引起土地质量恶化，破坏农业综合生产能力，降低粮食产量，危及国家的粮食安全。在家庭承包经营制度下，一些农村地区由于劳动力大量进城务工、农田生产条件差、种地经济效益低、自身无力耕种等原因，出现了承包户弃耕抛荒的情形。随着承包地“三权分置”制度的确立和开展，无法耕种土地的承包方可以流转其承包地的土地经营权，由他人经营。土地经营权流转的目的是由土地经营权人占有农村土地并自主开展农业生产经营，如果土地经营权人取得土地经营权以后弃耕抛荒，不仅违反了土地经营权流转合同的目的，也对承包方的承包地造成了破坏。

3. 不得给土地造成严重损害或者严重破坏土地生态环境

土地经营权人在从事农业生产经营活动时，应当科学合理地开发利用和保护土地，维持和提升土地的生态功能，不得给土地造成严重损害或者严重破坏土地生态环境。不合理地开发、掠夺式的经营会造成土地水土流失、沙漠化、盐碱化、土地污染和生态环境破坏等，不仅使土地的生产能力下降，影响农作物的产量，而且会严重损害承包方和发包方的土地利益，降低土地的利用和流转价值，增加修复成本。此外，土地的损害和生态环境的破坏往往需要很长的时间才能恢复，有些甚至是不可逆的，会对人类和动植物的生存发展产生严重危害。

合同法第八条规定，依法成立的合同，对当事人具有法律约束力。当事人应当按照约定履行自己的义务，不得擅自变更或者解除合同。然而，土地经营权人如果违反上述义务，不仅会使承包方的利益受到不成比例的损害，还违反了行政方面的法律法规，损害了社会公共利益。为此，本法从保护承包方利益的角度赋予了承包方法定的单方解除合同的权利，在第四十二条中规定："承包方不得单方解除土地经营权流转合同，但受让方有下列情形之一的除外：（一）擅自改变土地的农业用途；（二）弃耕抛荒连续两年以上；（三）给土地造成严重损害或者严重破坏土地生态环境；（四）其他严重违约行为。”作为土地经营权流转合同的当事人，土地经营权人存在上述情形时，承包方应当在合理期限内解除土地经营权流转合同，这不仅是法律赋予的一项权利，也是一项义务。如果不及时解除合同，收回承包地的土地经营权，土地经营权人擅自改变土地的农业用途、弃耕抛荒连续两年以上、给土地造成严重损害或者严重破坏土地生态环境的行为将会给农村土地造成进一步的破坏，损害承包方和发包方的利益，影响农村社会的和谐稳定。

承包方尽管享有法定的单方解除权，但是如果在土地经营权人存在上述行为时，没有在合理期限内解除土地经营权流转合同的，为了维护发包方的利益和社会公共利益，法律规定在这种情况下发包方有权要求终止土地经营权流转合同。物权法第四十条规定：“所有权人有权在自己的不动产或者动产上设立用益物权和担保物权。用益物权人、担保物权人行使权利，不得损害所有权人的权益。”在物权受到侵害时，所有权人有权要求侵害人停止侵害、排除妨碍、消除危险、恢复原状、赔偿损失等。发包方作为农村土地所有权的行使者或者其代表，农村土地承包法规定发包方享有对农村土地的发包权、监督权、管理权以及法律、法规规定的其他权利。在土地经营权人实施破坏农村土地的行为，而承包方怠于行使解除合同的权利时，发包方尽管并不是土地经营权流转合同的当事人，但是出于保护农民集体所有的或者国家所有的农村土地的需要，可以通过要求终止土地经营权流转合同的方式制止土地经营权人的侵害行为。需要注意的是，发包方要求终止土地经营权流转合同有个前置条件，即对于土地经营权人破坏农村土地的行为，承包方未在合理期限内解除土地经营权流转合同。这主要是考虑到承包方作为土地经营权流转合同的当事人，对承包地具有直接的利益，与土地经营权人的关系更为密切，对土地经营权流转合同的内容更为熟悉等。另外，本条没有对“合理期限”作出具体统一的规定，主要是考虑到实践中情况复杂，不能一概而论，要结合具体情况来判断多长时间为合理期限。

土地经营权流转合同被解除或者终止，不影响土地经营权人应当承担的违约责任或者侵权责任。为此本条规定，土地经营权人对土地和土地生态环境造成的损害应当予以赔偿。承包方或者发包方都可以要求土地经营权人赔偿损失。

第六十五条 国家机关及其工作人员有利用职权干涉农村土地承包经营，变更、解除承包经营合同，干涉承包经营当事人依法享有的生产经营自主权，强迫、阻碍承包经营当事人进行土地承包经营权互换、转让或者土地经营权流转等侵害土地承包经营权、土地经营权的行为，给承包经营当事人造成损失的，应当承担损害赔偿等责任；情节严重的，由上级机关或者所在单位给予直接责任人员处分；构成犯罪的，依法追究刑事责任。

条文主旨

本条是关于国家机关及其工作人员法律责任的规定。

立法背景

在巩固和完善以家庭承包经营为基础、统分结合的双层经营体制，以及贯彻落实承包地“三权分置”的改革进程中，本法规定了国家机关及其工作人员的相关职责，如第十二条规定了对农村土地承包经营及承包经营合同的指导、管理，第二十四条规定了对承包地的确权登记颁证，第二十八条规定了对承包地调整的批准，第四十五条规定了对流转土地经营权的工商企业等社会资本的资格审查、项目审核和风险防范，第五十五条规定了对土地承包经营纠纷的调解。除此以外，国家机关及其工作人员还有关于土地用途管制、环境保护监督等其他职责。在行使公权力时，国家机关及其工作人员不应利用职权侵害土地承包经营权、土地经营权，否则，要承担相应法律责任。

条文解读

根据本条规定，国家机关及其工作人员不得为下列行为：

1. 不得利用职权干涉农村土地承包经营

中央有关文件提到，“农民集体有权依法发包集体土地，任何组织和个人不得非法干预”“任何组织和个人都不能取代农民家庭的土地承包地位，都不能非法剥夺和限制农户的土地承包权”。此外，承包方有权流转承包地并获得收益，任何组织和个人不得强迫或限制其流转土地。中央有关文件还提出，在完善农村土地三权分置的过程中，要遵循的一项基本原则为“尊重农民意愿。坚持农民主体地位，维护农民合法权益，把选择权交给农民，发挥其主动性和创造性，加强示范引导，不搞强迫命令、不搞一刀切”。这说明在农村土地承包经营活动中，要尊重农民的主体地位，国家机关及其工作人员不得利用其职权干涉农村土地承包经营。

2. 不得利用职权变更、解除承包经营合同

本法第十二条规定了各级人民政府及有关部门管理承包经营合同的职责。依法管理农村承包经营合同，是巩固和完善农村基本经营制度，深化农村土地制度改革，落实“三权分置”制度的重要保障。农业承包经营合同一经依法签订，即具有法律约束力，任何组织和个人均不得擅自变更或者解除。农业承包经营合同的管理，包括合同示范文本的推广，承包合同网签管理系统的应用，流转合同的鉴证，无效合同的确认和处理，合同履行情况的监督，合同纠纷的调解和仲裁等，都必须严格按照法律程序办事，国家机关及其工作人员一定要杜绝在农业承包经营合同的管理上强迫命令、随意侵权、以权代法等行为，不得利用职权变更和解除承包经营合同。

3. 不得利用职权干涉承包经营当事人依法享有的生产经营自主权

关于承包方的经营自主权问题，中央有关文件曾

指出，要切实保障农户的土地承包权、生产自主权和经营收益权，使之成为独立的市场主体。中央有关文件进一步指出，坚持尊重农民的意愿和生产经营自主权。切实尊重、依法保护农户自主经营、自负盈亏的市场经营主体地位，保护农民的生产积极性，把调整农业生产结构的自主权真正交给农民。各级政府要加强信息引导和示范指导，严禁行政干预、强迫命令和搞“一刀切”。对于土地经营权人而言，有权在合同约定的期限内占有农村土地，自主开展农业生产经营并取得收益，任何组织和个人不得侵犯。对于承包方和土地经营权人享有的生产经营自主权，国家机关及其工作人员不得非法干涉。

4. 不得利用职权强迫、阻碍承包经营当事人进行土地承包经营权互换、转让或者土地经营权流转等

在巩固和完善家庭承包经营制度的基础上，允许土地承包经营权互换、转让或者土地经营权流转，顺应了适度规模经营发展现代农业的大势，反映了生产要素的合理流动和优化配置，是农业发展的客观需要。在推动土地流转和适度规模经营时要尊重农民意愿，不能强制推动。土地承包经营权属于农民家庭，土地是否流转、

价格如何确定、形式如何选择，应由承包农户自主决定，流转收益应归承包农户所有。流转期限应由流转双方在法律规定的范围内协商确定。国家机关及其工作人员在推动适度规模经营时，既要加大政策扶持力度，加强典型示范引导，鼓励创新农业经营体制机制，又要因地制宜、循序渐进，不能搞大跃进，不能搞强迫命令，不能搞行政瞎指挥。同时，还要防止少数基层干部私相授受，谋取私利。严禁通过定任务、下指标或将流转面积、流转比例纳入绩效考核等方式推动土地流转。要坚持依法、自愿、有偿，以农民为主体，使农民成为土地流转和规模经营的积极参与者和真正受益者。

为了解决在土地承包经营中存在的一些问题，进一步明确国家机关及其工作人员的监督、管理和服务职责，保障承包经营当事人的权益，中央有关文件提出，各级党委和政府要充分认识引导农村土地经营权有序流转、发展农业适度规模经营的重要性、复杂性和长期性，切实加强组织领导，严格按照中央政策和国家法律法规办事，及时查处违纪违法行为。在农村土地承包经营活动中，国家机关及其工作人员要加快推进农村承包地确权登记颁证，形成承包合同网签管理系统。提倡通过流转合同鉴证、交易鉴证等多种方式对土地经营权予以确认。因地制宜加强农村产权交易市场建设。为流转双方提供信息发布、产权交易、法律咨询、权益评估、抵押融资等服务。加强流转合同管理，引导流转双方使用合同示范文本。加强对工商企业租赁农户承包地的监管和风险防范，定期开展监督检查，及时查处纠正违法违约行为。加强农村土地承包经营纠纷调解仲裁体系建设，完善基层农村土地承包调解机制。

为了更好地保护农村土地承包经营当事人的利益，农村土地承包法在多处强调了承包经营当事人的权利及其保护问题。如第五条规定，农村集体经济组织成员有权依法承包由本集体经济组织发包的农村土地。任何组织和个人不得剥夺和非法限制农村集体经济组织成员承包土地的权利。第八条规定，国家保护集体土地所有者的合法权益，保护承包方的土地承包经营权，任何组织和个人不得侵犯。第十条规定，国家保护承包方依法、自愿、有偿流转土地经营权，保护土地经营权人的合法权益，任何组织和个人不得侵犯。第十七条规定，承包方依法享有承包地使用、收益和互换、转让土地承包经营权及流转土地经营权的权利，有权自主组织生产经营和处置产品。第三十七条规定，土地经营权人有权在合同约定的期限内占有农村土地，自主开展农业生产经营并取得收益。第三十八条规定，土地经营权流转应当遵循依法、自愿、有偿原则，任何组织和个人不得强迫或者阻碍土地经营权流转。同时，本条还规定，国家机关及其工作人员有利用职权干涉农村土地承包经营，变更、解除承包经营合同，干涉承包经营当事人依法享有的生产经营自主权，强迫、阻碍承包经营当事人进行土地承包经营权互换、转让或者土地经营权流转等侵害土地承包经营权、土地经营权的行为，给承包经营当事人造成损失的，应当承担损害赔偿等责任；情节严重的，由上级机关或者所在单位给予直接责任人员处分；构成犯罪的，依法追究刑事责任。

违反上述规定，应当相应承担民事、行政和刑事法律责任，包括：

1. 损害赔偿。指当事人一方的侵权行为对他人造成损害时应承担赔偿对方损失的责任。国家机关以及工作人员利用职权违法行政，侵犯自然人、法人或者非法人组织的合法权益并造成损害的，应当承担赔偿责任。

2. 处分。对于国家机关及其工作人员违反法律规定，利用职权侵害土地承包经营权、土地经营权行为，给承包经营当事人造成损失，情节严重的，可以由上级机关或者所在单位给予直接责任人员处分。公务员法第六十一条规定，公务员因违纪违法应当承担纪律责任的，依照本法给予处分或者由监察机关依法给予政务处分；违纪违法行为情节轻微，经批评教育后改正的，可以免予处分。对同一违纪违法行为，监察机关已经作出政务处分决定的，公务员所在机关不再给予处分。第六十二条规定，处分分为：警告、记过、记大过、降级、撤职、开除。具体应当给予哪一种处分，由有权作出处分的机关根据违法的性质、情节严重的程度等确定。

3. 刑事处罚。刑法第三百九十七条第一款规定："国家机关工作人员滥用职权或者玩忽职守，致使公共财产、国家和人民利益遭受重大损失的，处 3 年以下有期徒刑或者拘役；情节特别严重的，处 3 年以上 7 年以下有期徒刑。本法另有规定的，依照规定。"第二款规定："国家机关工作人员徇私舞弊，犯前款罪的，处五年以下有期徒刑或者拘役；情节特别严重的，处五年以上十年以下有期徒刑。本法另有规定的，依照规定。"国家机关及其工作人员有利用职权干涉农村土地承包经营，变更、解除承包经营合同，干涉承包经营当事人依法享有的生产经营自主权，或者强迫、阻碍承包经营当事人进行土地承包经营权互换、流转或者土地经营权流转等侵害土地承包经营权、土地经营权的行为，致使公共财产、国家和人民利益遭受重大损失的，应当承担相应的刑事责任。

第五章 附 则

第六十六条 本法实施前已经按照国家有关农村土地承包的规定承包，包括承包期限长于本法规定的，本法实施后继续有效，不得重新承包土地。未向承包方颁发土地承包经营权证或者林权证等证书的，应当补发证书。

条文主旨

本条是对本法实施前已按国家有关规定形成的农村土地承包关系予以法律确认的规定。

立法背景

本条与第六十七条涉及本法与第二轮农村土地承包工作的衔接问题。第二轮土地承包工作，即“延包”工作开始于1993年，在2002年农村土地承包法制定时已基本完成。延包工作的基本结束，意味着新的土地承包关系的形成。从当时反馈的情况看，总体上各地贯彻落实中央有关政策开展延包工作的情况是好的，保持了党在农村基本政策的连续性和稳定性，广大群众是满意的；但少数地方存在违背国家“大稳定，小调整”的政策原则的做法，损害了部分农民群众的正当利益，造成农民群众对国家土地政策的疑虑心理。对此，中央已及时通过有关文件提出了纠正。农村土地承包法是国家有关政策法律化的集中体现，这就决定了本法与延包工作的实际是衔接的，不允许人为影响土地承包关系的稳定。为此，本法在第一章总则部分就系统表达了国家有关政策精神，在本章又就实践中可能出现的若干偏差的问题作了规定。

条文解读

本条规定主要涉及以下问题：

首先是已按国家有关规定完成的农村土地承包，包括承包期限长于本法规定土地承包，在本法实施后是否具有法律效力，受本法保护的问题。本条对此明确地作出了肯定性规定，同时明确禁止以此为由重新承包土地。就是说，本法实施前按照国家有关农村土地承包的规定形成的土地承包关系，依然合法有效；即使承包合同中确定的承包期限超出本法第二十一条规定的时限，如耕地承包期超过 30 年、草地承包期超过 50 年、林地承包期超过 70 年的，依然视同符合本法规定，本法予以保护。这样做的依据在于法律实践中，新法对既存权利的保护有两种做法：一种是新法只保护完全符合其规定的既存权利，这主要是考虑到理论上法律是对权利实施保护的依据，符合法律规定，保护才有基础；另一种则侧重于保护当事人利益和维护社会关系的稳定，只要不违背新法的根本宗旨，不论既存权利完全符合新法规定还是与新法规定有一定程度的差异，仍然一体保护。本法第一条规定，本法的宗旨首先在于“为了巩固和完善以家庭承包经营为基础、统分结合的双层经营体制，保持农村土地承包关系稳定并长久不变，维护农村土地承包经营当事人的合法权益，促进农业、农村经济发展和农村社会和谐稳定”，该条款说明本法侧重保护广大群众的承包利益，重在维护农村土地承包关系的稳定并长久不变。据此，本条采用上述第二种做法，已经按照国家有关规定形成的农村土地承包经营权在本法实施后依然有效，本法予以保护。根据本法第八条的规定，任何组织和个人不得侵犯土地承包经营权。根据本法第二十七条和第二十八条的规定，发包方必须尊重已形成的土地承包经营权，不得违法收回或者调整承包地。重新承包土地更是本法所不允许的。

本法第二十四条第一款规定：“国家对耕地、林地和草地等实行统一登记，登记机构应当向承包方颁发土地承包经营权证或者林权证等证书，并登记造册，确认土地承包经营权。”有关权属证书是土地承包经营权的法律凭证，依法取得有关权属证书也是土地承包经营权法律效力的体现。因此，在确认了已按国家有关规定完成的土地承包的法律效力之后，本条又对补发有关权属证书的问题作了规定。在过去的土地承包工作中，有的地方尚未向承包方颁发有关权属证书。对此国家有关文件曾指出这种做法会影响农民对土地承包的安全感和积极性，应当予以纠正。现在本法明确规定必须颁发有关权属证书，对过去遗留下的未颁发证书的情况，各地区的登记机构应当依本法有关规定，及时予以补办，权属证书上的有关记载应符合本法及相关法律法规及国家政策的规定。

第六十七条 **本法实施前已经预留机动地的，机动地面积不得超过本集体经济组织耕地总面积的百分之五。不足百分之五的，不得再增加机动地。**

本法实施前未留机动地的，本法实施后不得再留机动地。

条文主旨

本条是关于机动地预留限制的规定。

立法背景

本法第二十八条规定，集体经济组织依法预留的机动地应当用于调整承包土地或者承包给新增人口。这里说明预留机动地的初衷在于应对因人口变化、征用占用土地、自然灾害等各种情况而导致的人地矛盾问题。但实践中这种做法往往出现偏差，其负面作用是不容忽视的。首先，试图通过预留一定数量的土地就解决未来数十年中可能出现的人地矛盾是不切实际的。土地承包期是一段相当长的时间，而预测相当长的时间内人地矛盾发生的几率是十分困难的，机动地预留就难以做到适度。第二，机动地可能带来的收益会驱使一些地方借预留机动地与民争利。在土地承包经营中，既要保障农民的合法权益又要确保地尽其利，不使资源闲置，即使是预留的机动地也必须投入生产，发挥效益。但实际上对预留机动地的监管是比较困难的，作为相对弱势一方的农民对此往往无能为力，发包方用机动地从事经营或者向外发包，从中获利的机会是比较大的，因此有的地方随意扩大机动地面积，实际侵犯了农民利益。为纠正这种错误做法，国家有关文件曾多次强调要控制机动地比例，并明确指出预留机动地不得超过耕地总面积5%的限度。在第二轮土地承包中，预留机动地总体没有超过政策限定的比例（据统计，全国预留机动地总面积只占耕地面积的1.9%）。但仍有一些地方预留机动地超过政策限度，需要纠正。为维护广大农民群众的合法权益，体现国家意志的权威性和稳定性，本法将国家有关政策规定上升为法律。

条文解读

本条第一款规定，本法实施前已经预留机动地的，机动地面积不得超过本集体经济组织耕地总面积的5%。实际情况表明，仅仅规定一个5%的上限，还不足以从根本上解决机动地问题。即使预留机动地总量始终未超过国家规定的5%的上限，但如果发包方通过收回或调整承包地，逐次扩大机动地面积，同样会影响土地承包的稳定性，损害农民群众的合法权益。本法对收回和调整承包地都作了严格的限制性规定。

本法第二十七条规定："承包期内，发包方不得收回承包地。""国家保护进城农户的土地承包经营权。不得以退出土地承包经营权作为农户进城落户的条件。""承包期内，承包农户进城落户的，引导支持其按照自愿有偿原则依法在本集体经济组织内转让土地承包经营权或者将承包地交回发包方，也可以鼓励其流转土地经营权。""承包期内，承包方交回承包地或者发包方依法收回承包地时，承包方对其在承包地上投入而提高土地生产能力的，有权获得相应的补偿。"该条首先在第一款中明确规定承包期内原则上不得收回承包地。第二款规定保护进城落户的农户的土地承包经营权。第三款是说，在承包期内如果承包农户进城落户，在承包农户自愿向发包方交回承包地时，发包方才能收回承包地。第四款规定，对于承包方交回承包地或者发包方收回承包地的，如果承包方对承包地进行了投入改良，有权获得相应的补偿。

本法第三十一条规定，承包期内，妇女结婚，在新居住地未取得承包地的，发包方不得收回其原承包地；妇女离婚或者丧偶，仍在原居住地生活或者不在原居住地生活但在新居住地未取得承包地的，发包方不得收回其原承包地。该条进一步保护了农村妇女的土地承包权益，规定发包方不得收回在新居住地未取得承包地的外嫁女的承包地以及离婚、丧偶后回原居住地生活的妇女的承包地。

可见，本法只允许在特殊情况下收回农民的承包地，实际上已禁止在承包工作完成后再通过收回承包地的方式扩大机动地的做法。

本法第二十八条规定："承包期内，发包方不得调整承包地。""承包期内，因自然灾害严重毁损承包地等特殊情形对个别农户之间承包的耕地和草地需要适当调整的，必须经本集体经济组织成员的村民会议三分之二以上成员或者三分之二以上村民代表的同意，并报乡（镇）人民政府和县级人民政府农业农村、林业和草原等主管部门批准。承包合同中约定不得调整的，按照其约定。"该条第一款是说原则上承包期内不允许调整承包地；第二款给出了例外情况，但可以适用这一例外规定必须严格符合本款规定的一系列要件，包括：（1）调整事由仅限于自然灾害严重毁损承包地等特殊情形；（2）调整范围仅限于个别农户之间；（3）调整对象仅限于农户承包的耕地和草地；（4）调整程序必须符合有关法律的规定。同时，可以调整的前提还包括不得违反承包合同中的有关约定，如果承包合同中约定不得调整，则必须信守合同，不得违约调整。可见，本法第二十八条的规定实际已禁止了在承包工作完成后再行调整承包地以扩大机动地的做法。

除不得通过收回和调整承包地而扩大机动地之外，农村集体经济组织也不得通过土地整理的方式再增加机动地。因此，本条第一款对本法实施前已经预留机动地的进一步作出限定："不足百分之五的，不得再增加机动地。"

本条第二款进而规定："本法实施前未留机动地的，本法实施后不得再留机动地。"这一是考虑到要落实前述保护承包关系稳定并长久不变的政策，严格限制发包方收回或者调整承包地的行为，所以对本法实施前已按国家有关规定完成土地承包的，规定不得再追加保留机动地；二是出于本法的制度设计实际已使保留机动地成为不必要，所以对个别尚未预留机动地的，规定不得再预留机动地。

实际上，在第二轮土地承包期内，人地矛盾的解决应当尽可能通过利用依法开垦增加的土地和利用承包方依法、自愿、有偿交回的土地，以及土地承包经营权的互换和转让和土地经营权的流转等通过社会主义市场经济的自我调节作用来解决。为根除因预留机动地而现实存在的负面效应，本条对本法实施前已预留机动地的作了严格的限制性规定，对本法实施后还要预留机动地的则作了明确的禁止性规定。

第六十八条　各省、自治区、直辖市人民代表大会常务委员会可以根据本法，结合本行政区域的实际情况，制定实施办法。

条文主旨

本条是关于授权省级人大常委会制定本法实施办法的规定。

立法背景

立法法第七十二条第一款规定："省、自治区、直辖市的人民代表大会及其常务委员会根据本行政区域的具体情况和实际需要，在不同宪法、法律、行政法规相抵触的前提下，可以制定地方性法规。"该法第七十三条第一款第一项规定，地方性法规可以为执行法律、行政法规，根据本行政区域的实际情况作出具体规定。这是省级人大常委会制定农村土地承包法的实施办法的立法权依据。

条文解读

本法授权省级人大常委会为本法制定实施办法的现实根据则在于我国农村经济发展的客观现实。我国人口多，底子薄，生产力水平还不够高，而且地区发展不平衡，农村尤其如此。当前，东部沿海地区与西部内陆地区的差距，交通、信息便利地区与交通不便、信息闭塞地区的差距，在不同地区的农村间体现得也很明显。再加上我国农业一直存在的平原与山地，粮棉作物产区与经济作物产区，种植农业区与林区、牧区等地区的差异，我国农业、农村经济发展的多样性和复杂性是不容回避的。这从客观上要求有关农业、农村的法律法规的制定与实施既要坚持国家意志的普遍性，还要考虑到地区差异的客观实际。

具体到农村土地承包经营制度，同样在以家庭承包经营为基础、统分结合的双层经营体制下，经济较发达地区的实践步伐就迈得比经济欠发达地区快。农业、农村经济发展的多样性与复杂性是农村基本经济体制所包容的客观存在。实践已证明坚持和发展以家庭承包经营为基础、统分结合的双层经营体制，绝不是无视各地客观差异，不讲任何灵活性。因此，本法第一条开宗明义，依据宪法第八条第一款的规定，明确肯定了以家庭承包经营为基础、统分结合的双层经营体制作为我国农村基本经济制度的法律地位，将巩固和完善这一基本制度作为本法的首要宗旨，并同时规定了保持农村土地承包关系稳定并长久不变，维护农村土地承包经营当事人的合法权益，促进农业、农村经济发展和农村社会和谐稳定这一系列宗旨。进而围绕这些宗旨作出了一系列相关规定。考虑到各地情况差别比较大，本法对一些问题只作原则性规定，给地方制定具体办法留有一定空间；本条规定则在以上规定的基础上进一步将一般规定的普遍适用与各地情况的客观差异相结合。允许各地在本法和其他法律规定的范围内制定结合当地实际的实施办法，在坚持本法规定的前提下可以更具体地落实本法的实施，体现了法律规范的统一性与法律适用的具体性的结合。

第六十九条　确认农村集体经济组织成员身份的原则、程序等，由法律、法规规定。

条文主旨

本条是关于农村集体经济组织成员身份确认的规定。

立法背景

物权法第五十九条第一款规定："农民集体所有的不动产和动产，属于本集体成员集体所有。"农村集体经济组织成员的身份是对农民集体所有的财产享有权利的重要依据，只有具备农村集体经济组织成员身份才能依法享有集体土地的承包经营权、宅基地使用权、集体收益分配权、参与集体事务管理的权利等。近些年来，由于城市化的发展、农村人口流动、经济发展不平衡等因素，使得农村集体经济组织成员的身份认定出现了一些矛盾和争议，尤其是对外嫁女、入赘女婿、大中专在校生、空挂户、服刑人员、外来户等人群的成员资格认定产生较多纠纷。农村集体经济组织成员资格的确认不仅直接关系到农民的切身利益，还关系到目前正在推进的农村集体产权制度改革的顺利推进，更会影响到农村社会的和谐与稳定。

为此，2013 年中央一号文件提出“探索集体经济组织成员资格界定的具体办法”。2016 年《中共中央、国务院关于稳步推进农村集体产权制度改革的意见》提出，确认农村集体经济组织成员身份。依据有关法律法规，按照尊重历史、兼顾现实、程序规范、群众认可的原则，统筹考虑户籍关系、农村土地承包关系、对集体积累的贡献等因素，协调平衡各方利益，做好农村集体经济组织成员身份确认工作，解决成员边界不清的问题。改革试点中，要探索在群众民主协商基础上确认农村集体经济组织成员的具体程序、标准和管理办法，建立健全农村集体经济组织成员登记备案机制。成员身份的确认既要得到多数人认可，又要防止多数人侵犯少数人权益，切实保护妇女合法权益。提倡农村集体经济组织成员家庭今后的新增人口，通过分享家庭内拥有的集体资产权益的办法，按章程获得集体资产份额和集体成员身份。

条文解读

在本法修改过程中，不少意见提出，由于现行法律规定不明确，当前我国农村集体经济组织成员权的取得和丧失缺乏全国统一的、明确的、权威的判断标准，并由此引发了实践操作的混乱，造成大量的矛盾纠纷，如出嫁女的权益保护等纠纷，建议在本法中对这一问题作出明确规定。经研究认为，目前一些地方按照尊重历史、兼顾现实、群众认可的原则，统筹考虑户籍、土地承包关系等因素，进行农村集体经济组织成员身份确定工作，解决成员边界不清的问题。鉴于土地承包经营权是农村集体经济组织成员的财产性权利，农村集体经济组织成员身份又是获得土地承包经营权的前提条件，为解决实践中的急迫需要并与本法第五条相衔接，本条规定，确认农村集体经济组织成员身份的原则、程序等，由法律、法规规定。

尽管目前法律层面尚未对确认集体经济组织成员身份的原则、程序等进行明确规定，但是十三届全国人大常委会立法规划已经将农村集体经济组织方面的立法项目列为第三类项目，即立法条件尚不完全具备，需要继续论证研究的立法项目，该类项目经研究论证，条件成熟时，可以安排审议。在法规层面，目前广东、湖北等地的地方性法规中已有确认集体经济组织成员身份的相关规定。根据立法法第六十五条和第七十三条的规定，行政法规和地方性法规可以对确认农村集体经济组织成员身份的原则、程序等作出规定。

第七十条 本法自 2003 年 3 月 1 日起施行。

条文主旨

本条是关于本法施行日期的规定。

立法背景

《中华人民共和国立法法》第五十七条规定："法律应当明确规定施行日期。"法律的施行时间即生效时间，是法律效力的起点。一部法律何时开始生效，一般是由该法律的具体性质和实际需要决定的，我国实践中通常有三种做法：一是规定该法律自公布之日起施行，具体时间根据宪法第八十条及立法法第二十五条的有关规定，由国家主席签署主席令来确定；二是规定该法律公布后一定期限届至后开始生效，具体时间为期限届至之时；三是直接规定该法律的具体生效日期，此种方法最为普遍，本法就采用了这一方法。本法于2002年8月29日由第九届全国人民代表大会常务委员会第二十九次会议审议通过时，确定了实施日期为2003年1月1日。

这次修改农村土地承包法，全面贯彻党的十八大、十九大和历次中央全会精神，围绕处理好农民和土地的关系这条主线，坚持农村基本经营制度不动摇，保持土地承包关系稳定并长久不变，赋予农民更加充分而有保障的土地权利，依法维护农民承包土地的各项权利，为提高农业农村现代化水平，推动乡村全面振兴，保持农村社会和谐稳定提供法律制度保障。2018年12月29日十三届全国人大常委会第七次会议通过了关于修改《中华人民共和国农村土地承包法》的决定，自2019年1月1日起施行。

条文解读

关于本法修改前后的衔接问题。修改后的法律的生效日期与修改法律的形式有密切关系。目前修改法律主要有两种形式：一种是对法律进行修订，即对法律全文作全面修改，重新予以规定；一种是对法律的部分条文通过修改决定的形式予以修改，不对法律全文作修改，未修改的部分继续施行。因此，法律修改后的生效日期也有两种形式，属于修订法律的，一般是重新公布法律的生效日期；属于对法律作修改决定的，一般不修改法律的生效日期，只是规定修改决定的实施日期，对于原法修改的部分执行修改决定的生效日期，未修改的部分执行原来法律规定的生效日期。这次修改农村土地承包法，采取的是第二种办法，即对法律的部分条文通过修改决定的形式予以修改。据此，经修改后的农村土地承包法，内容未作改动的条文，生效时间为 2003 年 1 月 1 日；经过修改的条文，包括新增加的条文，生效时间为 2019 年 1 月 1 日。

附　录

全国人民代表大会常务委员会关于修改《中华人民共和国农村土地承包法》的决定

（2018年12月29日第十三届全国人民代表大会常务委员会第七次会议通过）

第十三届全国人民代表大会常务委员会第七次会议决定对《中华人民共和国农村土地承包法》作如下修改：

一、将第一条修改为："为了巩固和完善以家庭承包经营为基础、统分结合的双层经营体制，保持农村土地承包关系稳定并长久不变，维护农村土地承包经营当事人的合法权益，促进农业、农村经济发展和农村社会和谐稳定，根据宪法，制定本法。"

二、增加一条，作为第九条："承包方承包土地后，享有土地承包经营权，可以自己经营，也可以保留土地承包权，流转其承包地的土地经营权，由他人经营。"

三、将第十条修改为："国家保护承包方依法、自愿、有偿流转土地经营权，保护土地经营权人的合法权益，任何组织和个人不得侵犯。"

四、将第八条改为第十一条，修改为："农村土地承包经营应当遵守法律、法规，保护土地资源的合理开发和可持续利用。

未经依法批准不得将承包地用于非农建设。

“国家鼓励增加对土地的投入，培肥地力，提高农业生产能力。”

五、将第十一条改为第十二条，修改为：“国务院农业农村、林业和草原主管部门分别依照国务院规定的职责负责全国农村土地承包经营及承包经营合同管理的指导。

“县级以上地方人民政府农业农村、林业和草原等主管部门分别依照各自职责，负责本行政区域内农村土地承包经营及承包经营合同管理。

“乡（镇）人民政府负责本行政区域内农村土地承包经营及承包经营合同管理。”

六、将第十五条改为第十六条，增加一款，作为第二款：“农户内家庭成员依法平等享有承包土地的各项权益。”

七、将第十六条改为第十七条，修改为：“承包方享有下列权利：

“（一）依法享有承包地使用、收益的权利，有权自主组织生产经营和处置产品；

“（二）依法互换、转让土地承包经营权；

“（三）依法流转土地经营权；

“（四）承包地被依法征收、征用、占用的，有权依法获得相应的补偿；

“（五）法律、行政法规规定的其他权利。”

八、将第十七条改为第十八条，第一项修改为：“维持土地的农业用途，未经依法批准不得用于非农建设；”

九、将第二十条改为第二十一条，修改为：“耕地的承包期为三十年。草地的承包期为三十年至五十年。林地的承包期为三十年至七十年。

“前款规定的耕地承包期届满后再延长三十年，草地、林地承包期届满后依照前款规定相应延长。”

十、将第二十三条改为第二十四条，修改为：“国家对耕地、林地和草地等实行统一登记，登记机构应当向承包方颁发土地承包经营权证或者林权证等证书，并登记造册，确认土地承包经营权。

“土地承包经营权证或者林权证等证书应当将具有土地承包经营权的全部家庭成员列入。

“登记机构除按规定收取证书工本费外，不得收取其他费用。”

十一、将第二章第四节的标题修改为：“土地承包经营权的保护和互换、转让”。

十二、将第二十六条改为第二十七条，第二款、第三款修改为：“国家保护进城农户的土地承包经营权。不得以退出土地承包经营权作为农户进城落户的条件。

“承包期内，承包农户进城落户的，引导支持其按照自愿有偿原则依法在本集体经济组织内转让土地承包经营权或者将承包地交回发包方，也可以鼓励其流转土地经营权。”

十三、将第二十七条改为第二十八条，第二款中的“农业等行政主管部门”修改为“农业农村、林业和草原等主管部门”。

十四、将第二十八条改为第二十九条，第三项修改为：“发包方依法收回和承包方依法、自愿交回的。”

十五、将第二十九条改为第三十条，修改为：“承包期内，承包方可以自愿将承包地交回发包方。承包方自愿交回承包地的，可以获得合理补偿，但是应当提前半年以书面形式通知发包方。承包方在承包期内交回承包地的，在承包期内不得再要求承包土地。”

十六、将第四十条改为第三十三条，修改为：“承包方之间为方便耕种或者各自需要，可以对属于同一集体经济组织的土地的土地承包经营权进行互换，并向发包方备案。”

十七、将第四十一条改为第三十四条，修改为：“经发包方同意，承包方可以将全部或者部分的土地承包经营权转让给本集体经济组织的其他农户，由该农户同发包方确立新的承包关系，原承包方与发包方在该土地上的承包关系即行终止。”

十八、将第三十八条改为第三十五条，修改为：“土地承包经营权互换、转让的，当事人可以向登记机构申请登记。未经登记，不得对抗善意第三人。”

十九、将第二章第五节的标题修改为：“土地经营权”。

二十、将第三十二条和第三十四条合并为第三十六条，修改为：“承包方可以自主决定依法采取出租（转包）、入股或者其他方式向他人流转土地经营权，并向发包方备案。”

二十一、增加一条，作为第三十七条：“土地经营权人有权在合同约定的期限内占有农村土地，自主开展农业生产经营并取得收益。”

二十二、将第三十三条改为第三十八条，修改为：“土地经营权流转应当遵循以下原则：

“（一）依法、自愿、有偿，任何组织和个人不得强迫或者阻碍土地经营权流转；

“（二）不得改变土地所有权的性质和土地的农业用途，不得破坏农业综合生产能力和农业生态环境；

“（三）流转期限不得超过承包期的剩余期限；

“（四）受让方须有农业经营能力或者资质；

“（五）在同等条件下，本集体经济组织成员享有优先权。”

二十三、将第三十六条改为第三十九条，修改为：“土地经营权流转的价款，应当由当事人双方协商确定。流转的收益归承包方所有，任何组织和个人不得擅自截留、扣缴。”

二十四、将第三十七条和第三十九条第二款合并为第四十条，修改为：“土地经营权流转，当事人双方应当签订书面流转合同。

“土地经营权流转合同一般包括以下条款：

“（一）双方当事人的姓名、住所；

“（二）流转土地的名称、坐落、面积、质量等级；

“（三）流转期限和起止日期；

“（四）流转土地的用途；

“（五）双方当事人的权利和义务；

“（六）流转价款及支付方式；

“（七）土地被依法征收、征用、占用时有关补偿费的归属；

“（八）违约责任。

“承包方将土地交由他人代耕不超过一年的，可以不签订书面合同。”

二十五、增加一条，作为第四十一条：“土地经营权流转期限为五年以上的，当事人可以向登记机构申请土地经营权登记。未经登记，不得对抗善意第三人。”

二十六、增加一条，作为第四十二条："承包方不得单方解除土地经营权流转合同，但受让方有下列情形之一的除外：

"（一）擅自改变土地的农业用途；

"（二）弃耕抛荒连续两年以上；

"（三）给土地造成严重损害或者严重破坏土地生态环境；

"（四）其他严重违约行为。"

二十七、增加一条，作为第四十三条："经承包方同意，受让方可以依法投资改良土壤，建设农业生产附属、配套设施，并按照合同约定对其投资部分获得合理补偿。"

二十八、将第三十九条第一款改为第四十四条，修改为："承包方流转土地经营权的，其与发包方的承包关系不变。"

二十九、增加一条，作为第四十五条："县级以上地方人民政府应当建立工商企业等社会资本通过流转取得土地经营权的资格审查、项目审核和风险防范制度。

"工商企业等社会资本通过流转取得土地经营权的，本集体经济组织可以收取适量管理费用。

"具体办法由国务院农业农村、林业和草原主管部门规定。"

三十、增加一条，作为第四十六条："经承包方书面同意，并向本集体经济组织备案，受让方可以再流转土地经营权。"

三十一、增加一条，作为第四十七条："承包方可以用承包地的土地经营权向金融机构融资担保，并向发包方备案。受让方通过流转取得的土地经营权，经承包方书面同意并向发包方备案，可以向金融机构融资担保。

"担保物权自融资担保合同生效时设立。当事人可以向登记机构申请登记；未经登记，不得对抗善意第三人。

“实现担保物权时，担保物权人有权就土地经营权优先受偿。

“土地经营权融资担保办法由国务院有关部门规定。”

三十二、将第四十五条改为第四十九条，修改为：“以其他方式承包农村土地的，应当签订承包合同，承包方取得土地经营权。当事人的权利和义务、承包期限等，由双方协商确定。以招标、拍卖方式承包的，承包费通过公开竞标、竞价确定；以公开协商等方式承包的，承包费由双方议定。”

三十三、将第四十六条改为第五十条，第一款修改为：“荒山、荒沟、荒丘、荒滩等可以直接通过招标、拍卖、公开协商等方式实行承包经营，也可以将土地经营权折股分给本集体经济组织成员后，再实行承包经营或者股份合作经营。”

三十四、将第四十七条改为第五十一条，修改为：“以其他方式承包农村土地，在同等条件下，本集体经济组织成员有权优先承包。”

三十五、将第四十九条改为第五十三条，修改为：“通过招标、拍卖、公开协商等方式承包农村土地，经依法登记取得权属证书的，可以依法采取出租、入股、抵押或者其他方式流转土地经营权。”

三十六、将第五十条改为第五十四条，修改为：“依照本章规定通过招标、拍卖、公开协商等方式取得土地经营权的，该承包人死亡，其应得的承包收益，依照继承法的规定继承；在承包期内，其继承人可以继续承包。”

三十七、将第五十三条改为第五十六条，修改为：“任何组织和个人侵害土地承包经营权、土地经营权的，应当承担民事责任。”

三十八、将第五十四条改为第五十七条，修改为：“发包方有下列行为之一的，应当承担停止侵害、排除妨碍、消除危险、返还财产、恢复原状、赔偿损失等民事责任：

“（一）干涉承包方依法享有的生产经营自主权；

“（二）违反本法规定收回、调整承包地；

“（三）强迫或者阻碍承包方进行土地承包经营权的互换、转让或者土地经营权流转；

“（四）假借少数服从多数强迫承包方放弃或者变更土地承包经营权；

“（五）以划分‘口粮田’和‘责任田’等为由收回承包地搞招标承包；

“（六）将承包地收回抵顶欠款；

“（七）剥夺、侵害妇女依法享有的土地承包经营权；

“（八）其他侵害土地承包经营权的行为。”

三十九、将第五十六条改为第五十九条，修改为：“当事人一方不履行合同义务或者履行义务不符合约定的，应当依法承担违约责任。”

四十、将第五十七条改为第六十条，修改为：“任何组织和个人强迫进行土地承包经营权互换、转让或者土地经营权流转的，该互换、转让或者流转无效。”

四十一、将第五十八条改为第六十一条，修改为：“任何组织和个人擅自截留、扣缴土地承包经营权互换、转让或者土地经营权流转收益的，应当退还。”

四十二、将第六十条改为第六十三条，修改为：“承包方、土地经营权人违法将承包地用于非农建设的，由县级以上地方人民政府有关主管部门依法予以处罚。

“承包方给承包地造成永久性损害的，发包方有权制止，并有权要求赔偿由此造成的损失。”

四十三、增加一条，作为第六十四条：“土地经营权人擅自改变土地的农业用途、弃耕抛荒连续两年以上、给土地造成严重损害或者严重破坏土地生态环境，承包方在合理期限内不解除土地经营权流转合同的，发包方有权要求终止土地经营权流转合同。土地经营权人对土地和土地生态环境造成的损害应当予以赔偿。”

四十四、将第六十一条改为第六十五条，修改为：“国家机关及其工作人员有利用职权干涉农村土地承包经营，变更、解除承包经营合同，干涉承包经营当事人依法享有的生产经营自主权，强迫、阻碍承包经营当事人进行土地承包经营权互换、转让或者土地经营权流转等侵害土地承包经营权、土地经营权的行为，给承包经营当事人造成损失的，应当承担损害赔偿等责任；情节严重的，由上级机关或者所在单位给予直接责任人员处分；构成犯罪的，依法追究刑事责任。”

四十五、增加一条，作为第六十九条：“确认农村集体经济组织成员身份的原则、程序等，由法律、法规规定。”

四十六、删去第四条第一款、第三十五条、第四十二条、第四十三条、第五十二条。

本决定自 2019 年 1 月 1 日起施行。

《中华人民共和国农村土地承包法》根据本决定作相应修改并对条款顺序作相应调整，重新公布。

中华人民共和国农村土地承包法

（2002年8月29日第九届全国人民代表大会常务委员会第二十九次会议通过　2002年8月29日中华人民共和国主席令第七十三号公布　根据2009年8月27日第十一届全国人民代表大会常务委员会第十次会议《关于修改部分法律的决定》第一次修正　根据2018年12月29日第十三届全国人民代表大会常务委员会第七次会议《关于修改〈中华人民共和国农村土地承包法〉的决定》第二次修正）

目　　录

第一章 总 则

第一条 为了巩固和完善以家庭承包经营为基础、统分结合的双层经营体制，保持农村土地承包关系稳定并长久不变，维护农村土地承包经营当事人的合法权益，促进农业、农村经济发展和农村社会和谐稳定，根据宪法，制定本法。

第二条 本法所称农村土地，是指农民集体所有和国家所有依法由农民集体使用的耕地、林地、草地，以及其他依法用于农业的土地。

第三条 国家实行农村土地承包经营制度。

农村土地承包采取农村集体经济组织内部的家庭承包方式，不宜采取家庭承包方式的荒山、荒沟、荒丘、荒滩等农村土地，可以采取招标、拍卖、公开协商等方式承包。

第四条 农村土地承包后，土地的所有权性质不变。承包地不得买卖。

第五条 农村集体经济组织成员有权依法承包由本集体经济组织发包的农村土地。

任何组织和个人不得剥夺和非法限制农村集体经济组织成员承包土地的权利。

第六条 农村土地承包，妇女与男子享有平等的权利。承包中应当保护妇女的合法权益，任何组织和个人不得剥夺、侵害妇女应当享有的土地承包经营权。

第七条 农村土地承包应当坚持公开、公平、公正的原则，正确处理国家、集体、个人三者的利益关系。

第八条　国家保护集体土地所有者的合法权益，保护承包方的土地承包经营权，任何组织和个人不得侵犯。

第九条　承包方承包土地后，享有土地承包经营权，可以自己经营，也可以保留土地承包权，流转其承包地的土地经营权，由他人经营。

第十条　国家保护承包方依法、自愿、有偿流转土地经营权，保护土地经营权人的合法权益，任何组织和个人不得侵犯。

第十一条　农村土地承包经营应当遵守法律、法规，保护土地资源的合理开发和可持续利用。未经依法批准不得将承包地用于非农建设。

国家鼓励增加对土地的投入，培肥地力，提高农业生产能力。

第十二条　国务院农业农村、林业和草原主管部门分别依照国务院规定的职责负责全国农村土地承包经营及承包经营合同管理的指导。

县级以上地方人民政府农业农村、林业和草原等主管部门分别依照各自职责，负责本行政区域内农村土地承包经营及承包经营合同管理。

乡（镇）人民政府负责本行政区域内农村土地承包经营及承包经营合同管理。

第二章　家庭承包

第一节　发包方和承包方的权利和义务

第十三条　农民集体所有的土地依法属于村农民集体所有

的，由村集体经济组织或者村民委员会发包；已经分别属于村内两个以上农村集体经济组织的农民集体所有的，由村内各该农村集体经济组织或者村民小组发包。村集体经济组织或者村民委员会发包的，不得改变村内各集体经济组织农民集体所有的土地的所有权。

国家所有依法由农民集体使用的农村土地，由使用该土地的农村集体经济组织、村民委员会或者村民小组发包。

第十四条　发包方享有下列权利：

（一）发包本集体所有的或者国家所有依法由本集体使用的农村土地；

（二）监督承包方依照承包合同约定的用途合理利用和保护土地；

（三）制止承包方损害承包地和农业资源的行为；

（四）法律、行政法规规定的其他权利。

第十五条　发包方承担下列义务：

（一）维护承包方的土地承包经营权，不得非法变更、解除承包合同；

（二）尊重承包方的生产经营自主权，不得干涉承包方依法进行正常的生产经营活动；

（三）依照承包合同约定为承包方提供生产、技术、信息等服务；

（四）执行县、乡（镇）土地利用总体规划，组织本集体经济组织内的农业基础设施建设；

（五）法律、行政法规规定的其他义务。

第十六条　家庭承包的承包方是本集体经济组织的农户。

农户内家庭成员依法平等享有承包土地的各项权益。

第十七条　承包方享有下列权利：

（一）依法享有承包地使用、收益的权利，有权自主组织生产经营和处置产品；

（二）依法互换、转让土地承包经营权；

（三）依法流转土地经营权；

（四）承包地被依法征收、征用、占用的，有权依法获得相应的补偿；

（五）法律、行政法规规定的其他权利。

第十八条　承包方承担下列义务：

（一）维持土地的农业用途，未经依法批准不得用于非农建设；

（二）依法保护和合理利用土地，不得给土地造成永久性损害；

（三）法律、行政法规规定的其他义务。

第二节　承包的原则和程序

第十九条　土地承包应当遵循以下原则：

（一）按照规定统一组织承包时，本集体经济组织成员依法平等地行使承包土地的权利，也可以自愿放弃承包土地的权利；

（二）民主协商，公平合理；

（三）承包方案应当按照本法第十三条的规定，依法经本集体经济组织成员的村民会议三分之二以上成员或者三分之二以上村民代表的同意；

（四）承包程序合法。

第二十条　土地承包应当按照以下程序进行：

（一）本集体经济组织成员的村民会议选举产生承包工作小组；

（二）承包工作小组依照法律、法规的规定拟订并公布承包方案；

（三）依法召开本集体经济组织成员的村民会议，讨论通过承包方案；

（四）公开组织实施承包方案；

（五）签订承包合同。

第三节　承包期限和承包合同

第二十一条　耕地的承包期为三十年。草地的承包期为三十年至五十年。林地的承包期为三十年至七十年。

前款规定的耕地承包期届满后再延长三十年，草地、林地承包期届满后依照前款规定相应延长。

第二十二条　发包方应当与承包方签订书面承包合同。

承包合同一般包括以下条款：

（一）发包方、承包方的名称，发包方负责人和承包方代表的姓名、住所；

（二）承包土地的名称、坐落、面积、质量等级；

（三）承包期限和起止日期；

（四）承包土地的用途；

（五）发包方和承包方的权利和义务；

（六）违约责任。

第二十三条　承包合同自成立之日起生效。承包方自承包合同生效时取得土地承包经营权。

第二十四条 国家对耕地、林地和草地等实行统一登记，登记机构应当向承包方颁发土地承包经营权证或者林权证等证书，并登记造册，确认土地承包经营权。

土地承包经营权证或者林权证等证书应当将具有土地承包经营权的全部家庭成员列入。

登记机构除按规定收取证书工本费外，不得收取其他费用。

第二十五条 承包合同生效后，发包方不得因承办人或者负责人的变动而变更或者解除，也不得因集体经济组织的分立或者合并而变更或者解除。

第二十六条 国家机关及其工作人员不得利用职权干涉农村土地承包或者变更、解除承包合同。

第四节 土地承包经营权的保护和互换、转让

第二十七条 承包期内，发包方不得收回承包地。

国家保护进城农户的土地承包经营权。不得以退出土地承包经营权作为农户进城落户的条件。

承包期内，承包农户进城落户的，引导支持其按照自愿有偿原则依法在本集体经济组织内转让土地承包经营权或者将承包地交回发包方，也可以鼓励其流转土地经营权。

承包期内，承包方交回承包地或者发包方依法收回承包地时，承包方对其在承包地上投入而提高土地生产能力的，有权获得相应的补偿。

第二十八条 承包期内，发包方不得调整承包地。

承包期内，因自然灾害严重毁损承包地等特殊情形对个别农

户之间承包的耕地和草地需要适当调整的，必须经本集体经济组织成员的村民会议三分之二以上成员或者三分之二以上村民代表的同意，并报乡（镇）人民政府和县级人民政府农业农村、林业和草原等主管部门批准。承包合同中约定不得调整的，按照其约定。

第二十九条 下列土地应当用于调整承包土地或者承包给新增人口：

（一）集体经济组织依法预留的机动地；

（二）通过依法开垦等方式增加的；

（三）发包方依法收回和承包方依法、自愿交回的。

第三十条 承包期内，承包方可以自愿将承包地交回发包方。承包方自愿交回承包地的，可以获得合理补偿，但是应当提前半年以书面形式通知发包方。承包方在承包期内交回承包地的，在承包期内不得再要求承包土地。

第三十一条 承包期内，妇女结婚，在新居住地未取得承包地的，发包方不得收回其原承包地；妇女离婚或者丧偶，仍在原居住地生活或者不在原居住地生活但在新居住地未取得承包地的，发包方不得收回其原承包地。

第三十二条 承包人应得的承包收益，依照继承法的规定继承。

林地承包的承包人死亡，其继承人可以在承包期内继续承包。

第三十三条 承包方之间为方便耕种或者各自需要，可以对属于同一集体经济组织的土地的土地承包经营权进行互换，并向发包方备案。

第三十四条　经发包方同意，承包方可以将全部或者部分的土地承包经营权转让给本集体经济组织的其他农户，由该农户同发包方确立新的承包关系，原承包方与发包方在该土地上的承包关系即行终止。

第三十五条　土地承包经营权互换、转让的，当事人可以向登记机构申请登记。未经登记，不得对抗善意第三人。

第五节　土地经营权

第三十六条　承包方可以自主决定依法采取出租（转包）、入股或者其他方式向他人流转土地经营权，并向发包方备案。

第三十七条　土地经营权人有权在合同约定的期限内占有农村土地，自主开展农业生产经营并取得收益。

第三十八条　土地经营权流转应当遵循以下原则：

（一）依法、自愿、有偿，任何组织和个人不得强迫或者阻碍土地经营权流转；

（二）不得改变土地所有权的性质和土地的农业用途，不得破坏农业综合生产能力和农业生态环境；

（三）流转期限不得超过承包期的剩余期限；

（四）受让方须有农业经营能力或者资质；

（五）在同等条件下，本集体经济组织成员享有优先权。

第三十九条　土地经营权流转的价款，应当由当事人双方协商确定。流转的收益归承包方所有，任何组织和个人不得擅自截留、扣缴。

第四十条　土地经营权流转，当事人双方应当签订书面流转合同。

土地经营权流转合同一般包括以下条款：

（一）双方当事人的姓名、住所；

（二）流转土地的名称、坐落、面积、质量等级；

（三）流转期限和起止日期；

（四）流转土地的用途；

（五）双方当事人的权利和义务；

（六）流转价款及支付方式；

（七）土地被依法征收、征用、占用时有关补偿费的归属；

（八）违约责任。

承包方将土地交由他人代耕不超过一年的，可以不签订书面合同。

第四十一条　土地经营权流转期限为五年以上的，当事人可以向登记机构申请土地经营权登记。未经登记，不得对抗善意第三人。

第四十二条　承包方不得单方解除土地经营权流转合同，但受让方有下列情形之一的除外：

（一）擅自改变土地的农业用途；

（二）弃耕抛荒连续两年以上；

（三）给土地造成严重损害或者严重破坏土地生态环境；

（四）其他严重违约行为。

第四十三条　经承包方同意，受让方可以依法投资改良土壤，建设农业生产附属、配套设施，并按照合同约定对其投资部分获得合理补偿。

第四十四条　承包方流转土地经营权的，其与发包方的承包关系不变。

第四十五条　县级以上地方人民政府应当建立工商企业等社会资本通过流转取得土地经营权的资格审查、项目审核和风险防范制度。

工商企业等社会资本通过流转取得土地经营权的，本集体经济组织可以收取适量管理费用。

具体办法由国务院农业农村、林业和草原主管部门规定。

第四十六条　经承包方书面同意，并向本集体经济组织备案，受让方可以再流转土地经营权。

第四十七条　承包方可以用承包地的土地经营权向金融机构融资担保，并向发包方备案。受让方通过流转取得的土地经营权，经承包方书面同意并向发包方备案，可以向金融机构融资担保。

担保物权自融资担保合同生效时设立。当事人可以向登记机构申请登记；未经登记，不得对抗善意第三人。

实现担保物权时，担保物权人有权就土地经营权优先受偿。

土地经营权融资担保办法由国务院有关部门规定。

第三章　其他方式的承包

第四十八条　不宜采取家庭承包方式的荒山、荒沟、荒丘、荒滩等农村土地，通过招标、拍卖、公开协商等方式承包的，适用本章规定。

第四十九条　以其他方式承包农村土地的，应当签订承包合同，承包方取得土地经营权。当事人的权利和义务、承包期限等，由双方协商确定。以招标、拍卖方式承包的，承包费通过公开竞标、竞价确定；以公开协商等方式承包的，承包费由双方议定。

第五十条　荒山、荒沟、荒丘、荒滩等可以直接通过招标、拍卖、公开协商等方式实行承包经营，也可以将土地经营权折股分给本集体经济组织成员后，再实行承包经营或者股份合作经营。

承包荒山、荒沟、荒丘、荒滩的，应当遵守有关法律、行政法规的规定，防止水土流失，保护生态环境。

第五十一条　以其他方式承包农村土地，在同等条件下，本集体经济组织成员有权优先承包。

第五十二条　发包方将农村土地发包给本集体经济组织以外的单位或者个人承包，应当事先经本集体经济组织成员的村民会议三分之二以上成员或者三分之二以上村民代表的同意，并报乡（镇）人民政府批准。

由本集体经济组织以外的单位或者个人承包的，应当对承包方的资信情况和经营能力进行审查后，再签订承包合同。

第五十三条　通过招标、拍卖、公开协商等方式承包农村土地，经依法登记取得权属证书的，可以依法采取出租、入股、抵押或者其他方式流转土地经营权。

第五十四条　依照本章规定通过招标、拍卖、公开协商等方式取得土地经营权的，该承包人死亡，其应得的承包收益，依照继承法的规定继承；在承包期内，其继承人可以继续承包。

第四章　争议的解决和法律责任

第五十五条　因土地承包经营发生纠纷的，双方当事人可以通过协商解决，也可以请求村民委员会、乡（镇）人民政府等调解解决。

当事人不愿协商、调解或者协商、调解不成的，可以向农村土地承包仲裁机构申请仲裁，也可以直接向人民法院起诉。

第五十六条　任何组织和个人侵害土地承包经营权、土地经营权的，应当承担民事责任。

第五十七条　发包方有下列行为之一的，应当承担停止侵害、排除妨碍、消除危险、返还财产、恢复原状、赔偿损失等民事责任：

（一）干涉承包方依法享有的生产经营自主权；

（二）违反本法规定收回、调整承包地；

（三）强迫或者阻碍承包方进行土地承包经营权的互换、转让或者土地经营权流转；

（四）假借少数服从多数强迫承包方放弃或者变更土地承包经营权；

（五）以划分“口粮田”和“责任田”等为由收回承包地搞招标承包；

（六）将承包地收回抵顶欠款；

（七）剥夺、侵害妇女依法享有的土地承包经营权；

（八）其他侵害土地承包经营权的行为。

第五十八条　承包合同中违背承包方意愿或者违反法律、行政法规有关不得收回、调整承包地等强制性规定的约定无效。

第五十九条　当事人一方不履行合同义务或者履行义务不符合约定的，应当依法承担违约责任。

第六十条　任何组织和个人强迫进行土地承包经营权互换、转让或者土地经营权流转的，该互换、转让或者流转无效。

第六十一条　任何组织和个人擅自截留、扣缴土地承包经营权互换、转让或者土地经营权流转收益的，应当退还。

第六十二条 违反土地管理法规，非法征收、征用、占用土地或者贪污、挪用土地征收、征用补偿费用，构成犯罪的，依法追究刑事责任；造成他人损害的，应当承担损害赔偿等责任。

第六十三条 承包方、土地经营权人违法将承包地用于非农建设的，由县级以上地方人民政府有关主管部门依法予以处罚。

承包方给承包地造成永久性损害的，发包方有权制止，并有权要求赔偿由此造成的损失。

第六十四条 土地经营权人擅自改变土地的农业用途、弃耕抛荒连续两年以上、给土地造成严重损害或者严重破坏土地生态环境，承包方在合理期限内不解除土地经营权流转合同的，发包方有权要求终止土地经营权流转合同。土地经营权人对土地和土地生态环境造成的损害应当予以赔偿。

第六十五条 国家机关及其工作人员有利用职权干涉农村土地承包经营，变更、解除承包经营合同，干涉承包经营当事人依法享有的生产经营自主权，强迫、阻碍承包经营当事人进行土地承包经营权互换、转让或者土地经营权流转等侵害土地承包经营权、土地经营权的行为，给承包经营当事人造成损失的，应当承担损害赔偿等责任；情节严重的，由上级机关或者所在单位给予直接责任人员处分；构成犯罪的，依法追究刑事责任。

第五章　附　　则

第六十六条 本法实施前已经按照国家有关农村土地承包的规定承包，包括承包期限长于本法规定的，本法实施后继续有效，不得重新承包土地。未向承包方颁发土地承包经营权证或者林权证等证书的，应当补发证书。

第六十七条　本法实施前已经预留机动地的，机动地面积不得超过本集体经济组织耕地总面积的百分之五。不足百分之五的，不得再增加机动地。

本法实施前未留机动地的，本法实施后不得再留机动地。

第六十八条　各省、自治区、直辖市人民代表大会常务委员会可以根据本法，结合本行政区域的实际情况，制定实施办法。

第六十九条　确认农村集体经济组织成员身份的原则、程序等，由法律、法规规定。

第七十条　本法自2003年3月1日起施行。

关于《中华人民共和国农村土地承包法修正案（草案）》的说明

——2017年10月31日在第十二届全国人民代表大会常务委员会第三十次会议上

全国人大农业与农村委员会副主任委员　刘振伟

委员长、各位副委员长、秘书长、各位委员：

我受全国人大农业与农村委员会委托，就《中华人民共和国农村土地承包法修正案（草案）》的有关问题作说明。

一、修改农村土地承包法的必要性

实行以家庭承包经营为基础、统分结合的双层经营体制，是农村改革的重大成果，是我国宪法确立的农村基本经营制度。农村土地承包法自2003年施行以来，对稳定农村基本经营制度，赋予农民长期而有保障的土地承包经营权，增加农民收入，促进农业、农村经济健康发展和农村社会和谐稳定，发挥了重大作用。

党的十八大以来，以习近平同志为核心的党中央对稳定和完善农村基本经营制度、深化农村集体土地制度改革提出一系列方针政策。党的十九大报告明确提出第二轮土地承包到期后再延长三十年。从农业农村的现实情况看，随着富余劳动力转移到城镇就业，各类合作社、农业产业化龙头企业等新型经营主体大量涌现，土地流转面积不断扩大，规模化、集约化经营水平不断提升，呈现“家庭承包，多元经营”格局。农业产业化、水利化、机械化及科技进步等，都对完善农村生产关系提出新的要求。把实践检验行之有效的农村土地承包政策和成功经验及时转化为法律规范，是修改农村土地承包法首先要考虑的问题。适应农村生产力发展的新要求，稳定和完善适合国情的农村基本经营制度，是修改农村土地承包法的基本出发点。

2015年，修改农村土地承包法列入第十二届全国人大常委会立法规划，由全国人大农业与农村委员会牵头，中央农办、农业部等部门参与。在修改过程中，农业与农村委员会作了广泛深入的调查研究，认真听取基层干部和农民群众的意见，先后多次征求31个省、自治区、直辖市和中央、国务院有关部门及专家的意见。在反复研究论证的基础上，形成了农村土地承包法修正案草案（以下简称草案）。

二、农村土地承包法修改的总体思路及主要内容

农村土地承包法修改的总体思路是：全面贯彻党的十八大、

十九大和历次中央全会精神，围绕处理好农民和土地的关系这条主线，坚持农村基本经营制度不动摇，进一步赋予农民充分而有保障的土地权利，为提高农业农村现代化水平，推动实施乡村振兴战略和城乡融合发展，保持农村社会和谐稳定提供制度保障。

修改的主要内容是：

（一）关于“三权分置”

习近平总书记指出，“要在坚持农村土地集体所有的前提下，促使承包权和经营权分离，形成所有权、承包权、经营权三权分置，经营权流转的格局”。“三权分置”是继家庭联产承包责任制后农村改革又一重大制度创新。目前，农村已有30%以上的承包农户在流转承包地，流转面积4.79亿亩。为此，草案规定，以家庭承包方式取得的土地承包经营权在流转中分为土地承包权和土地经营权。同时，明确了土地承包权和土地经营权的权能。土地经营权流转后，为了加强对土地承包权的保护，草案规定，承包土地的经营权流转后，承包方与发包方的承包关系不变，承包方的土地承包权不变。（第三条、第二十二条）

为确保实行“三权分置”后不改变农地用途，草案规定，承包方连续两年以上弃耕抛荒承包地的，发包方可以收取一定的费用，用于土地耕作，连续三年以上弃耕抛荒承包地的，发包方可以依法定程序收回承包地，重新发包；土地经营权流转后第三方擅自改变承包地农业用途、弃耕抛荒两年以上、给承包地造成严重损害或者严重破坏承包地生态环境的，发包方或承包方有权要求终止土地经营权流转合同，收回土地经营权。（第二十二条、第二十九条）

按照习近平总书记2016年4月25日在农村改革座谈会上关

于“建立土地承包经营权登记制度”的精神，以及与民法总则、物权法、农业法等法律相衔接，草案保留了土地承包经营权概念。土地集体所有权与承包经营权是承包地处于未流转状态的一组权利，是两权分离。土地集体所有权与土地承包权、土地经营权是承包地处于流转状态的一组权利，是三权分置。

（二）关于稳定农村土地承包关系并长久不变

稳定农村土地承包关系并保持长久不变，有利于坚持和完善农村基本经营制度，坚持农村土地集体所有，坚持家庭经营基础性地位，坚持土地承包关系稳定，核心是维护农民土地权益。为此，草案规定，国家依法保护农村土地承包关系稳定并长久不变。为了给予农民稳定的土地承包经营预期，草案规定，耕地承包期届满后再延长三十年。(第一条、第六条)

（三）关于承包地的个别调整

实践中，对因各种特殊情形造成人地矛盾突出的问题，一些地方尊重大多数农民意愿，因地制宜，分类施策，在坚持稳定土地承包关系的基础上，妥善解决矛盾纠纷。为进一步规范对个别农户之间承包的耕地和草地的适当调整，草案划定了红线：必须坚持土地承包关系稳定、不得打乱重分的原则；必须经本集体经济组织成员的村民会议三分之二以上成员或者三分之二以上村民代表的同意，并报乡（镇）人民政府和县级人民政府农业等行政主管部门批准。鉴于各地情况差异较大，草案授权省、自治区、直辖市制定地方性法规具体规定。(第十条)

（四）关于土地经营权流转和融资担保

赋予第三方经营主体土地经营权，是完善农村基本经营制度的一个重要内容。草案规定，土地经营权可以依法采取出租（转包）、入股或者其他方式流转；第三方通过流转取得的土地经营权经承包方或其委托代理人书面同意，并向本集体经济组织备案后可以再流转。（第十六条、第十八条）

关于土地经营权的融资担保。规范性文件规定，土地承包经营权和土地经营权都可以向金融机构抵押担保融资。鉴于实践中抵押担保融资的情况复杂，操作方式多样，加之各方面对土地经营权的性质认识分歧较大，草案使用了“融资担保”的概念，包含了抵押和质押等多种情形，既解决农民向金融机构融资缺少有效担保物的问题，又保持了与担保法等法律规定的一致性。草案规定，承包方可以用承包土地经营权向金融机构融资担保。第三方通过流转取得的土地经营权，经承包方或其委托代理人书面同意，可以向金融机构融资担保。（第二十四条）

（五）关于土地经营权入股

为落实党的十八届三中全会提出的“允许农民以承包经营权入股发展农业产业化经营”的精神，草案增加了土地经营权可以入股从事农业产业化经营的规定。鉴于土地经营权入股发展农业产业化经营尚处于探索阶段，实践中的做法也不尽相同，为此，草案只作出原则性规定，具体可依实践发展需要再由行政法规规范。（第二十三条）

（六）关于维护进城务工和落户农民的土地承包权益

党的十八届五中全会决定提出，维护进城落户农民土地承包权、宅基地使用权、集体收益分配权，支持引导其依法自愿有偿转让上述权益。为此，草案删除了现行法律中关于承包方全家迁入设区的市，转为非农业户口的，应将承包地交回发包方的规定。鉴于城乡人口结构的变革是一个较长的历史过程，现阶段农民进城务工、落户的情况也十分复杂，按照中央关于推进农业转移人口市民化的要求，草案规定，维护进城务工农民的土地承包经营权，不得以退出土地承包权作为农民进城落户的条件，是否保留土地承包经营权，由农民选择而不代替农民选择。承包方全家迁入城镇落户，纳入城镇住房和社会保障体系，丧失农村集体经济组织成员身份的，支持引导其按照国家有关规定转让土地承包权益，为政策适时调整留出了空间。(第九条)

（七）关于保护农村妇女土地承包权益

为了更好地保护农村妇女的土地承包权益，借鉴一些地方开展土地承包经营权确权登记的做法，草案规定，土地承包经营权证或者林权证等证书应当将具有土地承包权的全部家庭成员列入，进一步明确了妇女应该享有的土地承包权益。(第七条)

还有一个问题需要说明。目前，一些地方按照尊重历史、兼顾现实、群众认可的原则，统筹考虑户籍、土地承包关系等因素，进行农村集体经济组织成员身份确定工作，解决成员边界不清的问题。鉴于土地承包经营权是农村集体经济组织成员的财产性权利，农村集体经济组织成员身份又是获得土地承包经营权的前提条件，为解决实践中的急迫需要并与草案第二条相衔接，草案规定，确认农村集体经济组织成员身份的原则、程序等，由法律、法规规定。(第三十一条)

此外，草案还就工商企业租赁农户承包地的准入和监管、建立承包地统一登记制度等作了规定，对法律责任等有关条款作了文字修改。

《中华人民共和国农村土地承包法修正案（草案)》及以上说明是否妥当，请予审议。

全国人民代表大会宪法和法律委员会关于《中华人民共和国农村土地承包法修正案（草案）》修改情况的汇报

全国人民代表大会常务委员会：

十二届常委会第三十次会议对农村土地承包法修正案（草案）进行了初次审议。会后，法制工作委员会将草案印发地方人大、中央有关部门、法学教学研究机构和有关社会团体征求意见，并在中国人大网全文公布草案征求社会公众意见。法制工作委员会还到安徽、贵州、浙江、江西等地进行调研，并就草案多次与农业与农村委员会、中央农村工作领导小组办公室、农业农村部、国家林业和草原局交换意见、共同研究。宪法和法律委员会于10月9日召开会议，根据常委会组成人员的审议意见和各方面意见，对草案进行了逐条审议。农业与农村委员会、中央农村工作领导小组办公室、农业农村部、国家林业和草原局的负责同志列席了会议。10月16日，宪法和法律委员会召开会议，再次进行了审议。现将农村土地承包法修正案（草案）主要问题修改情况汇报如下：

一、落实“三权分置”改革要求。巩固和完善农村基本经营制度，深化农村土地制度改革，落实“三权分置”制度，是本次修改农村土地承包法的主要任务。在常委会初次审议和公开征求意见过程中，对草案有关“三权分置”的规定提出了一些意见，认为应当明晰“三权”的性质和相互关系，以便于理解和操作。宪法和法律委员会、法制工作委员会认真学习领会习近平总书记关于农业农村工作的重要论述，力求准确理解和把握党中央、国务院有关文件精神。宪法和法律委员会经研究认为，“三权分置”改革的核心问题是家庭承包的承包户在经营方式上发生转变，即由农户自己经营，转变为保留土地承包权，将承包地流转给他人经营，实现土地承包经营权和土地经营权的分离，农户保留土地承包权。据此，建议对草案作如下修改：一是明确农村集体经济组织成员承包土地后，享有土地承包经营权，可以自己经营，也可以保留土地承包权，流转其承包地的土地经营权，由他人经营。二是明确对土地经营权流转的保护，国家保护承包方依法、自愿、有偿流转土地经营权，保护土地经营权人的合法权益，任何组织和个人不得侵犯。三是明确土地经营权人的权利，土地经营权人有权在合同约定的期限内占有农村土地，自主开展农业生产经营并取得收益。四是明确土地经营权流转的内涵，包括明确土地经营权的流转方式、流转原则、流转价款、流转合同等具体程序和要求。

二、规定土地经营权的登记。推进“三权分置”改革，关键是要明确和保护经营主体通过流转合同取得的土地经营权，保障其经营预期。实践中，不同经营主体对土地经营权登记颁证的需求存在差异，有的经营者希望能通过登记的方式获得长期稳定的土地经营权，而有的短期经营者则认为没有必要办理登记。宪法和法律委员会经研究认为，有必要赋予土地经营当事人一定的选择权，通过建立土地经营权的登记颁证制度，合理平衡各方权利义务，同时，规范农户收回土地经营权的行为。据此，建议增加规定：“土地经营权流转期限为五年以上的，当事人可以向登记机构申请土地经营权登记。未经登记，不得对抗善意第三人。”同时，为避免承包方随意解除合同，建议增加规定，承包方不得单方解除土地经营权流转合同，但受让方有法定情形的除外。

三、土地经营权的融资担保制度。草案第二十四条规定，土地经营权可以向金融机构融资担保。有的常委委员和专家提出，土地经营权融资担保的登记及实现也需要予以明确。宪法和法律委员会经研究认为，通过赋予担保物权登记对抗效力，明确担保物权人在实现担保物权时有权以土地经营权优先受偿，有利于保护融资担保各方当事人的合法权益。建议增加两款规定：（1）“担保物权自融资担保合同生效时设立。当事人可以向登记机构申请登记；未经登记，不得对抗善意第三人。”（2）“实现担保物权时，担保物权人有权就土地经营权优先受偿。”

四、关于承包期延长。有的常委委员和一些地方、部门、社会公众提出，现行农村土地承包法对耕地、林地、草地的承包期都作了规定，但是草案只对耕地承包期届满后再延长三十年作了规定，建议对林地、草地承包期届满后延期的问题也应作出规定。宪法和法律委员会经研究认为，保持农村土地承包关系长期稳定，应当包括草地和林地的承包关系。建议增加规定：“草地、林地承包期届满后依照前款规定相应延长。”

五、规定“其他方式的承包”取得的权利为土地经营权。现行农村土地承包法第三章规定了其他方式（即家庭承包以外的方式）的承包，主要是承包“四荒地”。有的地方和专家提出，家庭承包具有生产经营性质，也具有社会保障性质，只有本集体经济组织成员才有权承包，取得土地承包经营权。“四荒地”承包不涉及社会保障因素，承包方不限于本集体经济组织成员，其取得的权利在性质上不同于土地承包经营权。宪法和法律委员会建议采纳这一意见，对有关规定修改为：以其他方式承包农村土地的，承包方取得土地经营权。

六、删去承包方弃耕抛荒的有关内容。草案第二十九条第三款规定，承包方连续两年以上弃耕抛荒承包地的、发包方可以收取一定的费用，用于土地耕作；连续三年以上弃耕抛荒承包地的，发包方可以依法定程序收回承包地，重新发包。有的常委委员和部门、地方、社会公众提出，实践中弃耕抛荒的原因比较复杂，发包方可以进行督促纠正，但收取费用应当收多少、怎么收，耕作收益归谁，会产生很多问题，强行收回承包地也不利于稳定承包关系，容易引发更多纠纷。宪法和法律委员会经研究，建议删去上述内容。

还有一个问题需要汇报。草案第十条对现行法律有关承包地调整的规定作了修改，草案规定，承包期内因特殊情形矛盾突出可以个别调整承包地，必须坚持土地承包关系稳定、不得打乱重分的原则，同时授权省、自治区、直辖市制定地方性法规作出具体规定。草案说明提出，实践中，对因各种特殊情形造成人地矛盾突出的问题，一些地方尊重大多数农民意愿，因地制宜，分类施策，在坚持稳定土地承包关系的基础上，妥善解决矛盾纠纷；鉴于各地情况差异较大，可以授权省、自治区、直辖市制定地方性法规具体规定。在草案征求意见过程中，一些地方、部门、单位、专家和社会公众提出，保持农村土地承包关系稳定并长久不变是我国农村土地制度的基本原则，农村土地确权登记工作刚完成，承包期内不宜轻易调整承包地；承包地调整问题政策性很强，多年来，中央在这个问题上的政策没有变化，由地方对此作具体规定是否妥当也值得研究，建议本次修法对现行法律有关调整承包地的规定不作修改。宪法和法律委员会经慎重研究认为，这个问题比较重大，建议对这个问题作进一步深入研究，草案的规定暂不作修改。

此外，还对草案作了一些文字修改。

修正案草案二次审议稿已按上述意见作了修改，宪法和法律委员会建议提请本次常委会会议继续审议。

修正案草案二次审议稿和以上汇报是否妥当，请审议。

全国人民代表大会宪法和法律委员会

2018 年 10 月 22 日

全国人民代表大会宪法和法律委员会关于《中华人民共和国农村土地承包法修正案（草案）》审议结果的报告

全国人民代表大会常务委员会：

常委会第六次会议对农村土地承包法修正案（草案）进行了二次审议。会后，法制工作委员会在中国人大网全文公布草案二次审议稿征求社会公众意见。宪法和法律委员会、农业与农村委员会、法制工作委员会联合召开座谈会，听取中央有关部门、专家学者的意见。宪法和法律委员会、法制工作委员会还到广东等地进行调研，并就草案与农业与农村委员会、中央农村工作领导小组办公室、农业农村部、国家林业和草原局交换意见。宪法和法律委员会于11月30日召开会议，根据常委会组成人员的审议意见和各方面意见，对草案进行了审议，农业与农村委员会、中央农村工作领导小组办公室、农业农村部、国家林业和草原局的负责同志列席了会议。12月17日，宪法和法律委员会召开会议，再次进行审议。宪法和法律委员会认为，为了巩固和完善以家庭承包经营为基础、统分结合的双层经营体制，保持农村土地承包关系稳定并长久不变，维护农村土地承包经营当事人的合法权益，促进农业、农村经济发展和农村社会和谐稳定，对农村土地承包法进行修改是必要的，草案经过两次审议修改，已经比较成熟。同时，提出以下主要修改意见：

一、关于保护农村妇女土地承包权益。有的常委会组成人员提出，有关中央文件中强调，农户内家庭成员依法平等享有承包土地的各项权益，表明妇女享有同样的土地承包权益，对此，应当在法律中反映这一内容。宪法和法律委员会经研究，建议采纳上述意见，增加相应规定。

二、关于承包地登记的费用。现行农村土地承包法规定，颁发土地承包经营权证或者林权证等证书，除按规定收取证书工本费外，不得收取其他费用。二次审议稿删除了这一规定。有的部门、专家和社会公众提出，这一规定实践中效果很好，建议恢复。宪法和法律委员会经研究，建议采纳上述意见，增加相应规定。

三、关于维护进城落户农户的合法权益。草案二次审议稿规定，承包期内，承包方全家迁入城镇落户，纳入城镇住房和社会保障体系，丧失农村集体经济组织成员身份的，支持引导其按照国家有关规定转让土地承包经营权益。有的常委委员提出，应当进一步维护进城落户农户的合法权益，删除纳入社会保障体系等内容。不久前印发的中央文件对这个问题已有明确精神。据此，宪法和法律委员会建议采纳上述意见，将有关规定修改为："承包期内，承包农户进城落户的，引导支持其按照自愿有偿原则依法在本集体经济组织内转让土地承包经营权或者将承包地交回发包方，也可以鼓励其流转土地经营权。"

四、关于承包地的个别调整。草案二次审议稿对现行法律有关承包地个别调整的规定作了部分修改。有的常委委员和地方、部门、专家、社会公众提出，承包地个别调整问题较为复杂、敏感，建议按照保持土地承包关系稳定并长久不变的精神恢复现行法律的规定，不作修改。宪法和法律委员会经研究认为，承包地调整问题政策性很强，多年来，中央在承包地调整问题上的政策没有变化，不久前印发的中央文件对有关精神再次作了强调。因此，建议本次修法对现行法律有关调整承包地的规定不作修改，维持现有规定不变。

五、关于承包地经营权流转后承包方单方解除土地经营权流转合同。草案二次审议稿规定，受让方连续两年以上未按约定支付价款的，承包方可以单方解除土地经营权流转合同。有的常委委员和部门、专家提出，有合同就应当按照合同约定处理，未支付价款的情形也有轻重程度之别，不宜作统一规定。宪法和法律委员会经研究，建议采纳上述意见，删除这一规定。

此外，还对草案二次审议稿作了一些文字修改。

12 月 13 日，法制工作委员会召开会议，邀请部分专家学者、地方农业农村主管部门、农村集体经济组织、农业经营主体、承包农户等方面的代表，就草案中主要制度规范的可行性、法律出台时机、法律实施的社会效果和可能出现的问题等进行评估。普遍认为，草案贯彻落实了党中央关于农村土地“三权分置”和保持土地承包关系稳定并长久不变等决策部署，围绕处理好农民和土地的关系这条主线，坚持农村基本经营制度不动摇，赋予农民更加充分而有保障的土地权利，给亿万农民吃下了“定心丸”，适应了土地经营权流转和适度规模经营的发展方向，符合现阶段农村实际。草案结构合理，思路清晰，具有较强的针对性和可操作性，已基本成熟，应尽早出台。与会人员还对草案提出了一些具体修改意见，有的意见已经予以采纳。

宪法和法律委员会已按上述意见提出了全国人民代表大会常务委员会关于修改《中华人民共和国农村土地承包法》的决定(草案)。宪法和法律委员会建议，修改决定草案经本次常委会会议审议通过。

修改决定草案和以上报告是否妥当，请审议。

全国人民代表大会宪法和法律委员会

2018 年 12 月 29 日

全国人民代表大会宪法和法律委员会关于《全国人民代表大会常务委员会关于修改〈中华人民共和国农村土地承包法〉的决定（草案）》修改意见的报告

全国人民代表大会常务委员会：

本次常委会会议于12月25日上午对《全国人民代表大会常务委员会关于修改〈中华人民共和国农村土地承包法〉的决定（草案）》进行了分组审议，普遍认为，草案已经比较成熟，建议进一步修改后，提请本次会议表决通过。同时，有些常委会组成人员和列席人员还提出了一些修改意见。宪法和法律委员会于12月27日上午召开会议，逐条研究了常委会组成人员和列席人员的审议意见，对草案进行了审议。农业与农村委员会、农业农村部、国家林业和草原局的负责同志列席了会议。宪法和法律委员会认为，草案是可行的，同时，提出以下修改意见：

一、修改决定草案第二十四条第二款第七项规定，土地经营权流转合同包括土地被依法征收、征用时有关补偿费归属的条款。有的常委委员提出，修改决定草案第七条第四项规定了类似情况，建议统一有关表述。宪法和法律委员会经研究，建议采纳这一意见，在第七项的“征用”后增加“占用”二字。

二、修改决定草案第二十八条规定，承包方向他人流转土地经营权，不影响其依法享有的土地承包权，承包方与发包方的承包关系不变。有的常委委员提出，“不影响其依法享有的土地承包权”的规定，与修改决定草案第二条中承包方“可以保留土地承包权”的规定重复，建议删除。宪法和法律委员会经研究，建议采纳这一意见，修改为：“承包方流转土地经营权的，其与发包方的承包关系不变。”

三、修改决定草案规定“《中华人民共和国农村土地承包法》根据本决定作相应修改，重新公布”。有的常委委员提出，为了使表述更加严谨，建议在“根据本决定作相应修改”后增加“并对条款顺序作相应调整”。宪法和法律委员会经研究，建议采纳这一意见，作出相应修改。

在审议过程中，有些常委会组成人员还就法律通过后的贯彻实施提出了一些很好的意见和建议。宪法和法律委员会建议，国务院有关部门要认真研究常委会组成人员的意见，抓紧制定完善有关配套规定，做好农村土地承包法修改的宣传普及工作，加大执法力度，确保法律全面有效实施。

此外，根据常委会组成人员的审议意见，还对修改决定草案作了个别文字修改。

修改决定草案建议表决稿已按上述意见作了修改，宪法和法律委员会建议本次常委会会议审议通过。

修改决定草案建议表决稿和以上报告是否妥当，请审议。

全国人民代表大会宪法和法律委员会

2018 年 12 月 29 日

《中华人民共和国农村土地承包法》修改前后对照表

（条文中黑体字为新增或者修改后的内容，阴影为删去的内容）

《中华人民共和国农村土地承包法》（2009 年 8 月 27 日第一次修正）	《中华人民共和国农村土地承包法》（2018 年 12 月 29 日第二次修正）
第一章　总则	**第一章　总则**
第一条　为稳定和完善以家庭承包经营为基础、统分结合的双层经营体制，赋予农民长期而有保障的土地使用权，维护农村土地承包当事人的合法权益，促进农业、农村经济发展和农村社会稳定，根据宪法，制定本法。	**第一条**　为**了巩固**和完善以家庭承包经营为基础、统分结合的双层经营体制，**保持农村土地承包关系稳定并长久不变**，维护农村土地承包经营当事人的合法权益，促进农业、农村经济发展和农村社会**和谐**稳定，根据宪法，制定本法。
第二条　本法所称农村土地，是指农民集体所有和国家所有依法由农民集体使用的耕地、林地、草地，以及其他依法用于农业的土地。	**第二条**　本法所称农村土地，是指农民集体所有和国家所有依法由农民集体使用的耕地、林地、草地，以及其他依法用于农业的土地。
第三条　国家实行农村土地承包经营制度。 农村土地承包采取农村集体经济组织内部的家庭承包方式，不宜采取家庭承包方式的荒山、荒沟、荒丘、荒滩等农村土地，可以采取招标、拍卖、公开协商等方式承包。	**第三条**　国家实行农村土地承包经营制度。 农村土地承包采取农村集体经济组织内部的家庭承包方式，不宜采取家庭承包方式的荒山、荒沟、荒丘、荒滩等农村土地，可以采取招标、拍卖、公开协商等方式承包。
第四条　国家依法保护农村土地承包关系的长期稳定。 农村土地承包后，土地的所有权性质不变。承包地不得买卖。	**第四条**　农村土地承包后，土地的所有权性质不变。承包地不得买卖。

《中华人民共和国农村土地承包法》（2009年8月27日第一次修正）	《中华人民共和国农村土地承包法》（2018年12月29日第二次修正）
第五条 农村集体经济组织成员有权依法承包由本集体经济组织发包的农村土地。 任何组织和个人不得剥夺和非法限制农村集体经济组织成员承包土地的权利。	**第五条** 农村集体经济组织成员有权依法承包由本集体经济组织发包的农村土地。 任何组织和个人不得剥夺和非法限制农村集体经济组织成员承包土地的权利。
第六条 农村土地承包，妇女与男子享有平等的权利。承包中应当保护妇女的合法权益，任何组织和个人不得剥夺、侵害妇女应当享有的土地承包经营权。	**第六条** 农村土地承包，妇女与男子享有平等的权利。承包中应当保护妇女的合法权益，任何组织和个人不得剥夺、侵害妇女应当享有的土地承包经营权。
第七条 农村土地承包应当坚持公开、公平、公正的原则，正确处理国家、集体、个人三者的利益关系。	**第七条** 农村土地承包应当坚持公开、公平、公正的原则，正确处理国家、集体、个人三者的利益关系。
第九条 国家保护集体土地所有者的合法权益，保护承包方的土地承包经营权，任何组织和个人不得侵犯。	**第八条** 国家保护集体土地所有者的合法权益，保护承包方的土地承包经营权，任何组织和个人不得侵犯。
	第九条 承包方承包土地后，享有土地承包经营权，可以自己经营，也可以保留土地承包权，流转其承包地的土地经营权，由他人经营。
第十条 国家保护承包方依法、自愿、有偿地进行土地承包经营权流转。	**第十条** 国家保护承包方依法、自愿、有偿流转**土地经营权，保护土地经营权人的合法权益，任何组织和个人不得侵犯。**
第八条 农村土地承包应当遵守法律、法规，保护土地资源的合理开发和可持续利用。未经依法批准不得将承包地用于非农建设。	**第十一条** 农村土地承包**经营**应当遵守法律、法规，保护土地资源的合理开发和可持续利用。未经依法批准不得将承包地用于非农建设。

《中华人民共和国农村土地承包法》（2009 年 8 月 27 日第一次修正）	《中华人民共和国农村土地承包法》（2018 年 12 月 29 日第二次修正）
国家鼓励农民和农村集体经济组织增加对土地的投入，培肥地力，提高农业生产能力。	国家鼓励增加对土地的投入，培肥地力，提高农业生产能力。
第十一条　国务院农业、林业行政主管部门分别依照国务院规定的职责负责全国农村土地承包及承包合同管理的指导。县级以上地方人民政府农业、林业等行政主管部门分别依照各自职责，负责本行政区域内农村土地承包及承包合同管理。乡（镇）人民政府负责本行政区域内农村土地承包及承包合同管理。	**第十二条**　国务院农业**农村**、林业**和草原**主管部门分别依照国务院规定的职责负责全国农村土地承包**经营**及承包**经营**合同管理的指导。 县级以上地方人民政府农业**农村**、林业**和草原**等主管部门分别依照各自职责，负责本行政区域内农村土地承包**经营**及承包**经营**合同管理。 乡（镇）人民政府负责本行政区域内农村土地承包**经营**及承包**经营**合同管理。
第二章　家庭承包	**第二章　家庭承包**
第一节　发包方和承包方的权利和义务	第一节　发包方和承包方的权利和义务
第十二条　农民集体所有的土地依法属于村农民集体所有的，由村集体经济组织或者村民委员会发包；已经分别属于村内两个以上农村集体经济组织的农民集体所有的，由村内各该农村集体经济组织或者村民小组发包。村集体经济组织或者村民委员会发包的，不得改变村内各集体经济组织农民集体所有的土地的所有权。 国家所有依法由农民集体使用的农村土地，由使用该土地的农村集体经济组织、村民委员会或者村民小组发包。	**第十三条**　农民集体所有的土地依法属于村农民集体所有的，由村集体经济组织或者村民委员会发包；已经分别属于村内两个以上农村集体经济组织的农民集体所有的，由村内各该农村集体经济组织或者村民小组发包。村集体经济组织或者村民委员会发包的，不得改变村内各集体经济组织农民集体所有的土地的所有权。 国家所有依法由农民集体使用的农村土地，由使用该土地的农村集体经济组织、村民委员会或者村民小组发包。

《中华人民共和国农村土地承包法》 (2009 年 8 月 27 日第一次修正)	**《中华人民共和国农村土地承包法》** (2018 年 12 月 29 日第二次修正)
第十三条 发包方享有下列权利: (一) 发包本集体所有的或者国家所有依法由本集体使用的农村土地; (二) 监督承包方依照承包合同约定的用途合理利用和保护土地; (三) 制止承包方损害承包地和农业资源的行为; (四) 法律、行政法规规定的其他权利。	**第十四条** 发包方享有下列权利: (一) 发包本集体所有的或者国家所有依法由本集体使用的农村土地; (二) 监督承包方依照承包合同约定的用途合理利用和保护土地; (三) 制止承包方损害承包地和农业资源的行为; (四) 法律、行政法规规定的其他权利。
第十四条 发包方承担下列义务: (一) 维护承包方的土地承包经营权, 不得非法变更、解除承包合同; (二) 尊重承包方的生产经营自主权, 不得干涉承包方依法进行正常的生产经营活动; (三) 依照承包合同约定为承包方提供生产、技术、信息等服务; (四) 执行县、乡 (镇) 土地利用总体规划, 组织本集体经济组织内的农业基础设施建设; (五) 法律、行政法规规定的其他义务。	**第十五条** 发包方承担下列义务: (一) 维护承包方的土地承包经营权, 不得非法变更、解除承包合同; (二) 尊重承包方的生产经营自主权, 不得干涉承包方依法进行正常的生产经营活动; (三) 依照承包合同约定为承包方提供生产、技术、信息等服务; (四) 执行县、乡 (镇) 土地利用总体规划, 组织本集体经济组织内的农业基础设施建设; (五) 法律、行政法规规定的其他义务。
第十五条 家庭承包的承包方是本集体经济组织的农户。	**第十六条** 家庭承包的承包方是本集体经济组织的农户。 **农户内家庭成员依法平等享有承包土地的各项权益。**

《中华人民共和国农村土地承包法》（2009年8月27日第一次修正）	《中华人民共和国农村土地承包法》（2018年12月29日第二次修正）
第十六条　承包方享有下列权利： （一）依法享有承包地使用、收益和土地承包经营权流转的权利，有权自主组织生产经营和处置产品； （二）承包地被依法征收、征用、占用的，有权依法获得相应的补偿； （三）法律、行政法规规定的其他权利。	**第十七条**　承包方享有下列权利： （一）依法享有承包地使用、收益的权利，有权自主组织生产经营和处置产品； **（二）依法互换、转让土地承包经营权；** **（三）依法流转土地经营权；** **（四）**承包地被依法征收、征用、占用的，有权依法获得相应的补偿； **（五）**法律、行政法规规定的其他权利。
第十七条　承包方承担下列义务： （一）维持土地的农业用途，不得用于非农建设； （二）依法保护和合理利用土地，不得给土地造成永久性损害； （三）法律、行政法规规定的其他义务。	**第十八条**　承包方承担下列义务： （一）维持土地的农业用途，**未经依法批准**不得用于非农建设； （二）依法保护和合理利用土地，不得给土地造成永久性损害； （三）法律、行政法规规定的其他义务。
第二节　承包的原则和程序	第二节　承包的原则和程序
第十八条　土地承包应当遵循以下原则： （一）按照规定统一组织承包时，本集体经济组织成员依法平等地行使承包土地的权利，也可以自愿放弃承包土地的权利； （二）民主协商，公平合理； （三）承包方案应当按照本法第十二条的规定，依法经本集体经济组织成员的村民会议三分之二以	**第十九条**　土地承包应当遵循以下原则： （一）按照规定统一组织承包时，本集体经济组织成员依法平等地行使承包土地的权利，也可以自愿放弃承包土地的权利； （二）民主协商，公平合理； （三）承包方案应当按照本法第十**三**条的规定，依法经本集体经济组织成员的村民会议三分之二以

《中华人民共和国农村土地承包法》（2009 年 8 月 27 日第一次修正）	《中华人民共和国农村土地承包法》（2018 年 12 月 29 日第二次修正）
上成员或者三分之二以上村民代表的同意； （四）承包程序合法。	上成员或者三分之二以上村民代表的同意； （四）承包程序合法。
第十九条　土地承包应当按照以下程序进行： （一）本集体经济组织成员的村民会议选举产生承包工作小组； （二）承包工作小组依照法律、法规的规定拟订并公布承包方案； （三）依法召开本集体经济组织成员的村民会议，讨论通过承包方案； （四）公开组织实施承包方案； （五）签订承包合同。	**第二十条**　土地承包应当按照以下程序进行： （一）本集体经济组织成员的村民会议选举产生承包工作小组； （二）承包工作小组依照法律、法规的规定拟订并公布承包方案； （三）依法召开本集体经济组织成员的村民会议，讨论通过承包方案； （四）公开组织实施承包方案； （五）签订承包合同。
第三节　承包期限和承包合同	第三节　承包期限和承包合同
第二十条　耕地的承包期为三十年。草地的承包期为三十年至五十年。林地的承包期为三十年至七十年；特殊林木的林地承包期，经国务院林业行政主管部门批准可以延长。	**第二十一条**　耕地的承包期为三十年。草地的承包期为三十年至五十年。林地的承包期为三十年至七十年。 **前款规定的耕地承包期届满后再延长三十年，草地、林地承包期届满后依照前款规定相应延长。**
第二十一条　发包方应当与承包方签订书面承包合同。 承包合同一般包括以下条款： （一）发包方、承包方的名称，发包方负责人和承包方代表的姓名、住所； （二）承包土地的名称、坐落、面积、质量等级； （三）承包期限和起止日期；	**第二十二条**　发包方应当与承包方签订书面承包合同。 承包合同一般包括以下条款： （一）发包方、承包方的名称，发包方负责人和承包方代表的姓名、住所； （二）承包土地的名称、坐落、面积、质量等级； （三）承包期限和起止日期；

《中华人民共和国农村土地承包法》（2009 年 8 月 27 日第一次修正）	《中华人民共和国农村土地承包法》（2018 年 12 月 29 日第二次修正）
（四）承包土地的用途； （五）发包方和承包方的权利和义务； （六）违约责任。	（四）承包土地的用途； （五）发包方和承包方的权利和义务； （六）违约责任。
第二十二条　承包合同自成立之日起生效。承包方自承包合同生效时取得土地承包经营权。	**第二十三条**　承包合同自成立之日起生效。承包方自承包合同生效时取得土地承包经营权。
第二十三条　县级以上地方人民政府应当向承包方颁发土地承包经营权证或者林权证等证书，并登记造册，确认土地承包经营权。 颁发土地承包经营权证或者林权证等证书，除按规定收取证书工本费外，不得收取其他费用。	**第二十四条　国家对耕地、林地和草地等实行统一登记，登记机构**应当向承包方颁发土地承包经营权证或者林权证等证书，并登记造册，确认土地承包经营权。 **土地承包经营权证或者林权证等证书应当将具有土地承包经营权的全部家庭成员列入。** **登记机构**除按规定收取证书工本费外，不得收取其他费用。
第二十四条　承包合同生效后，发包方不得因承办人或者负责人的变动而变更或者解除，也不得因集体经济组织的分立或者合并而变更或者解除。	**第二十五条**　承包合同生效后，发包方不得因承办人或者负责人的变动而变更或者解除，也不得因集体经济组织的分立或者合并而变更或者解除。
第二十五条　国家机关及其工作人员不得利用职权干涉农村土地承包或者变更、解除承包合同。	**第二十六条**　国家机关及其工作人员不得利用职权干涉农村土地承包或者变更、解除承包合同。
第四节　土地承包经营权的保护	第四节　土地承包经营权的**保护和互换、转让**
第二十六条　承包期内，发包方不得收回承包地。 承包期内，承包方全家迁入小城镇落户的，应当按照承包方的意	**第二十七条**　承包期内，发包方不得收回承包地。 **国家保护进城农户的土地承包经营权。不得以退出土地承包经营**

《中华人民共和国农村土地承包法》（2009年8月27日第一次修正）	《中华人民共和国农村土地承包法》（2018年12月29日第二次修正）
愿，保留其土地承包经营权或者允许其依法进行土地承包经营权流转。 承包期内，承包方全家迁入设区的市，转为非农业户口的，应当将承包的耕地和草地交回发包方。承包方不交回的，发包方可以收回承包的耕地和草地。 承包期内，承包方交回承包地或者发包方依法收回承包地时，承包方对其在承包地上投入而提高土地生产能力的，有权获得相应的补偿。	**权作为农户进城落户的条件。** 承包期内，承包**农户进城落户的，引导支持其按照自愿有偿原则依法在本集体经济组织内转让土地承包经营权或者将承包地交回发包方，也可以鼓励其流转土地经营权**。 承包期内，承包方交回承包地或者发包方依法收回承包地时，承包方对其在承包地上投入而提高土地生产能力的，有权获得相应的补偿。
第二十七条 承包期内，发包方不得调整承包地。 承包期内，因自然灾害严重毁损承包地等特殊情形对个别农户之间承包的耕地和草地需要适当调整的，必须经本集体经济组织成员的村民会议三分之二以上成员或者三分之二以上村民代表的同意，并报乡（镇）人民政府和县级人民政府农业等行政主管部门批准。承包合同中约定不得调整的，按照其约定。	**第二十八条** 承包期内，发包方不得调整承包地。 承包期内，因自然灾害严重毁损承包地等特殊情形对个别农户之间承包的耕地和草地需要适当调整的，必须经本集体经济组织成员的村民会议三分之二以上成员或者三分之二以上村民代表的同意，并报乡（镇）人民政府和县级人民政府农业**农村、林业和草原**等主管部门批准。承包合同中约定不得调整的，按照其约定。
第二十八条 下列土地应当用于调整承包土地或者承包给新增人口： （一）集体经济组织依法预留的机动地； （二）通过依法开垦等方式增加的； （三）承包方依法、自愿交回的。	**第二十九条** 下列土地应当用于调整承包土地或者承包给新增人口： （一）集体经济组织依法预留的机动地； （二）通过依法开垦等方式增加的； （三）**发包方依法收回和**承包方依法、自愿交回的。

《中华人民共和国农村土地承包法》（2009 年 8 月 27 日第一次修正）	《中华人民共和国农村土地承包法》（2018 年 12 月 29 日第二次修正）
第二十九条　承包期内，承包方可以自愿将承包地交回发包方。承包方自愿交回承包地的，应当提前半年以书面形式通知发包方。承包方在承包期内交回承包地的，在承包期内不得再要求承包土地。	**第三十条**　承包期内，承包方可以自愿将承包地交回发包方。承包方自愿交回承包地的，**可以获得合理补偿，但是**应当提前半年以书面形式通知发包方。承包方在承包期内交回承包地的，在承包期内不得再要求承包土地。
第三十条　承包期内，妇女结婚，在新居住地未取得承包地的，发包方不得收回其原承包地；妇女离婚或者丧偶，仍在原居住地生活或者不在原居住地生活但在新居住地未取得承包地的，发包方不得收回其原承包地。	**第三十一条**　承包期内，妇女结婚，在新居住地未取得承包地的，发包方不得收回其原承包地；妇女离婚或者丧偶，仍在原居住地生活或者不在原居住地生活但在新居住地未取得承包地的，发包方不得收回其原承包地。
第三十一条　承包人应得的承包收益，依照继承法的规定继承。 林地承包的承包人死亡，其继承人可以在承包期内继续承包。	**第三十二条**　承包人应得的承包收益，依照继承法的规定继承。 林地承包的承包人死亡，其继承人可以在承包期内继续承包。
第四十条　承包方之间为方便耕种或者各自需要，可以对属于同一集体经济组织的土地的土地承包经营权进行互换。	**第三十三条**　承包方之间为方便耕种或者各自需要，可以对属于同一集体经济组织的土地的土地承包经营权进行互换，**并向发包方备案**。
第四十一条　承包方有稳定的非农职业或者有稳定的收入来源的，经发包方同意，可以将全部或者部分土地承包经营权转让给其他从事农业生产经营的农户，由该农户同发包方确立新的承包关系，原承包方与发包方在该土地上的承包关系即行终止。	**第三十四条**　经发包方同意，**承包方**可以将全部或者部分**的**土地承包经营权转让给**本集体经济组织的**其他农户，由该农户同发包方确立新的承包关系，原承包方与发包方在该土地上的承包关系即行终止。

《中华人民共和国农村土地承包法》（2009 年 8 月 27 日第一次修正）	《中华人民共和国农村土地承包法》（2018 年 12 月 29 日第二次修正）
第三十八条 土地承包经营权采取互换、转让方式流转，当事人要求登记的，应当向县级以上地方人民政府申请登记。未经登记，不得对抗善意第三人。	**第三十五条** 土地承包经营权互换、转让的，当事人**可以**向**登记机构**申请登记。未经登记，不得对抗善意第三人。
第五节 土地承包经营权的流转	第五节 土地经营权
第三十二条 通过家庭承包取得的土地承包经营权可以依法采取转包、出租、互换、转让或者其他方式流转。 **第三十四条** 土地承包经营权流转的主体是承包方。承包方有权依法自主决定土地承包经营权是否流转和流转的方式。	**第三十六条** 承包方**可以**自主决定依法采取出租（转包）、**入股**或者其他方式**向他人**流转**土地经营权，并向发包方备案**。
	第三十七条 土地经营权人有权在合同约定的期限内占有农村土地，自主开展农业生产经营并取得收益。
第三十三条 土地承包经营权流转应当遵循以下原则： （一）平等协商、自愿、有偿，任何组织和个人不得强迫或者阻碍承包方进行土地承包经营权流转； （二）不得改变土地所有权的性质和土地的农业用途； （三）流转的期限不得超过承包期的剩余期限； （四）受让方须有农业经营能力； （五）在同等条件下，本集体经济组织成员享有优先权。	**第三十八条** 土地经营权流转应当遵循以下原则： （一）**依法**、自愿、有偿，任何组织和个人不得强迫或者阻碍土地经营权流转； （二）不得改变土地所有权的性质和土地的农业用途，**不得破坏农业综合生产能力和农业生态环境**； （三）流转期限不得超过承包期的剩余期限； （四）受让方须有农业经营能力**或者资质**； （五）在同等条件下，本集体经济组织成员享有优先权。

《中华人民共和国农村土地承包法》（2009 年 8 月 27 日第一次修正）	《中华人民共和国农村土地承包法》（2018 年 12 月 29 日第二次修正）
第三十五条　承包期内，发包方不得单方面解除承包合同，不得假借少数服从多数强迫承包方放弃或者变更土地承包经营权，不得以划分“口粮田”和“责任田”等为由收回承包地搞招标承包，不得将承包地收回抵顶欠款。	
第三十六条　土地承包经营权流转的转包费、租金、转让费等，应当由当事人双方协商确定。流转的收益归承包方所有，任何组织和个人不得擅自截留、扣缴。	**第三十九条**　土地经营权流转的**价款**，应当由当事人双方协商确定。流转的收益归承包方所有，任何组织和个人不得擅自截留、扣缴。
第三十七条　土地承包经营权采取转包、出租、互换、转让或者其他方式流转，当事人双方应当签订书面合同。采取转让方式流转的，应当经发包方同意；采取转包、出租、互换或者其他方式流转的，应当报发包方备案。 土地承包经营权流转合同一般包括以下条款： （一）双方当事人的姓名、住所； （二）流转土地的名称、坐落、面积、质量等级； （三）流转的期限和起止日期； （四）流转土地的用途； （五）双方当事人的权利和义务； （六）流转价款及支付方式； （七）违约责任。 **第三十九条第二款**　承包方将土地交由他人代耕不超过一年的，可以不签订书面合同。	**第四十条**　土地经营权流转，当事人双方应当签订书面**流转**合同。 土地经营权流转合同一般包括以下条款： （一）双方当事人的姓名、住所； （二）流转土地的名称、坐落、面积、质量等级； （三）流转期限和起止日期； （四）流转土地的用途； （五）双方当事人的权利和义务； （六）流转价款及支付方式； （七）**土地被依法征收、征用、占用时有关补偿费的归属；** **（八）**违约责任。 承包方将土地交由他人代耕不超过一年的，可以不签订书面合同。

《中华人民共和国农村土地承包法》（2009 年 8 月 27 日第一次修正）	《中华人民共和国农村土地承包法》（2018 年 12 月 29 日第二次修正）
	第四十一条　**土地经营权流转期限为五年以上的，当事人可以向登记机构申请土地经营权登记。未经登记，不得对抗善意第三人。**
	第四十二条　**承包方不得单方解除土地经营权流转合同，但受让方有下列情形之一的除外：** **（一）擅自改变土地的农业用途；** **（二）弃耕抛荒连续两年以上；** **（三）给土地造成严重损害或者严重破坏土地生态环境；** **（四）其他严重违约行为。**
	第四十三条　**经承包方同意，受让方可以依法投资改良土壤，建设农业生产附属、配套设施，并按照合同约定对其投资部分获得合理补偿。**
第三十九条第一款　承包方可以在一定期限内将部分或者全部土地承包经营权转包或者出租给第三方，承包方与发包方的承包关系不变。	**第四十四条**　承包方**流转土地经营权的，其**与发包方的承包关系不变。
第四十二条　承包方之间为发展农业经济，可以自愿联合将土地承包经营权入股，从事农业合作生产。	
第四十三条　承包方对其在承包地上投入而提高土地生产能力的，土地承包经营权依法流转时有权获得相应的补偿。	

《中华人民共和国农村土地承包法》（2009年8月27日第一次修正）	《中华人民共和国农村土地承包法》（2018年12月29日第二次修正）
	第四十五条　县级以上地方人民政府应当建立工商企业等社会资本通过流转取得土地经营权的资格审查、项目审核和风险防范制度。 工商企业等社会资本通过流转取得土地经营权的，本集体经济组织可以收取适量管理费用。 具体办法由国务院农业农村、林业和草原主管部门规定。
	第四十六条　经承包方书面同意，并向本集体经济组织备案，受让方可以再流转土地经营权。
	第四十七条　承包方可以用承包地的土地经营权向金融机构融资担保，并向发包方备案。受让方通过流转取得的土地经营权，经承包方书面同意并向发包方备案，可以向金融机构融资担保。 担保物权自融资担保合同生效时设立。当事人可以向登记机构申请登记；未经登记，不得对抗善意第三人。 实现担保物权时，担保物权人有权就土地经营权优先受偿。 土地经营权融资担保办法由国务院有关部门规定。
第三章　其他方式的承包	**第三章　其他方式的承包**
第四十四条　不宜采取家庭承包方式的荒山、荒沟、荒丘、荒滩等农村土地，通过招标、拍卖、公开协商等方式承包的，适用本章规定。	**第四十八条**　不宜采取家庭承包方式的荒山、荒沟、荒丘、荒滩等农村土地，通过招标、拍卖、公开协商等方式承包的，适用本章规定。

《中华人民共和国农村土地承包法》（2009年8月27日第一次修正）	《中华人民共和国农村土地承包法》（2018年12月29日第二次修正）
第四十五条　以其他方式承包农村土地的，应当签订承包合同。当事人的权利和义务、承包期限等，由双方协商确定。以招标、拍卖方式承包的，承包费通过公开竞标、竞价确定；以公开协商等方式承包的，承包费由双方议定。	**第四十九条**　以其他方式承包农村土地的，应当签订承包合同，**承包方取得土地经营权**。当事人的权利和义务、承包期限等，由双方协商确定。以招标、拍卖方式承包的，承包费通过公开竞标、竞价确定；以公开协商等方式承包的，承包费由双方议定。
第四十六条　荒山、荒沟、荒丘、荒滩等可以直接通过招标、拍卖、公开协商等方式实行承包经营，也可以将土地承包经营权折股分给本集体经济组织成员后，再实行承包经营或者股份合作经营。 承包荒山、荒沟、荒丘、荒滩的，应当遵守有关法律、行政法规的规定，防止水土流失，保护生态环境。	**第五十条**　荒山、荒沟、荒丘、荒滩等可以直接通过招标、拍卖、公开协商等方式实行承包经营，也可以将土地经营权折股分给本集体经济组织成员后，再实行承包经营或者股份合作经营。 承包荒山、荒沟、荒丘、荒滩的，应当遵守有关法律、行政法规的规定，防止水土流失，保护生态环境。
第四十七条　以其他方式承包农村土地，在同等条件下，本集体经济组织成员享有优先承包权。	**第五十一条**　以其他方式承包农村土地，在同等条件下，本集体经济组织成员**有权**优先承包。
第四十八条　发包方将农村土地发包给本集体经济组织以外的单位或者个人承包，应当事先经本集体经济组织成员的村民会议三分之二以上成员或者三分之二以上村民代表的同意，并报乡（镇）人民政府批准。 由本集体经济组织以外的单位或者个人承包的，应当对承包方的资信情况和经营能力进行审查后，再签订承包合同。	**第五十二条**　发包方将农村土地发包给本集体经济组织以外的单位或者个人承包，应当事先经本集体经济组织成员的村民会议三分之二以上成员或者三分之二以上村民代表的同意，并报乡（镇）人民政府批准。 由本集体经济组织以外的单位或者个人承包的，应当对承包方的资信情况和经营能力进行审查后，再签订承包合同。

《中华人民共和国农村土地承包法》（2009年8月27日第一次修正）	《中华人民共和国农村土地承包法》（2018年12月29日第二次修正）
第四十九条　通过招标、拍卖、公开协商等方式承包农村土地，经依法登记取得土地承包经营权证或者林权证等证书的，其土地承包经营权可以依法采取转让、出租、入股、抵押或者其他方式流转。	**第五十三条**　通过招标、拍卖、公开协商等方式承包农村土地，经依法登记取得**权属**证书的，可以依法采取出租、入股、抵押或者其他方式流转**土地经营权**。
第五十条　土地承包经营权通过招标、拍卖、公开协商等方式取得的，该承包人死亡，其应得的承包收益，依照继承法的规定继承；在承包期内，其继承人可以继续承包。	**第五十四条**　**依照本章规定**通过招标、拍卖、公开协商等方式取得**土地经营权**的，该承包人死亡，其应得的承包收益，依照继承法的规定继承；在承包期内，其继承人可以继续承包。
第四章　争议的解决和法律责任	**第四章　争议的解决和法律责任**
第五十一条　因土地承包经营发生纠纷的，双方当事人可以通过协商解决，也可以请求村民委员会、乡（镇）人民政府等调解解决。 当事人不愿协商、调解或者协商、调解不成的，可以向农村土地承包仲裁机构申请仲裁，也可以直接向人民法院起诉。	**第五十五条**　因土地承包经营发生纠纷的，双方当事人可以通过协商解决，也可以请求村民委员会、乡（镇）人民政府等调解解决。 当事人不愿协商、调解或者协商、调解不成的，可以向农村土地承包仲裁机构申请仲裁，也可以直接向人民法院起诉。
第五十二条　当事人对农村土地承包仲裁机构的仲裁裁决不服的，可以在收到裁决书之日起三十日内向人民法院起诉。逾期不起诉的，裁决书即发生法律效力。	
第五十三条　任何组织和个人侵害承包方的土地承包经营权的，应当承担民事责任。	**第五十六条**　任何组织和个人侵害土地承包经营权、**土地经营权**的，应当承担民事责任。

《中华人民共和国农村土地承包法》（2009年8月27日第一次修正）	《中华人民共和国农村土地承包法》（2018年12月29日第二次修正）
第五十四条　发包方有下列行为之一的，应当承担停止侵害、返还原物、恢复原状、排除妨害、消除危险、赔偿损失等民事责任： （一）干涉承包方依法享有的生产经营自主权； （二）违反本法规定收回、调整承包地； （三）强迫或者阻碍承包方进行土地承包经营权流转； （四）假借少数服从多数强迫承包方放弃或者变更土地承包经营权而进行土地承包经营权流转； （五）以划分“口粮田”和“责任田”等为由收回承包地搞招标承包； （六）将承包地收回抵顶欠款； （七）剥夺、侵害妇女依法享有的土地承包经营权； （八）其他侵害土地承包经营权的行为。	**第五十七条**　发包方有下列行为之一的，应当承担停止侵害、排除妨**碍**、消除危险、返还**财产**、恢复原状、赔偿损失等民事责任： （一）干涉承包方依法享有的生产经营自主权； （二）违反本法规定收回、调整承包地； （三）强迫或者阻碍承包方进行土地承包经营权**的互换、转让或者土地经营权**流转； （四）假借少数服从多数强迫承包方放弃或者变更土地承包经营权； （五）以划分“口粮田”和“责任田”等为由收回承包地搞招标承包； （六）将承包地收回抵顶欠款； （七）剥夺、侵害妇女依法享有的土地承包经营权； （八）其他侵害土地承包经营权的行为。
第五十五条　承包合同中违背承包方意愿或者违反法律、行政法规有关不得收回、调整承包地等强制性规定的约定无效。	**第五十八条**　承包合同中违背承包方意愿或者违反法律、行政法规有关不得收回、调整承包地等强制性规定的约定无效。
第五十六条　当事人一方不履行合同义务或者履行义务不符合约定的，应当依照《中华人民共和国合同法》的规定承担违约责任。	**第五十九条**　当事人一方不履行合同义务或者履行义务不符合约定的，应当依**法**承担违约责任。

《中华人民共和国农村土地承包法》（2009 年 8 月 27 日第一次修正）	《中华人民共和国农村土地承包法》（2018 年 12 月 29 日第二次修正）
第五十七条　任何组织和个人强迫承包方进行土地承包经营权流转的，该流转无效。	**第六十条**　任何组织和个人强迫进行土地承包经营权**互换、转让或者土地经营权**流转的，该**互换、转让或者**流转无效。
第五十八条　任何组织和个人擅自截留、扣缴土地承包经营权流转收益的，应当退还。	**第六十一条**　任何组织和个人擅自截留、扣缴土地承包经营权**互换、转让或者土地经营权**流转收益的，应当退还。
第五十九条　违反土地管理法规，非法征收、征用、占用土地或者贪污、挪用土地征收、征用补偿费用，构成犯罪的，依法追究刑事责任；造成他人损害的，应当承担损害赔偿等责任。	**第六十二条**　违反土地管理法规，非法征收、征用、占用土地或者贪污、挪用土地征收、征用补偿费用，构成犯罪的，依法追究刑事责任；造成他人损害的，应当承担损害赔偿等责任。
第六十条　承包方违法将承包地用于非农建设的，由县级以上地方人民政府有关行政主管部门依法予以处罚。 承包方给承包地造成永久性损害的，发包方有权制止，并有权要求承包方赔偿由此造成的损失。	**第六十三条**　承包方、**土地经营权人**违法将承包地用于非农建设的，由县级以上地方人民政府有关主管部门依法予以处罚。 承包方给承包地造成永久性损害的，发包方有权制止，并有权要求赔偿由此造成的损失。
	第六十四条　土地经营权人擅自改变土地的农业用途、弃耕抛荒连续两年以上、给土地造成严重损害或者严重破坏土地生态环境，承包方在合理期限内不解除土地经营权流转合同的，发包方有权要求终止土地经营权流转合同。土地经营权人对土地和土地生态环境造成的损害应当予以赔偿。

《中华人民共和国农村土地承包法》（2009年8月27日第一次修正）	《中华人民共和国农村土地承包法》（2018年12月29日第二次修正）
第六十一条　国家机关及其工作人员有利用职权干涉农村土地承包，变更、解除承包合同，干涉承包方依法享有的生产经营自主权，或者强迫、阻碍承包方进行土地承包经营权流转等侵害土地承包经营权的行为，给承包方造成损失的，应当承担损害赔偿等责任；情节严重的，由上级机关或者所在单位给予直接责任人员行政处分；构成犯罪的，依法追究刑事责任。	**第六十五条**　国家机关及其工作人员有利用职权干涉农村土地承包**经营**，变更、解除承包**经营**合同，干涉承包**经营当事人**依法享有的生产经营自主权，强迫、阻碍承包**经营当事人**进行土地承包经营权**互换、转让或者土地经营权**流转等侵害土地承包经营权**、土地经营权**的行为，给承包**经营当事人**造成损失的，应当承担损害赔偿等责任；情节严重的，由上级机关或者所在单位给予直接责任人员处分；构成犯罪的，依法追究刑事责任。
第五章　附则	**第五章　附则**
第六十二条　本法实施前已经按照国家有关农村土地承包的规定承包，包括承包期限长于本法规定的，本法实施后继续有效，不得重新承包土地。未向承包方颁发土地承包经营权证或者林权证等证书的，应当补发证书。	**第六十六条**　本法实施前已经按照国家有关农村土地承包的规定承包，包括承包期限长于本法规定的，本法实施后继续有效，不得重新承包土地。未向承包方颁发土地承包经营权证或者林权证等证书的，应当补发证书。
第六十三条　本法实施前已经预留机动地的，机动地面积不得超过本集体经济组织耕地总面积的百分之五。不足百分之五的，不得再增加机动地。 本法实施前未留机动地的，本法实施后不得再留机动地。	**第六十七条**　本法实施前已经预留机动地的，机动地面积不得超过本集体经济组织耕地总面积的百分之五。不足百分之五的，不得再增加机动地。 本法实施前未留机动地的，本法实施后不得再留机动地。
第六十四条　各省、自治区、直辖市人民代表大会常务委员会可以根据本法，结合本行政区域的实际情况，制定实施办法。	**第六十八条**　各省、自治区、直辖市人民代表大会常务委员会可以根据本法，结合本行政区域的实际情况，制定实施办法。

《中华人民共和国农村土地承包法》（2009年8月27日第一次修正）	《中华人民共和国农村土地承包法》（2018年12月29日第二次修正）
	第六十九条　确认农村集体经济组织成员身份的原则、程序等，由法律、法规规定。
第六十五条　本法自2003年3月1日起施行。	**第七十条**　本法自2003年3月1日起施行。

后　记

《全国人民代表大会常务委员会关于修改〈中华人民共和国农村土地承包法〉的决定》已于2018年12月29日经十三届全国人大常委会第七次会议通过，自2019年1月1日起施行。为了更好地配合修改后的农村土地承包法的宣传、学习和实施，便于社会各界全面、准确地了解修改后的农村土地承包法的立法原意，我们编写了这本《中华人民共和国农村土地承包法解读》。本书对《中华人民共和国农村土地承包法》进行了详尽的解释和说明，并力求通俗易懂。

本书由全国人大常委会法制工作委员会民法室副主任杜涛同志任主编。参加本书撰写工作的还有黄薇、杨明仑、石宏、段京连、庄晓泳、孙娜娜、李恩正、朱书龙、宋江涛、孙艺超、马吾叶、罗鑫煌等。

作者

2019年1月

图书在版编目（CIP）数据

中华人民共和国农村土地承包法解读 / 杜涛主编
. —北京：中国法制出版社，2019. 2
ISBN 978 - 7 - 5216 - 0025 - 4

Ⅰ. ①中… Ⅱ. ①杜… Ⅲ. ①农村土地承包法 - 法律解释 - 中国 Ⅳ. ①D922. 325

中国版本图书馆 CIP 数据核字（2019）第 028826 号

责任编辑：欧 丹 封面设计：李 宁

中华人民共和国农村土地承包法解读

ZHONGHUA RENMIN GONGHEGUO NONGCUN TUDI CHENGBAOFA JIEDU

主编/杜涛
经销/新华书店
印刷/三河市紫恒印装有限公司
开本/880 毫米 ×1230 毫米 32 开 印张/14. 5 字数/210 千
版次/2019 年 2 月第 1 版 2019 年 2 月第 1 次印刷

中国法制出版社出版
书号 ISBN 978 - 7 - 5216 - 0025 - 4 定价：45. 00 元

北京西单横二条 2 号
邮政编码 100031 传真：010 - 66031119
网址：http：//www. zgfzs. com 编辑部电话：010 - 66066621
市场营销部电话：010 - 66033393 邮购部电话：010 - 66033288

（如有印装质量问题，请与本社印务部联系调换。电话：010 - 66032926）